# ベンチャー・スタートアップ資金調達の教科書

Kuroda Tatsuo
黒田達郎

エクイティファイナンスを成功に導くための知識武装

The Raise funds Textbook for Ventures and Startups

日本能率協会マネジメントセンター

# はじめに

　ベンチャーキャピタル（VC）からの資金調達は、昔も今も圧倒的な『買い手市場』です。VCにとって投資先の選択肢は豊富であり、『いくらでも代わりはいる』という状況が常態化しています。VCは高いリターンを前提に運用しており、それに見合う成長性を示せない企業は選ばれません。さらに、技術動向や資金調達トレンドを踏まえ、時代に即した革新性や市場適応力を持たないベンチャーは、早々にふるいにかけられてしまいます。

　私の知る有能な起業家たちはこの状況を熟知し、技術動向や資金調達トレンドを徹底的に分析して適切なタイミングで事業を立ち上げることで、多くの成功事例を生んでいます。

　日本のベンチャーが世界で競争力を発揮するには、シーズ（技術やアイデア）をゼロから考えるボトムアップ型のアプローチだけでは不十分です。市場や技術の潮流を見極め、的確にポジションを取る戦略的ターゲティングが不可欠であり、特に競争が激化し参入障壁が高まるインターネット関連分野では、この視点が一層重要です。ターゲティングやタイミングを誤れば、どんなに優れたアイデアも埋もれてしまうのが現実であり、圧倒的な資金力を背景に膨大なベンチャーを生み出す米国に対抗する上でも欠かせません。

　資金調達における『買い手市場』の状況下で起業家の立場を改善し、日本のベンチャービジネスを底上げするには、起業家がVCの仕組みや評価基準を深く理解し、技術動向や資金調達トレンドに基づく効果的な事業戦略を構築することが不可欠です。

　本書は、そうした戦略構築を支援し、起業家がVCとの交渉を少しでも対等に近づけるための『知識武装』を提供することを目指しています。

2025 年 4 月

黒田　達郎

# 目次
CONTENTS

はじめに ………………………………………………………………………… 3

# 序章

## ベンチャー、スタートアップ、資金調達手段、資金調達ラウンドとは

0-1 本書の目的 ……………………………………………………………… 10
0-2 ベンチャー、スタートアップとは …………………………………… 12
0-3 ベンチャーの資金調達手段とは ……………………………………… 17
0-4 ベンチャーの資金調達ラウンドとは ………………………………… 20

# 第1章

## ベンチャーキャピタルとは

1-1 ベンチャーキャピタルのビジネスモデルとは ……………………… 30
1-2 世界のベンチャーキャピタルの数 …………………………………… 35
1-3 ベンチャーキャピタルの出資者(LP)とは …………………………… 37

| 1-4 | ベンチャーキャピタルの期待収益率 | 40 |
| 1-5 | ベンチャーキャピタルの過去の運用実績 | 45 |
| 1-6 | ベンチャーキャピタルの投資案件の期待収益率 | 50 |
| 1-7 | ベンチャーキャピタル運用におけるボラティリティの高さ | 53 |
| 1-8 | ベンチャーキャピタルのファンド運用シミュレーション（簡易版） | 61 |
| 1-9 | ベンチャーキャピタルのディールソーシング | 64 |
| 1-10 | ベンチャーが失敗した要因 | 69 |
| 1-11 | ベンチャーキャピタルの投資検討プロセス | 71 |
| 1-12 | ベンチャーキャピタルのファンド組成サイクル | 78 |
| 1-13 | タームシート（日米の事例） | 81 |
| 1-14 | 転換価額調整型新株予約権とは | 96 |
| 1-15 | フォローオン投資 | 103 |

# 第2章 世界および日本でのベンチャーの資金調達動向

| 2-1 | 世界でのベンチャーの資金調達動向 | 108 |
| 2-2 | 日本でのベンチャーの資金調達動向 | 111 |
| 2-3 | 世界および日本のベンチャーキャピタルの動向 | 113 |
| 2-4 | 世界のベンチャーへの資金調達ラウンド別の投資動向 | 115 |
| 2-5 | 世界のベンチャーへのテクノロジー分野別の投資動向 | 120 |
| 2-6 | 世界におけるユニコーンの動向 | 127 |

2-7 世界のベンチャーの Exit（M&A、IPO）の状況 ……………………… 136
2-8 世界のテクノロジー分野別の市場規模と成長率 ……………………… 144

# 第3章

# 世界および日本における環境的要因（インフラ）と技術的要因の変遷

3-1 コンピュータコンポーネント、通信技術の変遷 ……………………… 152
　① コンピュータおよび関連技術の進化 ……………………………… 152
　② インターネット通信技術の進化 …………………………………… 159
　③ 移動通信規格の変遷 ………………………………………………… 159
　④ 無線通信技術の進化 ………………………………………………… 161
　⑤ 有線 LAN …………………………………………………………… 161
　⑥ IoT …………………………………………………………………… 163

3-2 開発言語、モバイル OS、センサー技術、
　　AI、Web3、VR/AR 技術の変遷 ……………………………………… 166
　① Web サイト開発言語 ………………………………………………… 166
　② Web アプリケーション開発言語（プログラミング言語） ………… 169
　③ モバイルアプリケーション開発言語（プログラミング言語） …… 170
　④ モバイル OS ………………………………………………………… 172
　⑤ Public Cloud（パブリッククラウド） ……………………………… 174
　⑥ Web3 の技術、サービス …………………………………………… 175
　⑦ AI ……………………………………………………………………… 177
　⑧ VR/AR ……………………………………………………………… 179

3-3 各種センサー技術の発展 ……………………………………………… 181
　① イメージセンサー（CCD、CMOS） ……………………………… 181
　② GPS（Global Positioning System） ………………………………… 183
　③ LiDAR（Light Detection and Ranging） …………………………… 183
　④ ミリ波レーダーセンサー …………………………………………… 183
　⑤ 五感センサー ………………………………………………………… 184

3-4 インターネットサービス、SaaS の変遷 ……………………………………… 186
　　1）インターネットサービス、SaaS、Web3、VR/AR の変遷 ……………… 186
　　2）IT、インターネット業界での変化（1990 年代後半から 2010 年代中頃）……… 188
　　3）SaaS 普及の背景、要因 ………………………………………………… 190
　　4）IT、インターネット業界での変化（2010 年代初頭から現在まで）……… 192
3-5 環境的要因（インフラ）および技術的要因の変遷を把握する重要性　195

# 第4章
# データで読み解く
# テクノロジー分野ごとの動向と見通し

4-1　Fin tech ………………………………………………………………………… 200
4-2　EC（Electronic Commerce） ………………………………………………… 207
4-3　Enterprise tech ……………………………………………………………… 217
4-4　Retail tech …………………………………………………………………… 223
4-5　Legal tech …………………………………………………………………… 226
4-6　HR tech ……………………………………………………………………… 229
4-7　ED tech ……………………………………………………………………… 233
4-8　Cloud System ……………………………………………………………… 238
4-9　Security ……………………………………………………………………… 244
4-10　Digital Health ……………………………………………………………… 249
4-11　Prop tech …………………………………………………………………… 257
4-12　Con tech …………………………………………………………………… 260
4-13　Logi tech …………………………………………………………………… 263

4-14　Auto tech ……………………………………………… 268

4-15　Agri tech ……………………………………………… 272

4-16　Clean tech ……………………………………………… 275

4-17　Web3 ……………………………………………… 286

4-18　VR/AR ……………………………………………… 291

4-19　AI ……………………………………………… 296

4-20　Space tech ……………………………………………… 312

4-21　New Transport ……………………………………………… 315

4-22　「テクノロジー分野ごとの独自調査」のまとめ ……………… 317

# 各テクノロジー分野へのベンチャー進出を どのように捉えるか

おわりに ── 資金調達の際に留意すべきポイント（本書のまとめ）……………… 329

# 序章

## ベンチャー、スタートアップ、資金調達手段、資金調達ラウンドとは

## 0-1 本書の目的

　私は、十数年にわたりベンチャーの支援に携わってきました。その中で多くの経営者の方と接し、ベンチャーキャピタルや資金調達に関する知識不足を実感してきました。私の経験上では、8割以上の経営者がこれに当てはまると感じています。このことは多くの経営者の方の努力不足というわけではなく、関連する情報が提供されるメディアや書籍が少ないことが大きな要因だと考えます。日本では、融資を受ける際の基礎知識を解説したものは比較的充実しています。が、ベンチャーキャピタルからの出資を受けるための基礎知識を解説したものは充実していないという状況です。近年では経済産業省や財務省も諸々の情報開示を行っていますし、スタートアップ関連のメディアが出てきて情報量が増えたり、ベンチャーキャピタリストの方がブログ等で発信しているので、大分状況は改善されていると思います。しかしながら、体系的かつ網羅的な基礎知識をまとめたものがまだまだ少ない、という状態にあると思います。

　そこで第三者的に実務に関わってきた私の経験をもとに、ベンチャーキャピタルや資金調達に関する基礎知識を、初めて学ぶ方にもわかりやすく解説します。将来ベンチャーを起こしたい方やベンチャーキャピタルから出資を受けたい方、この関連の知識を得たい希望がある方に、少しでも役立てば幸いです。

　以下、5つのポイントに従って解説していきます。

1．ベンチャー、スタートアップの定義と資金調達方法
2．ベンチャーキャピタルとは
3．世界および日本でのベンチャーの資金調達動向
4．世界および日本における環境要因、技術的要因、サービスの変遷

5．独自調査「ベンチャーが資金調達した事業内容分類と世界および日本におけるベンチャー数（上場会社、未上場会社、買収事例数）」

1．では、ベンチャーの定義を確認します。混同して使用される、スタートアップやスモールビジネスとの違いを確認します。また、ベンチャーの資金調達手段や資金調達ラウンドについても見ていきます。

2．では、ベンチャーキャピタルのビジネスモデル、出資者から期待される運用水準、資金調達ラウンドごとの期待収益率、ソーシングの仕方、投資案件の評価プロセス、ファンド組成サイクル、タームシート（日米比較）、転換価額調整型新株予約権の内容について解説します。

3．では、世界および日本での資金調達動向を確認していきます。さまざまな角度からのデータを確認することにより、実際の資金調達の動向がどのようになっているかを認識できるようにします。

4．では、2000年以前からのベンチャーのビジネスに影響を与えた技術的要因が、どのように変遷してきたかを確認していきます。その上で、2000年頃から現在までにどのようなビジネスが、多くの資金調達を実現してきたかという流れを確認していきます。

5．では、現在、実際にどのような具体的ビジネスで資金調達を実現しているかを、独自調査により確認していきます。

以上を確認していくことにより、ベンチャーキャピタルを中心としたエクイティファイナンスにおける業界やその環境の知識を、網羅的に得られると考えています。このような情報はベンチャーを起業する際やベンチャーキャピタルと資金調達の交渉をする際に、しっかり把握しておくべきものであると考えています。

# 0-2

# ベンチャー、スタートアップとは

　ここでは、ベンチャーキャピタルが投資対象とするベンチャーやスタートアップとは何かということを確認していきます。

　米国における著名なスタートアップアクセラレーターであるYコンビネーター（Y Combinator）の創業者であるポール・グレアム氏は、スタートアップの定義について、下記のように述べています。

「スタートアップとは、急速に成長するように設計された企業である。新しく創業されたこと自体は、その会社をスタートアップたらしめない。テクノロジーに関する企業であることも、ベンチャー投資を受けることも、Exitすることも必要条件ではない。唯一の本質的なことは、成長することである」

**図1** ベンチャー、スタートアップの概念図

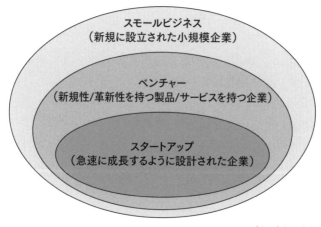

（出所）各種資料を元に作成

序　章　ベンチャー、スタートアップ、資金調達手段、資金調達ラウンドとは

**図2** ベンチャー、スタートアップの概念図2

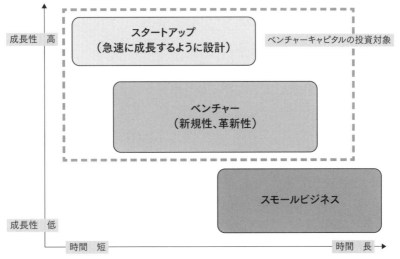

(出所)各種資料を元に作成

　ベンチャー業界におけるスタートアップについての定義は厳密に統一されているわけではないようですが、「急速に成長する、新規性や革新性を持つ製品・サービスを展開する企業」という形で浸透しているようです。「急速な成長」がスタートアップの核心であることがわかります。よって、上記のように定義することとします。

　ベンチャーは、「新規性や革新性を持つ製品・サービスを持ってビジネス展開をしている企業」と定義します。スタートアップはベンチャーの一部であり、その中で急速に成長するように設計された企業のことを指しています。

　実際のベンチャーキャピタルの投資対象は、広義にはベンチャーと捉えることができます。その中には、急速に成長するスタートアップも含まれます。しかしながら、ベンチャーとスタートアップを区別する明確な定量的な基準は存在しません。ベンチャーキャピタルは投資候補企業

を評価する際に、経営者・経営チーム、成長性、新規性、市場規模など、さまざまな要素を総合的に判断しています。その過程で、成長速度や事業の革新性などを考慮することで、暗黙的にベンチャーとスタートアップを区別している可能性はありますが、明確な線引きをしているわけではないと考えられます。

　上記の２つの用語に関連して、よく出てくるものに「スモールビジネス」があります。新規に設立された小規模企業のことを指しています。スモールビジネスは、ベンチャーに比べて成長性が低いところが特徴です。ここでは、「新規に設立された小規模企業」と定義します。

　「スタートアップ」という用語が広く普及した背景には、2011年発刊の『リーンスタートアップ』（エリック・リース著）の影響が大きいと考えられます。リーンスタートアップとは、顧客のフィードバックを基に、製品やサービスを迅速に改善し、無駄を省きながら成長を目指す手法です。具体的にはコストを抑え、必要最低限の機能を必要最低限の機能を持つ試作品（MVP：Minimum Viable Product）を短期間で開発し、顧客に提供します。そして顧客の反応を分析し、製品やサービスが市場に受け入れられるか否かを判断します。市場価値が見込めない場合は、撤退も考慮します。受け入れられる場合は試作品（MVP：Minimum Viable Product）の改良や機能追加を実施して、再び顧客に提供します。このサイクルを繰り返すことで、起業や新規事業の成功率を高めていくのです。

　このようなリーンスタートアップの考え方が、シリコンバレーを中心に世界中の起業家や投資家に広まりました。その結果「革新的な製品やサービスで、新しい価値を創造し、急速に成長する企業」を指す「スタートアップ」という言葉が一般的になったと考えられます。

　Ｙコンビネーター（Y Combinator）に代表されるスタートアップアクセラレーターが、リーンスタートアップの方法論を取り入れた支援プ

ログラムを普及させたことも、「スタートアップ」という言葉の浸透に大きく貢献しました。Yコンビネーター（Y Combinator）からは、DropboxやAirbnbなどのユニコーンが輩出され、他のアクセラレータープログラムからも多くの成功事例が生まれています。ユニコーンとは、一般的に「創業10年以内」、「評価額10億ドル以上」、「未上場」、「テクノロジー企業」の4条件を満たす企業を指します。なお、ユニコーンは必ずしもテクノロジー企業に限定されないとの見解が近年広がっています。

スタートアップをベンチャーキャピタルがなぜ好むのか？　それは、スタートアップが急速に成長するように設計されているため、大きなキャピタルゲインを得られる可能性が高いためです。

図3は、縦軸に利益を、横軸に時間経過を設定した場合に、1つは指数関数的成長曲線より時価総額が増大した「パターンA」、もう1つは直線的成長により時価総額が緩やかに増えている「パターンB」を示したものです。スタートアップは急成長するように設計されているので、指数関数的成長曲線を描くとされています。ベンチャーキャピタルは、指数関数的成長曲線を示す「パターンA」ビジネスの方が得られるキャピタルゲインが大きいと考えています。そして企業の価値を表す時価総額（発行済株式数×株価）は、「売上高成長率」、「顧客獲得数」などのKPIが指数関数的成長曲線を描くほど、連動して高くなるという傾向があります。

ベンチャーキャピタルは図3の「出資」の時点でスタートアップに投資し、「売却」の時点で株式を売却することでキャピタルゲインを得ます。パターンAのように時価総額が急成長すれば、ベンチャーキャピタルは大きなリターンを得ることができます。しかしスタートアップは失敗するリスクも高く、ベンチャーキャピタルの投資がすべて成功するわけではありません。

図3 成長スピードが速い場合と遅い場合のキャピタルゲインの違い

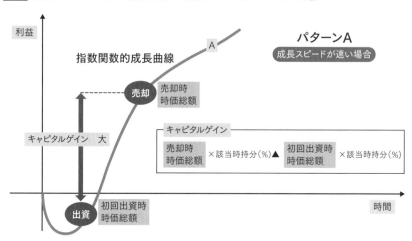

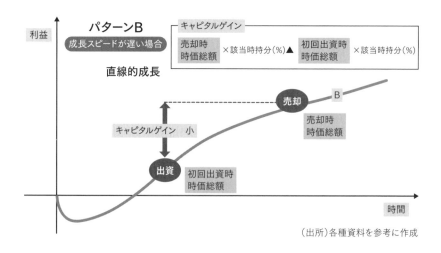

(出所)各種資料を参考に作成

# 0-3

# ベンチャーの資金調達手段とは

　表1は、ベンチャーの資金調達手段をまとめたものです。エクイティファイナンスとデッドファイナンスに分けて、整理しました。

　エクイティファイナンス（Equity Finance）は、ベンチャーが株式を発行して資金を調達する手法です。発行する株式の種類としては、普通株式、種類株式があります。また、資金調達ラウンドのシード段階くらいまでに対応する資金調達方法として、転換価格調整型新株予約権（J-KISS）の発行があります。新株予約権とは、将来株式に転換可能な

**表1** ベンチャーの資金調達手段

| 資金調達手段 | 資金調達元 | 資金調達ラウンド | 資金調達方法 | 条件等 |
|---|---|---|---|---|
| エクイティファイナンス | ベンチャーキャピタル エンジェル | − | 新規株式発行（普通株式） | 個別投資案件ごとに異なる |
| | | シリーズA以降 | 新規株式発行（種類株式） | 個別投資案件ごとに異なる |
| | | シード | 転換価格調整型新株予約権（J-KISS） | 個別投資案件ごとに異なる |
| デッドファイナンス | 銀行、信金、信組 | シードまで | 信用保証付融資 | 500 – 2,000万円 |
| | | シリーズA以降 | スタートアップ支援融資 | 独自基準による |
| | 日本政策金融公庫（中小企業事業） | シリーズA以降 | スタートアップ支援資金 | 期間：20年以内 |
| | | | | 融資上限；20億円 |
| | | シリーズA以降 | 中小企業経営力強化資金 | 期間：20年以内 |
| | | | | 融資上限；7億2千万円 |
| | | シリーズA以降 | 新株予約権付融資（スタートアップ支援資金） | 期間：20年以内 |
| | | | | 融資上限；20億円 |
| | 日本政策金融公庫（国民生活事業事業） | シードまで | 新規開業資金 | 期間：設備資金20年、運転資金10年 |
| | | | | 融資上限；7,200万円（うち運転資金4,800万円） |
| | | − | 挑戦支援資本強化特別貸付（資本性ローン） | 期間：5年1ヵ月以上20年以内 |
| | | | | 融資上限；7,200万円（うち運転資金4,800万円） |
| | 各自治体 | シードまで | 創業融資支援 | 各自治体にて異なる |
| | | | | 信用保証協会の保証が必要 |

（出所）各種資料を参考に作成

権利を投資家に付与する仕組みです。

　デッドファイナンス（Debt Finance）とは、企業が金融機関から融資を受けたり、社債や私募債を発行したりして資金調達を行う方法です。表1にあるように、日本政策金融公庫はスタートアップ向けの融資プログラムを拡充し、融資上限額を引き上げるなど支援を強化しています。しかしこれらのプログラムの多くは、シリーズA以降のスタートアップを対象としており、シード期のスタートアップでは新規開業資金、挑戦支援資本強化特別貸付（資本性ローン）といった制度が活用できます。また銀行、信金、信用の中にも、スタートアップ支援融資を積極的に実施しているところが増えてきています。例えば、みずほ銀行、三菱UFJ銀行、三井住友銀行といった3大都市銀行では、ベンチャーへの融資を担当する専門部署が立ち上がっています。

　ベンチャーの資金調達は、デッドファイナンスだけでは十分に賄えないのが実情です。特にシード期においては売上実績が乏しいため、金融機関からの融資が困難なケースがほとんどです。シリーズA以降においてベンチャーキャピタルからの出資を受けていない企業は、融資審査を通過しにくい状況にあります。こうした状況下多くのベンチャー経営者は、エクイティファイナンスを核とした資金調達を検討せざるを得ない状況に置かれています。

　近年金融機関はベンチャーに対する姿勢を柔軟化しており、シリーズA以降一定の売上と利益を確保できる状況であれば、融資実行の可能性が以前より高まっています。ベンチャー経営者はエクイティファイナンスを核としつつ、デッドファイナンスを適切に組み合わせることで、より多角的な資金調達を実現することが求められます。そのためには各金融機関に積極的にアプローチし、具体的な融資実行の可能性についてヒアリングすることをおすすめします。また定期的な情報交換を通じて、金融機関との良好な関係性を構築・維持することも重要です。

なお種類株式発行に伴う投資契約の内容や、転換価格調整型新株予約権（J-KISS）の契約内容については、後述します。

# 0-4

# ベンチャーの資金調達ラウンドとは

　図4は、ベンチャーの成長ステージと資金調達ラウンドに加え、それぞれの段階で必要な仮説検証プロセス、プロダクトのバージョン、開発工程の段階等をプロットしたものです。

　成長ステージは、VEC（ベンチャーエンタープライズセンター）の定義を参考に、以下のように区分されます。

①シードステージ
　創業から間もない段階で、まだ具体的な製品やサービスが形になっていない状態です。市場調査や顧客ヒアリングを通じて、事業アイデアの検証を行います。

**図4** ベンチャーの成長ステージ、資金調達ラウンドと仮説検証プロセス

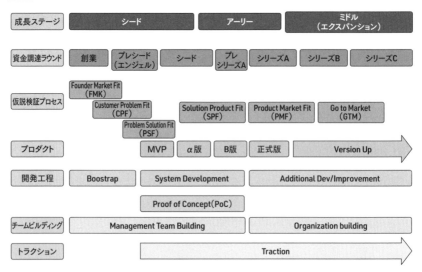

（出所）各種資料を参考に作成

（例）創業者がアイデアを練り、ビジネスプランの作成やMVP（Minimum Viable Product）の開発を実施している段階

## ②アーリーステージ

試作品を開発し、少数の顧客に提供を開始した段階です。顧客からのフィードバックを分析し、製品やサービスの改良を繰り返します。
（例）PMF（Product Market Fit）を目指し、β版の製品やサービスをリリースし、ユーザーテストを実施している段階

## ③エクスパンションステージ

製品やサービスが市場に受け入れられ、売上や顧客数が急速に増加している段階です。事業の拡大に向けて、マーケティングや販売体制を強化します。
（例）PMFが達成され、正式版の製品やサービスをリリースし、ユーザー数が急増している段階

## ④レイターステージ

持続的なキャッシュフローがあり、IPO直前の企業等です。上場準備やM&Aなど、Exit（エグジット）に向けた準備を行います。
（例）黒字化を達成し、上場に向けて準備を進めている段階

資金調達ラウンドは、以下の段階に区分されます。

## ①プレシードラウンド（エンジェルラウンド）

創業初期の段階で、エンジェル投資家やアクセラレーターなどから資金調達を行います。
（投資家）エンジェル投資家、アクセラレーター、創業者の家族や友人など

②シードラウンド
　製品やサービスの開発資金を調達する段階です。ベンチャーキャピタルやエンジェル投資家などから資金調達を行います。
（投資家）ベンチャーキャピタル、エンジェル投資家、アクセラレーターなど

③プレシリーズAラウンド
　シードラウンドで到達した資金でPMFを達成していない場合、追加的に実施されることが多いようです。PMFを達成するために、製品開発、マーケティング、顧客獲得などに使用されます。
（投資家）ベンチャーキャピタル、コーポレートベンチャーキャピタル、アクセラレーターなど

④シリーズAラウンド
　PMFが達成され、事業を拡大するための資金を調達する段階です。ベンチャーキャピタルなどから資金調達を行います。
（投資家）ベンチャーキャピタル、コーポレートベンチャーキャピタル、事業会社など

⑤シリーズBラウンド
　さらなる事業拡大や海外進出のための資金を調達する段階です。ベンチャーキャピタルやプライベートエクイティファンドなどから資金調達を行います。
（投資家）ベンチャーキャピタル、コーポレートベンチャーキャピタル、プライベートエクイティファンド、事業会社など

⑥シリーズCラウンド
　上場準備やM&Aのための資金を調達する段階です。ベンチャーキャピタルやプライベートエクイティファンドなどから資金調達を行います。
（投資家）ベンチャーキャピタル、コーポレートベンチャーキャピタル、

プライベートエクイティファンド、事業会社など

　シリーズA以降は、ベンチャーが発行する優先株式（日本では種類株式）の発行回数を表すもので、1回目の発行がシリーズA、2回目の発行がシリーズB、というように、順次アルファベットが割り当てられます。

　優先株式は、普通株よりも優先的な権利を持つ株式です。具体的には、会社の配当を優先的に受け取る「優先配当権」や、会社が解散した場合に優先的に財産を受け取る権利「残余財産分配請求権」などが挙げられます。これらの権利を持つ一方で、議決権は制限されるのが一般的です。

　それぞれの資金調達ラウンドに求められる必要な検証ステップや開発工程は、図4から確認できる通りです。

　「リーンスタートアップ」は、ベンチャーが創業期から実施すべき「仮説の検証プロセス」と4つの項目を連動して管理していきます。

①仮説の検証プロセス
　事業アイデアや顧客ニーズに関する仮説を立て、それを検証するための実験を繰り返すプロセスです。PMF達成までに、5つの検証プロセスが設定されています。後で詳しく説明します。

②開発工程
　製品やサービスを開発するための工程を、区分しています。MVPができるまでのBoostrap（ブーストラップ、初期社内開発）、PMFを達成するためのSystem Development（システム開発）とProof of Concept（PoC、概念実証）と正式版が公開されてからのAdditional Development（追加開発）・Improvement（改良）に分けられます。

③開発物のバージョン
　製品やサービスを段階的に開発し、顧客からのフィードバックを反映しながら完成度を高めていくプロセスです。
　MVP：顧客に価値を提供できる最小限の機能を備えた製品やサービスのプロトタイプ
　α版：社内テスト用の初期バージョン
　β版：限定的なユーザーに公開し、フィードバックを収集するためのバージョン
　正式版：一般ユーザーに公開する完成版バージョン

④チームビルディング
　事業を成功させるために必要な人材を集め、チームとして機能させるプロセスです。

⑤トラクション
　ベンチャーの成長を示す客観的な指標です。顧客数、売上高、アクティブユーザー数、パートナーシップ数、メディア掲載数などが代表的な例です。

　PMF達成までの5つの検証プロセスは以下となります。

① **Founder Market Fit (FMK)**
　創業者が計画する事業が、自身の経験や情熱、そして市場のニーズとどれだけ合致しているかを検証するプロセスです。創業者は、自身のスキルや経験、ネットワークが事業に活かせるか、そして事業を通じてどのような価値を創出できるかをセルフチェックします。ベンチャーキャピタルにとっても、誰が事業を牽引するかは投資判断の重要な要素であり、創業者の経験や実績を深く調査します。

## ② Customer Problem Fit（CPF）

　ベンチャーが計画する事業の想定顧客の課題（需要）を検証するプロセスです。創業者は、想定顧客（ペルソナ）に近い人へのインタビューやアンケートを通じて、その課題（需要）の有無、内容、深さ、切迫度などを調査します。このプロセスでの検証が不十分な場合、開発された製品やサービスが市場に受け入れられない可能性が高まります。

## ③ Problem Solution Fit（PSF）

　Customer Problem Fit（CPF）で絞り込まれた顧客の課題に対して、自社の提供予定の製品やサービスが適切な解決策（ソリューション）を提供できているかを検証するプロセスです。このプロセスでは製品やサービスの説明資料を作成し、顧客へのヒアリングを実施します。また、最小限の機能を持つプロトタイプ（MVP = Minimum Viable Product）を作成して顧客に実際に使用してもらい、フィードバックを得たりします。内部リソースを活用して迅速に MVP を開発するプロセスは、Boostrap（ブーストラップ）と呼ばれています。

## ④ Solution Product Fit（SPF）

　Problem Solution Fit（PSF）で確認された顧客課題に対する解決策が、実際に製品やサービスとして実現可能かどうかを検証するプロセスです。このプロセスではプロトタイプを開発し、想定顧客にテストしてもらうことで、製品やサービスが顧客の期待に応えられるかを確認します。プロトタイプは顧客からのフィードバックに基づいて繰り返し改良され、最終的な製品へと繋げられます。このプロトタイプ開発と改善のプロセスは、Proof of Concept（PoC）と呼ばれています。プロトタイプは開発段階に応じて、$\alpha$ 版、$\beta$ 版などと呼ばれ、段階的に完成度を高めていきます。

## ⑤ Product Market Fit（PMF）

　市場に投入された製品やサービスが市場のニーズに合致し、顧客に受

け入れられているかを検証するプロセスです。PMFを検証する方法としては、以下の4つが挙げられます。

### ⑤-1　Product/Market Fit Survey（PMF調査）

　顧客に「もし、この製品が使えなくなったらどう思いますか？」という質問をし、製品への愛着度を測るアンケートです。回答選択肢は、「非常に残念」「やや残念」「残念ではない」「該当しない」の4つが一般的です。調査結果で、回答者の40％以上が「非常に残念」と回答した場合、PMFが達成されたと判断されるケースが多いです。
　（メリット）シンプルで実施しやすい
　（デメリット）顧客の感情だけに頼っているため、客観性に欠ける可
　　　　　　　　能性がある

### ⑤-2　Net Promoter Score（NPS）

「この製品やサービスを友人や同僚に薦める可能性はどの程度ありますか？」という質問に対し、0点から10点の11段階評価で回答してもらい、顧客ロイヤルティを測る指標です。回答は、「0-6点：批判者」「7-8点：中立者」「9-10点：推奨者」の3つに分類され、推奨者の割合から批判者の割合を引いた数値がNPSスコアとなります。一般的に、NPSスコアが30以上の場合、PMFが達成されたと判断されます。
　（メリット）顧客ロイヤルティを測る上で有効な指標
　（デメリット）スコアが高いからといって、必ずしもPMFが達成さ
　　　　　　　　れているとは限らない

### ⑤-3　リテンションレート（継続利用率）

　顧客が製品やサービスを継続して利用する割合を示す指標であり、製品が顧客にどれほど受け入れられているかを測る上で重要な要素です。リテンションレートは、「（期間終了時の顧客数 － 期間中に獲得した顧客数）÷ 期間開始時の顧客数 × 100」という計算式で算出さ

れます。一般的に、リテンションレートが50％を超えると、製品が市場にフィットしており、PMFが達成されたと判断されるケースが多いです。
（メリット）顧客の実際の行動に基づいているため、客観性が高い
（デメリット）新規顧客の獲得状況によって数値が変動する可能性がある

⑤-4　チャーンレート（解約率）
　一定期間内に顧客がサービスや契約を解約する割合を示す指標であり、製品やサービスが顧客にどれほど受け入れられているかを測る上で重要な要素です。チャーンレートは、「（一定期間中に解約した顧客数 ÷ 期間開始時の顧客数）× 100」という計算式で算出されます。一般的に、チャーンレートが5％「以下であれば、製品が市場にフィットしており、PMFが達成されたと判断されるケースが多いです。
（メリット）顧客の実際の行動に基づいているため、客観性が高い
（デメリット）解約理由が分析できない

　ベンチャーキャピタルはシリーズAラウンドでの投資を検討する際、ベンチャーがPMFを達成しているかを重視します。PMFの達成はベンチャーの成長を加速させ、資金調達の成功率を大幅に高める重要な要素です。PMFが証明できれば投資家から高い評価を得られ、シリーズAラウンドでより大規模な資金調達を実現できる可能性が高まります。これはPMFがベンチャーにとって資金枯渇のリスクを軽減し、持続的な成長を支える基盤となることを意味します。

　多くのベンチャーは革新的なアイデアを持ちながらも、市場に受け入れられる製品を生み出し、収益化を実現することに苦戦しています。PMFは、ベンチャーが直面する最大の課題の一つです。参考までに、アメリカのアクセラレータープログラムの卒業生で、シリーズAラウ

ンドに到達するのは10％程度と言われています。

　PMF達成のためにはプロダクトの開発、マーケティング、顧客獲得、社内組織開発など、多岐にわたる活動に資金が必要となります。プレシリーズAラウンドはこうした活動に必要な資金を調達し、PMF達成に向けた取り組みを加速させるための重要なステップです。具体的には顧客獲得のためのマーケティングキャンペーンの実施や、製品開発チームの増員、顧客サポート体制の強化などを行い、PMF達成を加速させます。

　ベンチャーキャピタルはベンチャーへの投資を検討する際、仮説の検証プロセス、開発工程、開発物のバージョン、チームビルディング、トラクションの5つの主要な要素を評価します。

　トラクションとは、ベンチャーの成長を示す客観的な指標です。例えば、顧客数は製品やサービスに対する需要を示す指標であり、売上高は収益化の可能性を示す指標です。その他にも、アクティブユーザー数、パートナーシップ数、メディア掲載数などがトラクションとして挙げられます。トラクションは、KPI（Key Performance Indicator）と呼ばれることもあります。トラクションはそれ以外の要素の進捗度も反映された指標であり、ベンチャーキャピタルが最も重要視する要素の一つです。

　これらの要素に基づき投資家は、ベンチャーの株式評価額や投資条件を決定します。つまり各要素の進捗度が高く、トラクションが強いほど高評価を得て、より有利な条件で資金調達できる可能性が高まります。

# 第 1 章
## ベンチャーキャピタルとは

## 1-1

# ベンチャーキャピタルの
# ビジネスモデルとは

　ベンチャーキャピタルについて、皆さんはどの程度理解しているでしょうか？　多くの方が、ベンチャーキャピタルがスタートアップ企業に投資する組織であることはご存じだと思います。しかしベンチャーキャピタルがどのようなビジネスモデルで運営され、どのような目標を持っているのか、詳細についてはまだ知られていない方も多いのではないでしょうか。そのためベンチャーキャピタルから資金調達を検討する際、知っておくべき前提を理解していない方が多いと考えられます。

　ベンチャーキャピタルのビジネスモデルについて解説します。エクイティファイナンスを実施する上で、ベンチャーキャピタルの仕組みを深く理解することは、いわば「彼を知り己を知れば百戦殆からず」という言葉通り、成功への重要な第一歩です。投資家であるベンチャーキャピタルの目的や評価基準を把握することで、より効果的な資金調達戦略を立てることができます。

　ベンチャーキャピタルとは組合（ファンド）を組成して募集した資金でベンチャーの株式を取得することによって、ベンチャーに資金を供給しています。そして投資したベンチャーが成長することで、その株式の売却益（キャピタルゲイン）の獲得を目的としています。1998年に「中小企業等投資事業有限責任組合契約に関する法律」が施行された後は、投資事業有限責任組合がベンチャーキャピタルの運用のための基本的な組合形式になりました。彼らは、投資事業有限責任組合の運営を具体的に下記のスキーム（図5）により実施しています。投資事業有限責任組合を組成せず、他のスキームで運用する場合も少なからず存在します（民法による2人組合等があります）。投資事業有限責任組合は、金融庁の監督下にあり、登録や報告などの義務を負っています。

**図5** ベンチャーキャピタルのビジネスモデル

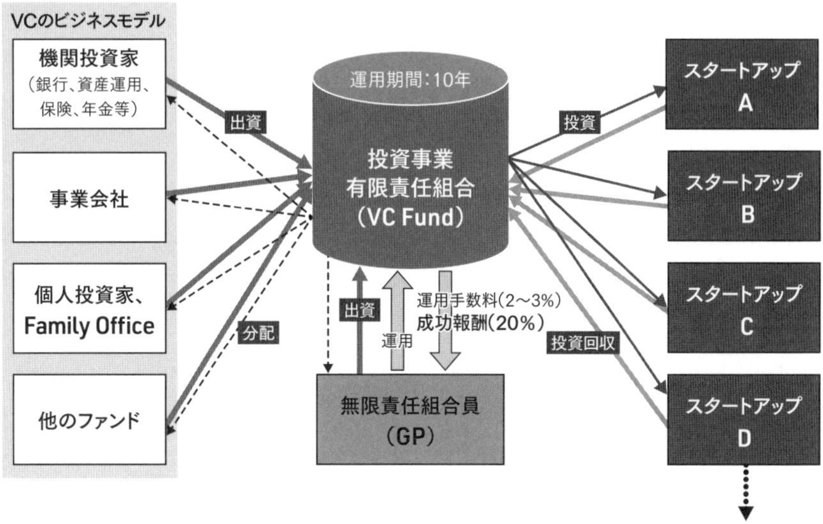

[図：VCのビジネスモデル。機関投資家（銀行、資産運用、保険、年金等）、事業会社、個人投資家・Family Office、他のファンドから投資事業有限責任組合（VC Fund、運用期間：10年）へ出資・分配。無限責任組合員（GP）が運用手数料（2～3%）・成功報酬（20%）で運用。VC FundからスタートアップA、B、C、Dへ投資・投資回収。]

（出所）各種文献および資料を参考に筆者が作成

　図5は、投資事業有限責任組合のビジネスモデル（スキーム）を示したものです。投資事業有限責任組合の運用は、大きく以下の8つの業務に分かれています。

### ①出資金集め

　ベンチャーキャピタルは機関投資家（銀行、資産運用会社、保険会社、年金基金など）、事業会社、個人投資家といった多様な出資者から資金を集め、投資事業有限責任組合を組成します。ファンドの規模は、数億円から数百億円までさまざまです。

### ②組合の組成

　「投資事業有限責任組合法（LPS法）」に基づいて、ベンチャーキャピタルは無限責任組合員（GP = General Partner）となり、投資事業有限責任組合を組成します。出資者は有限責任組合員（LP = Limited Partner）になります。投資事業有限責任組合の運用期間は通常10年で、

延長される場合もあります。また、無限責任組合員（GP）の運用手数料はファンドの規模や運用成績によって異なりますが、通常は年率2％前後です。

③投資

　ベンチャーキャピタルは成長ポテンシャルの高いベンチャーを発掘し、厳正な審査を行います。そして、審査を通過したベンチャーの株式を取得することで、投資事業有限責任組合が資金を提供します。この際、ベンチャーとの間で投資契約を締結し、投資条件や権利義務などを明確にします。

④モニタリング

　ベンチャーキャピタルは投資先のベンチャーの事業進捗を定期的にモニタリングし、その結果を有限責任組合員（LP）に報告します。これは投資家への説明責任を果たすとともに、投資先の成長を支援するための重要な活動です。また、運用するファンド全体の状況についても定期的な報告を行うことで、投資家の信頼を確保します。

⑤支援

　ベンチャーキャピタルは投資先企業に対して、取締役会への参画、人材紹介、事業提携の仲介、さらなる資金調達支援など多岐にわたる経営支援を行います。これにより投資先の成長を加速させ、投資回収を最大化することを目指します。

⑥投資回収

　ベンチャーキャピタルは投資先のベンチャーが成長し、株式市場へ上場（IPO）したり、他の企業に買収される（M&A）といった形で、保有株式を売却し、投資資金を回収します。これをExit（エグジット）と呼びます。

　投資先の事業が計画通りに進まない場合でも、ベンチャーキャピタル

はさまざまな方法で投資資金の回収を目指します。例えば、別の投資家に株式を売却したり、経営陣に株式買い取りを要請したりします。

⑦ 分配

投資先株式の売却代金は、まず有限責任組合員（LP）に出資額全額が回収されるまで優先的に分配されます。次に、あらかじめ定められた利回り（優先リターン）が有限責任組合員（LP）に分配されますが、この優先リターンが設定されない場合もあります。その後、残りの売却代金の20％が無限責任組合員（GP）への成功報酬として分配されます。

⑧ 会計／監査

ベンチャーキャピタルは、投資事業有限責任組合法に基づき、ファンドの会計処理を適切に行い、外部の監査法人による監査を受けています。監査の結果は監査証明書付きの事業報告書としてまとめられ、有限責任組合員（LP）に毎年報告されます。また法令に基づき、事業報告書を金融庁に提出する必要があります。

投資事業有限責任組合において、有限責任組合員（LP）は出資額を限度とする有限責任を負います。有限責任組合員（LP）はファンドに資金を提供し、その運用成果を待つ立場です。一方、無限責任組合員（GP）はファンドの運営を担い、組合の債務について無限責任を負います。つまり、投資事業有限責任組合が第三者に損害を与えた場合、無限責任組合員（GP）はその出資額を超えて、賠償責任を負う可能性があります。有限責任組合員（LP）は出資額以上の損失を被ることはありません。

ベンチャーキャピタルの成長は投資先の企業が株式上場（IPO）や買収・合併（M&A）といった形でExit（エグジット）を果たし、大きな収益（キャピタルゲイン）を生み出すことに大きく依存しています。これらのExit（エグジット）によって得られる成功報酬は、ベンチャー

キャピタルの収益の柱となります。

　良好な実績を積み重ねることで、ベンチャーキャピタルはより多くの有限責任組合員（LP）から資金を集め、運用するファンドの規模を拡大することができます。これにより運用手数料収入が安定的に増加し、事業基盤が強化されます。また複数のファンドを運営することで、個々の投資先の失敗によるリスクを分散し、全体の運用リスクを軽減することができます。

# 1-2

# 世界のベンチャーキャピタルの数

　世界で活動しているベンチャーキャピタルはどのくらいの数があるのでしょうか？　ご存知ない方が多いと思います。

　Preqin の調査によると、世界全体では、およそ 8,000 から 10,000 のベンチャーキャピタル運用企業が存在すると言われています。Preqin は、オルタナティブ投資データを提供する世界的なデータサービス企業です。

　表 2 は、各国のベンチャーキャピタル協会が公表しているデータに基づく、日本と欧州のベンチャーキャピタル運用企業数を示しています。

　日本では 1998 年の投資事業有限責任組合法の制定を機に、ベンチャーキャピタル業界が大きく成長しました。2023 年現在、一般社団法人ベンチャーキャピタル協会（JVCA）に登録されているベンチャーキャピタルは 155 社、コーポレートベンチャーキャピタルは 120 社に達しています。特にコーポレートベンチャーキャピタルの増加が目立ち、2014 年と比較して 20 倍以上の伸びを示しています（2014 年はベンチャーキャピタルが 46、コーポレートベンチャーキャピタルが 6）。

　米国では 2021 年時点で 2,889 のベンチャーキャピタル、991 のコーポレートベンチャーキャピタルが確認されています。欧州では 2022 年時

**表2** 世界（日本 / 米国 / 欧州）のベンチャーキャピタル運用企業数

|  | VC | CVC | 賛助会員 | VC + CVC |
|---|---|---|---|---|
| 日本（2023） | 155 | 120 | 116 | 275 |
| 米国（2021） | 2,889 | 991 | ― | 3,880 |
| 欧州（2022） | 726 | 478 | ― | 1,204 |
| 中国 | 4,000 以上 | ― | ― | ― |

（出所）The European Capital Map 2022, Crunch Base, State of Cooperate Venture, NVAA, JVCA

点で 726 のベンチャーキャピタル、478 のコーポレートベンチャーキャピタルが確認されています。

　中国では政府の積極的な支援政策により、近年ベンチャーキャピタル業界が急速に成長しています。中国のベンチャーキャピタル協会である CVCA によると、2022 年時点で中国には 4,000 社以上のベンチャーキャピタルが存在するようです。

　国際比較で言えば、日本のベンチャーキャピタル数は米国のそれと比べて非常に低い水準となっています。全体の数（ベンチャーキャピタル＋コーポレートベンチャーキャピタル）で言えば、10 倍以上の差が出ています。欧州全体では、ベンチャーキャピタルとコーポレートベンチャーキャピタルを合わせて 1,200 社以上あり、日本よりも多くなっています。しかし、ドイツ周辺地域（ドイツ、スイス、オーストリア、リヒテンシュタイン）では、163 のベンチャーキャピタル、90 のコーポレートベンチャーキャピタルが確認されています。この水準は、日本の水準とあまり変わらないと言えるでしょう。

　このように各国のベンチャーキャピタル業界は、それぞれの国の経済状況や政策、文化などを反映して異なる特徴を持っています。

## 1-3

# ベンチャーキャピタルの出資者(LP)とは

　ベンチャーキャピタルは自らの資金で投資を行うのではなく、機関投資家や事業会社などから資金を調達して投資を行っています。これらの出資者をLP（Limited Partner）と呼びます。ベンチャーキャピタルから投資を受ける場合、元々の資金の出所である出資者（LP）がどのようなところなのかを把握しておくことも重要です。

　図6は、米国と日本におけるベンチャーキャピタルへの出資者（LP）の構成を示したものです。

　米国では、機関投資家、特に年金基金によるベンチャーキャピタル投資が活発に行われています。この背景には、1979年のプルーデントマン・ルール改訂が大きく影響しています。プルーデントマン・ルールは米国のERISA法（従業員退職所得保障法）の下で定められ、年金基金の運用者が受益者のために最善の努力をしなければならないという行動

**図6** 米国および日本のLP出資者の構成

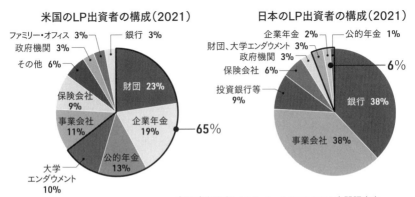

（出所）内閣府：イノベーションエコシステム専門調査会
スタートアップ・エコシステムの現状と課題　2022年より

規範です。このルール改訂により年金基金は分散投資の一環として、未公開株式投資（PE投資）、特にベンチャーキャピタルへの投資を行うことが認められました。

　ベンチャーキャピタル投資は高い成長が見込まれる一方、リスクも大きい投資です。しかし、年金基金は長期的な視点で運用を行うため、リスク分散の観点からベンチャーキャピタル投資は魅力的な選択肢となっています。また米国政府は税制優遇措置や規制緩和など、さまざまな政策を通じてベンチャーキャピタル投資を積極的に推進してきました。こうした政府の支援も、機関投資家の投資意欲を後押ししています。

　日本のベンチャーファンドへの出資は、銀行と事業会社が中心となっています。

　銀行は資産運用のポートフォリオのリスク資産として、また将来的な融資先として有望な、成長性が高く、安定的な収益が見込める企業を発掘することを目的として、ベンチャーキャピタルのファンドに出資してきました。ベンチャーキャピタルと銀行が連携することで、ベンチャーは資金調達だけでなく経営コンサルティングや販路開拓などのサポートを受けることができます。

　一方、事業会社は自社の事業領域を拡大したり新たな技術やサービスを取り入れたりするために、自社とシナジー効果が期待できるベンチャーを探しています。シナジー効果が高いベンチャーとは、自社の製品・サービスの開発を加速したり、新規市場への参入を促進したり、既存事業を強化したりするなど事業会社にとって新たな成長機会をもたらす可能性が高い企業です。シナジー効果が確認できた場合は、出資比率を増やし資本業務提携を締結したり、最終的にはM&Aによってベンチャーを子会社化したりすることでより緊密な関係を築くケースも少なくありません。

　出資者（LP）は資金を提供するだけでなく、ベンチャーキャピタル

の活動全体を監視し、助言する役割も担っています。出資者（LP）はベンチャーキャピタルの投資戦略や運用実績を評価し、必要があれば改善を促します。また出資者（LP）は、ベンチャーキャピタルのガバナンス体制にも関与し、コンプライアンスやリスク管理の強化を促します。

　日本のベンチャーキャピタル市場を今後発展させていくためには、機関投資家の出資が不可欠です。特に、年金基金や保険会社などの運用資産規模が大きい機関投資家の参入は、市場の拡大に大きく貢献します。

　機関投資家はベンチャーキャピタルの運用実績、投資戦略、リスク管理体制などを総合的に評価し、投資判断を行います。そのため日本のベンチャーキャピタルは、世界水準の運用実績と体制を確立する必要があります。具体的にはファンド運用規模や運用本数、ファンドのパフォーマンス（運用倍率など）、成功したExit事例など複数の指標で高いパフォーマンスを実現し、経験豊富な投資チームの構築、厳格な投資プロセスの確立、リスク管理体制の整備などを進めていくことが求められます。

　2022年5月、GPIF（年金積立金管理運用独立行政法人）がグロービス・キャピタル・パートナーズ（GCP）のファンドに出資したことは、日本の機関投資家のベンチャーキャピタルへの投資を促進する上で大きな一歩と言えるでしょう。しかし、先行する米国市場との間には、投資規模、成功事例の数、エコシステムの成熟度などさまざまな面で大きな差があります。

　今後日本のベンチャーキャピタル業界が機関投資家からの資金調達を促進するためには、情報開示の強化、投資家とのコミュニケーションの強化、運用体制の強化などさらなる努力が必要となります。

## 1-4 ベンチャーキャピタルの期待収益率

　有限責任組合員（LP）は、ベンチャーキャピタルが運用するファンドに高い収益性を期待しています。年金基金などの機関投資家は長期的な資産形成を目的とするため、比較的安定的な収益を期待し、IRR（内部収益率）12％、ネットの運用倍率3倍を目標とするケースが多いです。

　IRRとは投資期間全体を通しての収益率を年率で表したもので、ファンドなどの運用成績を評価する上で重要な指標です。ベンチャーキャピタル投資では一般的にリスクが高いことから、他の資産クラスと比較して高いIRRが期待されます。12％という数値は、過去の運用実績や他の資産クラスとの比較などを踏まえて、業界内で一般的な目標として定着しています。

「ネットの運用倍率で3倍」とは、運用手数料や成功報酬を差し引いた後有限責任組合員（LP）に分配される金額が、当初の出資額の3倍になることを意味します。10年間で3倍ということは、年平均で約12％の収益率に相当します。

　投資事業有限責任組合の運営には、費用がかかります。主な費用としては、運用手数料と成功報酬があります。

①運用手数料
　運用手数料は、ファンドの運営費用に充当されます。年率2％程度が一般的で、ファンドの規模に応じて支払われます。10年間の運用期間の場合、総出資額の20％が運用手数料としてGP（無限責任組合員）に支払われます。

②成功報酬

成功報酬はファンドが一定の基準を超えて収益を上げた場合に、無限責任組合員（GP）に支払われる報酬です。成功報酬の割合はファンドによって異なりますが、20％前後が一般的です。成功報酬は、投資収益から有限責任組合員（LP）の出資額相当分の分配をした後に残った利益から支払われます。

これらの費用を考慮すると、ネット運用倍率3倍を実現するためには、ファンドの総収益額をグロスで3.23倍にする必要があります。

以下、有限責任組合員（LP）が100億円を出資し、無限責任組合員（GP）の出資額を1億円とした場合の計算例です（優先リターンの設定なし）。

①運用手数料：100億円 × 0.2 × 10年 = 20億円
②投資可能額：100億円 − 20億円 + 1億円 = 81億円
③LPへの分配額：100億円 × 3 = 300億円（ネット運用倍率3倍）
④成功報酬：（326.25億円 − 300億円）× 20％ = 5.25億円 LP出資額分配後の利益の20％）
⑤グロスでの投資収益：300億円 LP分配）+ 20億円（運用手数料）+ 5.25億円（成功報酬）+ 1億円（GP出資戻し）= 326.25億円
⑥グロスでの運用倍率：326.25億円 ÷ 101億円 = 約3.23倍

さらに優先リターンや無限責任組合員（GP）の出資額が多い場合を考慮すると、無限責任組合員（GP）が達成すべきグロスでの運用倍率はこのケースよりも高くなります。また投資可能額からの倍率は、326.25億円 ÷ 81億円 = 約4倍にもなります。

有限責任組合員（LP）への優先リターンとは、ベンチャーキャピタルファンドにおいて、有限責任組合員（LP）がファンドの利益から優

**表3** 運用資産別期待収益率

期待利回り（各資産別）

|  | 国内債券 | 外国債券 | 国内株式 | 外国株式 | 国内不動産 | 外国不動産 |
|---|---|---|---|---|---|---|
| 年金積立金管理運用独立行政法人（GPIF）2023年 | 0.60% | 0.70% | 2.60% | 7.20% | — | — |
| マイインデックス（10年の年率平均） | 0.40% | 3.50% | 9.00% | 13.20% | 6.20% | 9.10% |

（出所）GPIF 2023, my INDEX（https://myindex.jp/）

先的に一定の利回り（例えば年率8％など）を受け取る権利のことです。優先リターンを設定することで、有限責任組合員（LP）は一定のリターンを確保できる一方、無限責任組合員（GP）はそれを超える利益を上げることでより高い成功報酬を得ることができます。

では、ベンチャーキャピタルの期待利回りであるIRR12％は、他の運用資産と比較した場合に、どのぐらいの水準にあるのでしょうか？

表3では、GPIF（年金積立金管理運用独立行政法人）の設定する各運用資産の期待利回りと、過去10年間（2013年～2022年）の各運用資産の平均年率利回りを示しています。

ベンチャーキャピタルの期待利回り（IRR）は、一般的に12％程度とされています。これは、GPIFの外国株式の期待利回りである7.20％を大きく上回っています。この高い期待利回りはベンチャーキャピタル投資が高い成長性を期待できる一方で、高いリスクを伴うことを示しています。ベンチャーキャピタル投資は未公開企業への投資であり、事業の失敗や市場環境の変化などにより、元本が大幅に減損するリスクが高いです。そのため高い期待利回りが設定されるのは、このリスクに対する補償と言えるでしょう。

実際の過去10年間の平均年率利回りは、日本株式が9.00％、外国株式が13.20％であり、ベンチャーキャピタルの期待利回りである12％と大きな差はない状況です。しかし、これらの数値は過去のパフォーマン

スであり、今後の市場環境や投資対象によって変動する可能性があります。特にここ数年の米国市場、新興国市場の上昇傾向は今後も続くとは限らず、次第に落ち着いてくるものと考えられます。

　出資者はより高いリターンを求める傾向にあり、特に過去に高いパフォーマンスを上げたファンドに対しては、さらなる高水準の運用成果を期待する傾向があります。また競合するファンドとの差別化のためにも、高いリターンを実現することが求められます。このような状況下でベンチャーキャピタルは常に高い運用水準を維持するために、新たな投資機会の発掘やポートフォリオの最適化などさまざまな努力を行う必要があります。

　ベンチャーキャピタルへの出資は高いリターンが期待できる一方で、流動性リスクとボラティリティリスクという2つの大きなリスクを伴います。

①流動性リスク
　「流動性」とは、資産を現金化しやすいことを意味します。ベンチャーキャピタルへの投資は他の株式や債券と異なり、いつでも自由に売却できる市場が存在しないため流動性が低いと言えます。ベンチャーキャピタルの運用期間は10年と長期にわたるため、出資者は一部の例外を除き運用期間中は出資金を自由に引き出すことができません。

②ボラティリティリスク
　「ボラティリティ」は、価格変動の大きさを意味します。ベンチャーキャピタルのパフォーマンスは、投資先ベンチャーのパフォーマンスに大きく左右されます。ベンチャーの経営は市場環境の変化や競合の出現など、さまざまな要因によって大きく変動するため、ベンチャーキャピタルの運用成績もそれに応じて変動します。

これらのリスクを踏まえ、出資者はベンチャーキャピタルへの投資を行う際に、慎重な審査を実施します。具体的には、ベンチャーキャピタルの運用実績、投資先のポートフォリオ、リスク管理体制などを厳しく評価します。また投資後も定期的に運用報告書を受け取り、投資先の進捗状況を詳細にモニタリングします。このような厳格な審査とモニタリングは、ベンチャーキャピタルが常に高いパフォーマンスを求められていることを示しています。このようにベンチャーキャピタルは、常に出資者からの非常に厳しいプレッシャーの下、運用されているのです。

# 1-5

# ベンチャーキャピタルの過去の運用実績

　実際にベンチャーキャピタルは、これまでどのくらいの水準の運用倍率の実績を残してきているのでしょうか？

　表4は、日本と米国におけるベンチャーキャピタルファンドの運用実績を比較したものです。2010年から2016年までの各年に組成されたファンドを取り上げています。

**表4** 日本および米国におけるベンチャーファンドの運用成績

|  | ファンド数 | 内部収益率(IRR) % | ネット倍率(倍) TVPI | ファンドの設立年 |
|---|---|---|---|---|
| JVCA 調査 | 3 | 11.7 | 2.15 | 2010年組成ファンド |
|  | 7 | 22.0 | 3.16 | 2011年組成ファンド |
|  | 3 | 28.7 | 4.62 | 2012年組成ファンド |
|  | 7 | 14.4 | 2.27 | 2013年組成ファンド |
|  | 18 | 12.8 | 1.98 | 2014年組成ファンド |
|  | 15 | 14.1 | 1.98 | 2015年組成ファンド |
|  | 11 | 10.7 | 1.55 | 2016年組成ファンド |
| 平均値 | 9 | 16.3 | 2.53 |  |
| 中央値 | 7 | 14.1 | 2.15 |  |
| Cambridge Associates 調査 | 48 | 25.4 | 3.21 | 2010年組成ファンド |
|  | 44 | 19.3 | 2.48 | 2011年組成ファンド |
|  | 55 | 17.9 | 2.21 | 2012年組成ファンド |
|  | 59 | 20.2 | 2.02 | 2013年組成ファンド |
|  | 83 | 16.8 | 1.74 | 2014年組成ファンド |
|  | 79 | 17.0 | 1.52 | 2015年組成ファンド |
|  | 75 | 21.1 | 1.44 | 2016年組成ファンド |
| 平均値 | 63 | 19.7 | 2.31 |  |
| 中央値 | 59 | 19.3 | 2.02 |  |

（出所）JVCA「ベンチャーキャピタル最新動向レポート（2022年）」
Cambridge Associates「U.S. Venture Capital Benchmark Reports」

ネット倍率については、日本は平均で2.53倍、米国で2.31倍となっています。IRRについては、日本は平均で16.3%、米国で19.7%となっています。倍率の平均値を見ると、両国間に大きな差は見られません。しかしIRRの中央値は、日本が14.1%、米国が19.3%となっており、米国の方がやや高い数値を示しています。

　表5を見てもわかるように、IRRは投資案件でExitするまでの年数が短かい案件ほど、高い収益率を実現する傾向があります。これは投資期間が短くなるほど複利効果が働き、より高い収益を得られるためです。表4のデータからは米国の方がIRRが高い傾向が見られますが、これは米国のベンチャーキャピタル市場の方がExitまでの期間が短い傾向があるためと考えられます。

　ただし、IRRは投資期間だけでなく投資のタイミングやキャッシュフローの大きさなど、さまざまな要因に影響されることに注意が必要です。

　ベンチャーキャピタルファンドが目標とするネット倍率やIRRは、ファンドの規模や投資戦略によって異なります。一般的にネット運用倍率で3倍以上、IRRで12%以上を目標とするファンドが多いですが、近年では市場環境の変化や競争の激化により、目標達成が困難になっているファンドも少なくありません。

　表4からもわかるように、実際にはほとんどの年代のファンドで目標を下回っている状況です。これはベンチャーキャピタル投資が本質的に持つ高いボラティリティに加え、その時々の市場環境の変化や投資先の業績不振といった要因が複合的に影響していると考えられます。

　ファンドの運用実績は、次回のファンド組成に影響を与える可能性があります。しかし過去の成績だけでなく、投資戦略や運用体制なども考慮されるため、平均利回りを下回ったからといって必ずしも次回のファ

ンド組成が困難になるわけではありません。

　ファンドの運用実績に影響を与える要因としては、市場環境の変化や投資先の業績不振だけでなく、ファンドマネージャーの能力や投資戦略なども挙げられます。優秀なファンドマネージャーは、市場環境の変化を的確に予測し適切な投資判断を行うことで、高い運用実績を上げることができます。

　ベンチャーキャピタルの規模や実績は、出資者が期待するネットの運用倍率に大きな影響を与えます。規模や実績のあるベンチャーキャピタルは、過去の運用実績が安定しており出資者からの信頼も厚いため、比較的低いネット運用倍率でも資金調達が可能です。

**表5** 投資倍率の達成期間と内部収益率（IRR）

| 投資倍率 | 1年後 | 2年後 | 3年後 | 4年後 | 5年後 | 6年後 | 7年後 | 8年後 | 9年後 | 10年後 |
|---|---|---|---|---|---|---|---|---|---|---|
| 1倍 | 0% | 0% | 0% | 0% | 0% | 0% | 0% | 0% | 0% | 0% |
| 2倍 | 100% | 41% | 26% | 19% | 15% | 12% | 10% | 9% | 8% | 7% |
| 3倍 | 200% | 73% | 44% | 32% | 25% | 20% | 17% | 15% | 13% | 12% |
| 4倍 | 300% | 100% | 59% | 41% | 32% | 26% | 22% | 19% | 17% | 15% |
| 5倍 | 400% | 124% | 71% | 50% | 38% | 31% | 26% | 22% | 20% | 17% |
| 6倍 | 500% | 145% | 82% | 57% | 43% | 35% | 29% | 25% | 22% | 20% |
| 7倍 | 600% | 165% | 91% | 63% | 48% | 38% | 32% | 28% | 24% | 21% |
| 8倍 | 700% | 183% | 100% | 68% | 52% | 41% | 35% | 30% | 26% | 23% |
| 9倍 | 800% | 200% | 108% | 73% | 55% | 44% | 37% | 32% | 28% | 25% |
| 10倍 | 900% | 216% | 115% | 78% | 58% | 47% | 39% | 33% | 29% | 26% |
| 15倍 | 1400% | 287% | 147% | 97% | 72% | 57% | 47% | 40% | 35% | 31% |
| 20倍 | 1900% | 347% | 171% | 111% | 82% | 65% | 53% | 45% | 39% | 35% |
| 30倍 | 2900% | 448% | 211% | 134% | 97% | 76% | 63% | 53% | 46% | 41% |
| 50倍 | 4900% | 607% | 268% | 166% | 119% | 92% | 75% | 63% | 54% | 48% |
| 100倍 | 9900% | 900% | 364% | 216% | 151% | 115% | 93% | 78% | 67% | 58% |

（出所）筆者が作成

これは、実績のあるベンチャーキャピタルには、以下のようなメリットがあるためと考えられます。

**①高いIRRを実現できる可能性が高い**
過去の運用実績が良好であるということは、将来も高いリターンを生み出す可能性が高いと期待されるため、出資者は多少低い倍率でも魅力を感じます。

**②資金調達力が高い**
資金調達力が高いベンチャーキャピタルはその大きな運用ファンド規模が魅力となって、優良な投資案件に優先的にアクセスできる可能性が高く、結果として高いリターンにつながる可能性があります。

**③運用ノウハウが豊富**
長年の運用経験で培われたノウハウは、リスク管理や投資先の選定に役立ち、安定した運用成績につながると期待されます。

**④人材が豊富**
優秀な人材を集めることで、質の高いデューデリジェンスや投資先へのバリューアップ支援などが可能となり、高いリターンに貢献する可能性があります。

例えば、日本で上場している大手ベンチャーキャピタルのジャフコは、2023年の有価証券報告書内で、ネット運用倍率2倍を目標としているとしています（グロスで2.5倍）。これは、他の大手ベンチャーキャピタルの目標値や業界平均値と比較すると、低い目標設定と言えるでしょう。米国でも同様にPreqinなどの調査によると、運用規模が大きく実績のあるベンチャーキャピタルは、期待されるネット運用倍率の水準が低い傾向にあります。

ベンチャーキャピタルファンドの運用のボラティリティの高さから、ネットの運用倍率3倍を実現することは容易ではありません。そのため高いIRRを実現するには、成功する投資案件を増やし、失敗する案件を最小限に抑える必要があります。さらに、Exit案件を増やすだけでなく、Exitまでのスピードも重要な要素となります。

　ファンドの運用戦略や投資ステージによって、最適なExit戦略は異なります。例えばアーリーステージに投資するファンドは、Exitまでに時間がかかる傾向があるため、長期的な視点で投資を行う必要があります。

## 1-6
# ベンチャーキャピタルの投資案件の期待収益率

　ベンチャーキャピタルは運用するファンド全体で、ネット運用倍率3倍、内部収益率（IRR）12％を目指しているというところを見てきました。ではベンチャーキャピタルは、個々の投資案件でどのくらいの期待収益率を設定しているのでしょうか。まず、資金調達ラウンド別にどのくらいの期待収益率を設定しているのかを確認していきます。

　表6は、米国と日本の資金調達ラウンド別の資金調達実績や期待収益率をまとめたものです。

### 表6 米国と日本の資金調達ラウンド別の資金調達実績および期待収益率

| 米国 | エンジェル<br>Angel | プレシード<br>Pre-seeds | シード<br>Seeds | シリーズA<br>Series-A | シリーズB<br>Series-B | シリーズC<br>Series-C |
|---|---|---|---|---|---|---|
| 投資額（¥） | 15-150M | 15-300M | 100-750M | 300-4,000M | 750-7,500M | 4,500-15,000M |
| 投資額（¥）2023年＊中央値 | 37.5M | 75M | 330M | 2,700M | 5,250M | 7,500M |
| 投資前時価総額（¥）2023年＊中央値 | 450M | 750M | 1,890M | 5,775M | 12,750M | 22,995M |
| 期待収益率（IRR） | 80％以上 | 80％以上 | 50-70％ | 40-60％ | 30-50％ | 20-35％ |
| 期待リターン倍率 | 100倍以上 | 100倍以上 | 100-30倍 | 30-10倍 | 10-5倍 | 5-3倍 |
| 生存率（次回の資金調達成功率） | - | - | 48％ | 62％ | 51％ | 55％ |

| 日本 | エンジェル<br>Angel | プレシード<br>Pre-seeds | シード<br>Seeds | シリーズA<br>Series-A | シリーズB<br>Series-B | シリーズC<br>Series-C |
|---|---|---|---|---|---|---|
| 投資額（¥） | - | 1-10M | 10-50M | 50-200M | 100-500M | 200M以上 |
| 投資額（¥）2023年＊中央値 | - | - | 36M | 101M | 150M | 270M |
| 投資後時価総額（¥）2023年＊中央値 | - | - | 300M | 1,200M | 2,400M | 4,600M |
| 期待収益率（IRR） | 80％以上 | 80％以上 | 50-70％ | 40-60％ | 30-50％ | 20-35％ |
| 期待リターン倍率 | 100倍以上 | 100倍以上 | 100-30倍 | 30-10倍 | 10-5倍 | 5-3倍 |

（出所）William A Sahlman "A Method For Valuing High-Risk, Long – Term Investments（2009）Carta, Fundz, CB Insight, INITIAL の資料を元に作成。

米国と日本を比べると、シードラウンドでは米国の投資額の中央値が日本の約10倍、シリーズAでは約27倍と、米国での投資額が圧倒的に大きいことがわかります。特にシリーズA以降の格差が拡大しているのは、米国では成長ポテンシャルの高いスタートアップに対して、より大規模かつ長期的な投資を行う傾向が強いことが要因と考えられます。一方時価総額の水準の格差は、約5倍から6倍となっています。このことから米国ではシリーズA以降、時価総額を高く評価しつつ、高い持分比率でベンチャーの成長にコミットして投資を行い、多額の資金を供給していることがわかります。

　期待収益率については、2009年の米国におけるベンチャーキャピタル投資に関する論文や、Carta、Fundz、CB Insight、INITIALの資料に基づき、各ラウンドにおける期待収益率を推定しています。早期ラウンドは事業モデルや製品・サービスが未成熟であり、市場での成功が不確実であるため高いリスクを伴います。そのため、高い期待収益率が設定されています。

　また生存率の調査から、シリーズBまでの到達率15％、シリーズCまでの到達率8％という結果が得られました。この結果は、ベンチャーの成長がいかに困難であるかを示すものであり、投資家と起業家の双方にとって厳しい現実を浮き彫りにしています。ベンチャーは成長過程で直面する高い競争や、市場環境の変化といったさまざまな要因によって、淘汰されるリスクが高いことがわかります。

　期待収益率（IRR）の調査は2009年、生存率の調査は2018年と古いことから、現在の状況は変化している可能性があります。2018年以降はベンチャーへの投資額と投資件数が大きく増えています。競争が激化する中で生存率が低下し、投資家がより高いリターンを求めるようになり、結果として期待収益率が上昇していると考えられます。

米国と日本での違いはありますが、シードラウンドにおける期待リターン倍率は最低 30 倍以上となっています。プレシードラウンドにおいては、100 倍以上の期待リターン倍率が求められるということになります。ベンチャーを起業し資金調達を計画する場合は、このような高い期待収益率に応えられるような革新的なビジネスモデルと製品・サービスを準備する必要があります。

　本書で示した調査結果は、米国の研究やデータを基にした一つの目安であり、全体の傾向を反映していると言えます。ただし、実際の期待収益率はベンチャーキャピタルごとに異なります。投資方針や戦略によって期待値が異なるため、資金調達を検討する際には各ベンチャーキャピタルの特性を考慮した準備が重要です。この点に留意してご活用ください。

## 1-7 ベンチャーキャピタル運用における ボラティリティの高さ

なぜベンチャーキャピタルはシードラウンドにおける期待リターン倍率が最低30倍以上に設定し、他のラウンドでも高い期待リターン倍率を目指すのでしょうか？

それはベンチャーキャピタルの投資ポートフォリオにおいて、Power Law（冪乗則）と呼ばれる法則が成り立つからです。Power Lawとは、「ファンドの売却益の50％以上を生み出す投資先が全体の20％以下となる」法則です。

図7は、ベンチャーキャピタルが運用するファンドにおいて、Power Lawが働いた状況を示したものです。「投資先の20％がファンドの利益

**図7** ベンチャーキャピタルの運用するファンドにおけるPower Law

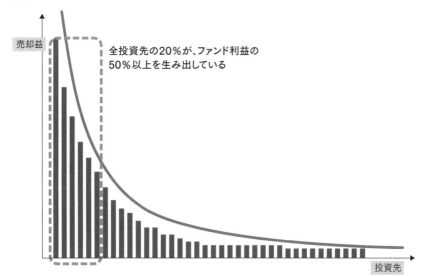

（出所）各種資料を参考に作成

の50％以上を生み出している」という状況が示されています。10社の投資先企業のうち、1〜2社がファンド全体の利益の半分以上を占めるといったイメージです。成功する投資案件はごく一部であり、大多数の投資案件は期待通りのリターンを生まないということです。

ベンチャーキャピタルが運用するファンドでは、ネット運用倍率3倍、内部収益率（IRR）12％が目標とされています。Power Law が働く状況でこの高い目標を達成するためには、利益を生み出せる20％の投資先で可能な限り成果を出したいと考えるのは当然のことです。

図8は、Horsley Bridge という米国の機関投資家が、1985年から2014年の間で、出資しているベンチャーキャピタルで実施された7,000件以上の投資先の集計データです。Horsley Bridge は長年にわたってベンチャーキャピタルへの投資を行ってきた実績を持つ機関投資家であり、その投資データはベンチャーキャピタル投資の一般的な特徴をある程度反映していると考えられます。

**図8** 米国における Power Law の事例

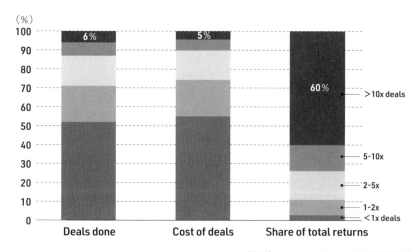

（出所）Andreessen Horowitz開示資料より

このデータによると、
①全投資先の約半分が元の投資額を下回る収益を上げた
②投資案件の6％が少なくとも10倍以上の収益をもたらし、それらが売却益の60％を占めたという結果が出ています。

これは、Power Law よりも厳しい現実を示しています。Power Law では「20％の投資先が利益の50％を占める」のに対し、Horsley Bridge のデータでは「6％の投資先が利益の60％を占める」という結果になっています。

ベンチャーキャピタルは、半分の投資先の投資額を回収できないという環境の中で、全体の6％程度の期待リターン倍率10倍以上の投資先を探し当てる必要があります。これは、相当厳しい確率だと思います。また、投資額の回収ができない投資先における売却益は全体の5％以下となっているようです。投資額を回収できない投資先は、倒産や事業縮小など、さまざまな理由で価値が大幅に減少していると考えられます。このような投資先は、ファンドの運用成績の低下要因となります。

ただし、投資額を回収できない投資先がすべて存続困難になるわけではありません。企業価値が低下した状態でも、事業を継続しているケースや、M&Aによって Exit するケースも考えられます。

このデータは10年前のものであり、現在のベンチャーキャピタル市場は大きく変化しています。しかしながら Power Law は現在でもベンチャーキャピタル投資において重要な要素であり、その不確実性を理解する上で欠かせない視点と言えるでしょう。

図9は Horsley Bridge の調査の別の分析で、10倍以上のリターン倍率を実現した投資先の構成比とファンド全体のネット運用倍率の関係を示したものです。10倍以上のリターン倍率を実現する投資案件のことは、ベンチャーキャピタル業界では「ホームラン」と呼んでいるようです。

**図9** リターン倍率10倍以上の投資先の構成比とファンドパフォーマンス(ネット運用倍率)

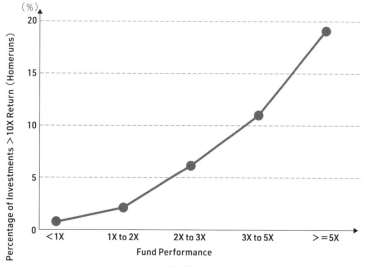

（出所）Andreessen Horowitz開示資料を参照の上作成

　これによるとファンドパフォーマンスでネット運用倍率5倍を超えるファンドは、リターン倍率10倍以上の投資先の構成比が約20％弱となっていたようです。ここからわかるのは、ファンドのパフォーマンス（ネット運用倍率）を高めるためには、高リターン倍率（10倍以上）の投資案件の構成比を大きくすることが非常に重要であるということです。さらに言えるのは、ベンチャーキャピタルが目標とするネット運用倍率3倍以上を達成するために、リターン倍率10倍以上の投資先を全体の10％以上に引き上げる必要があるということです。

　図10はHorsley Bridgeの調査の別の分析で、投資先の最高リターン倍率とファンド全体のネット運用倍率との関係を示したものです。

　これによると、ファンドパフォーマンスでネット運用倍率が5倍を超えるファンドは、最高約70倍のリターン倍率を実現した投資先に投資していたことがわかります。これは同じ調査で全体の6％がリターン倍

**図10** 投資先の最高リターン倍率ファンドパフォーマンス（ネット運用倍率）

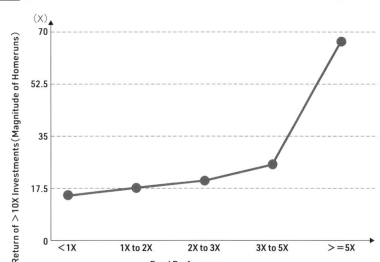

（出所）Andreessen Horowitz開示資料を参照の上作成

率10倍以上の投資案件という結果を踏まえると、非常に高い水準と言えるでしょう。

また、ネット運用倍率が3倍から5倍以下のファンドの最高リターン倍率が約20倍であることを踏まえると、より高いリターン倍率の投資先がファンドのパフォーマンス向上に影響を与える可能性があると考えられます。

図11はHorsley Bridgeの調査の別の分析で、ファンド全体のネット運用倍率と、そのファンドにおける投資額を回収できなかった投資先（非回収投資先）の割合（マネーロスト率）の関係を示したものです。この図からファンドのパフォーマンスが低いほど、マネーロスト率が高い傾向にあることがわかります。

具体的にはファンドパフォーマンスが1倍以下のファンドでは、約80％の投資先が非回収投資先となっています。一方でファンドパフォー

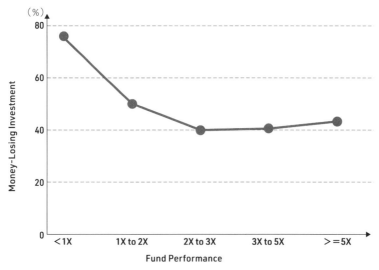

**図11** 非回収投資先の構成比とファンドパフォーマンス（ネット運用倍率）

（出所）Andreessen Horowitz開示資料を参照の上作成

マンスが2倍以上のファンドでは、マネーロスト率は約40％程度の値を示しています。このことから、ファンドパフォーマンスを高めるためには、マネーロスト率を抑制することが重要であると考えられます。

　野球のレジェンドであるベーブ・ルースは三振数が多い一方で、ホームランを多く打つことで知られていました。彼の積極的な打撃スタイルは高いリスクを伴いながらも、大きなリターンをもたらす可能性があることを象徴しています。ベンチャーキャピタル投資においても、一定の失敗を覚悟の上で、高成長が見込める投資案件に積極的に投資し、高いリターンを目指すという戦略は「ベーブ・ルース効果」と呼ばれ、ベンチャーキャピタル業界に深く浸透しています。

　これまでベンチャーキャピタルのファンド運用で、Power Lawが働く状況と事例を説明してきました。Power Lawとは一部の投資案件が非常に高いリターンをもたらし、全体の収益を大きく左右する法則です。

ベンチャーキャピタルの運用ではこの Power Law が顕著に見られ、少数の「ホームラン」と呼ばれる高成長企業がファンド全体の収益を大きく押し上げる一方で、多くの投資先が失敗に終わるという特徴があります。

　Horsley Bridge の調査によると、ベンチャーキャピタルファンドでは全投資先の約半分が投資額を回収できないという結果が出ています。その中で全体の 6％にあたるリターン倍率 10 倍以上の案件を発掘し、ファンド全体の目標リターンを達成する必要があるため、ベンチャーキャピタルの運用は非常に難易度が高いと言えます。

　ベンチャーキャピタルはファンド全体の運用目標を設定し、所属するベンチャーキャピタリストに個別の目標値を与えているケースがあります。この目標達成へのプレッシャーは、ベンチャーキャピタリストの投資行動に影響を与える可能性があります。

　ベンチャーキャピタルから投資を受ける際には、ベンチャーキャピタリストとの交渉が重要なプロセスとなります。彼らは高い成長性を持つ企業に投資し、大きなリターンを得ることを目指しています。そのため投資案件の審査は厳しく、事業計画の妥当性、市場競争力、経営チームの能力などを詳細に評価します。また、投資後も積極的に経営に関与し、成長を支援することで早期の Exit と高いリターンを目指します。
　目標達成へのプレッシャーによって、投資案件のリスクに過度に反応したり、投資後の進捗に過剰に不安を感じるケースも見られるようです。加えて市場環境の変動や経済状況によっても、プレッシャーの度合いや投資判断が変化する可能性があります。ベンチャーにとってはこのようなプレッシャーに起因する厳しい投資審査や投資後の関与が功を奏し、事業の成長を加速させる機会となる場合もあります。一方でそれがうまく機能しない場合には、ベンチャーとベンチャーキャピタルの関係に悪影響を及ぼす可能性があります。

ベンチャーキャピタリストの投資行動には、彼らの過去の運用成績が影響を与える可能性があります。運用状況が良いベンチャーキャピタリストは過去の成功体験から自信を持ち、リスクの高い投資案件にも積極的に投資する傾向があります。これは高い運用目標を達成するために、リスクを取ってでもリターンを追求する必要があると考えるためです。

　一方運用状況が良くないベンチャーキャピタリストは高い運用目標を達成できないプレッシャーから、リスクを恐れて投資に消極的になる傾向があります。彼らはファンドの損失を最小限に抑え自身の評価を守るために、慎重な投資判断を行い、投資機会を逃してしまう可能性もあります。

　これまで見てきたようにベンチャーキャピタルやベンチャーキャピタリストは、高い目標を持ち、強いプレッシャーの下で難度の高いファンド運用を実践しています。これは、少数の成功案件が全体のリターンを左右するPower Lawや競争の激しい投資環境に起因しています。ベンチャーキャピタルから資金調達を受ける際には、こうした相手の事情を十分に理解した上で行動する必要があります。例えば彼らの目標やプレッシャーを把握することで、交渉時に適切な事業計画を提示したり、投資後の支援を効果的に活用したりできる可能性があります。一方で、ベンチャーキャピタリストも起業家の状況やビジョンを理解すれば、より協力的な関係を築ける可能性があります。そのためには彼らの立場を踏まえたコミュニケーションを通じて、事業の成長性や独自性を明確に示し、期待に応える準備が求められます。

## 1-8

# ベンチャーキャピタルのファンド運用シミュレーション（簡易版）

　表7は、10億円規模のシード向けファンドを想定したシミュレーションです。前提条件として、「投資期間を一律7年間」、「運用手数料を年2％」、「成功報酬をファンド総額回収後の売却益の20％」、「非回収投資先の回収率を0％」としています。発生確率については Horsley Bridge の調査を参考に、「10倍以上の投資先が6％」、「10倍以上の投資先が20％」、「2倍から5倍の投資先が28％（5倍以上の投資先は0％）」の3つのケースに分けています。

　シミュレーションの結果、「10倍以上の投資先が6％」の場合のネット運用倍率が1.91倍、「10倍以上の投資先が20％」の場合のネット運用倍率が6.4倍、「2倍から5倍の投資先が28％」の場合のネット運用倍率が0.9倍となりました。この結果から、「10倍以上の投資先」がファンドパフォーマンスに大きな影響を与えることがわかります。

　また高いリターン倍率の投資先が存在しない場合、2倍から5倍の投資先を増やしてもファンド全体のネット運用倍率は1倍に届かないことがわかります。これは運用手数料や成功報酬などのコストを考慮すると、2倍から5倍のリターンではファンド全体の利益を十分に確保できないことを示唆しています。

　投資時に高い期待リターン倍率が見込まれるベンチャーであっても、その半分近くの投資額の回収が難しくなります。さらに投資時の期待リターン倍率を実現できるベンチャーも少なく、多くの場合当初の期待リターン倍率を大幅に下回る結果となることが多いと考えられます。そのためベンチャーキャピタルはベンチャーを発掘する際に、こうしたボラティリティを加味した期待リターン倍率を利用します。これがプレシー

### 表7 10億円規模のファンドシミュレーション

10億円規模のファンドシミュレーション（10X以上の投資先が6%）

| 投資倍率 | 投資倍率（平均） | 発生確率 | 投資期間 | 想定利回り | 出資額（億円） | 売却額（億円） |
|---|---|---|---|---|---|---|
| 50X+ | 50X | 0.50% | 7 | 75% | 0.04 | 2.0 |
| 20.0 - 50.0X | 35X | 1.50% | 7 | 66% | 0.12 | 4.2 |
| 10.0 - 20.0X | 15X | 4% | 7 | 47% | 0.32 | 4.8 |
| 5.0 - 10.0X | 7.5X | 7% | 7 | 33% | 0.56 | 4.2 |
| 2.0 - 5.0X | 3.0X | 15% | 7 | 17% | 1.20 | 3.6 |
| 1.0 - 2.0X | 1.5X | 20% | 7 | 10% | 1.60 | 2.4 |
| 0 - 1.0X |  | 52% | 7 | - | 4.16 | 0.2 |
|  |  | 100.0% |  |  | 8 | 21.4 売却額(運用手数料差引後) |
|  |  |  |  |  |  | 2.3 成功報酬 |
|  |  |  |  |  |  | 19.1 分配可能額 |
|  |  |  |  |  |  | 1.91 倍（ネット運用倍率） |

10億円規模のファンドシミュレーション（10X以上の投資先が20%）

| 投資倍率 | 投資倍率（平均） | 発生確率 | 投資期間 | 想定利回り | 出資額（億円） | 売却額（億円） |
|---|---|---|---|---|---|---|
| 100X+ | 100X | 2% | 7 | 84% | 0.16 | 16.0 |
| 50.0 - 100.0X | 75X | 4% | 7 | 75% | 0.32 | 24.0 |
| 20.0 - 50.0X | 35X | 6% | 7 | 66% | 0.48 | 16.8 |
| 10.0 - 20.0X | 15X | 8% | 7 | 47% | 0.64 | 9.6 |
| 5.0 - 10.0X | 7.5X | 10% | 7 | 33% | 0.80 | 6.0 |
| 2.0 - 5.0X | 3.0X | 10% | 7 | 17% | 0.80 | 2.4 |
| 1.0 - 2.0X | 1.5X | 22% | 7 | 10% | 1.76 | 2.6 |
| 0 - 1.0X |  | 40% | 7 | - | 3.20 | 0.2 |
|  |  | 100.0% |  |  | 8 | 77.6 売却額(運用手数料差引後) |
|  |  |  |  |  |  | 13.5 成功報酬 |
|  |  |  |  |  |  | 64.1 分配可能額 |
|  |  |  |  |  |  | 6.4 倍（ネット運用倍率） |

10億円規模のファンドシミュレーション（2X-5Xの投資先が28%）

| 投資倍率 | 投資倍率（平均） | 発生確率 | 投資期間 | 想定利回り | 出資額（億円） | 売却額（億円） |
|---|---|---|---|---|---|---|
| 50X+ | 50X | 0.00% | 7 | 75% | 0.00 | 0.0 |
| 20.0 - 50.0X | 35X | 0.00% | 7 | 66% | 0.00 | 0.0 |
| 10.0 - 20.0X | 15X | 0% | 7 | 47% | 0.00 | 0.0 |
| 5.0 - 10.0X | 7.5X | 0% | 7 | 33% | 0.00 | 0.0 |
| 2.0 - 5.0X | 3.0X | 28% | 7 | 17% | 2.24 | 6.7 |
| 1.0 - 2.0X | 1.5X | 20% | 7 | 10% | 1.60 | 2.4 |
| 0 - 1.0X |  | 52% | 7 | - | 4.16 | 0.2 |
|  |  | 100.0% |  |  | 8 | 9.3 売却額(運用手数料差引後) |
|  |  |  |  |  |  | 成功報酬 |
|  |  |  |  |  |  | 9.3 分配可能額 |
|  |  |  |  |  |  | 0.9 倍（ネット運用倍率） |

ドで100倍以上、シードで最低30倍という水準を形成している理由です。

　ベンチャーキャピタルにとって重要なのは、高い期待リターン倍率が見込まれるベンチャーを発掘し、投資することです。つまり、「10倍以上のリターン倍率を実現するホームラン案件」を意識的かつ組織的に探し出すことです。そのためには、市場調査、業界分析、人脈構築など、さまざまな方法を駆使して有望なベンチャーを見極める必要があります。

# 1-9 ベンチャーキャピタルのディールソーシング

ベンチャーキャピタルは、投資対象となるベンチャーをどのように探索して、検討に結びつけているのでしょうか？

図12は、ベンチャーキャピタルのディールソーシングのパターンを示したものです。

アウトバウンドとは、ベンチャーキャピタリストが自ら積極的に情報収集を行い、有望なベンチャーを発掘する活動です。具体的には、以下のような方法が挙げられます。

図12 ベンチャーキャピタルのディールソーシング

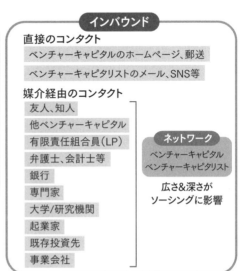

（出所）各種資料を参考に作成

①**業界イベントやカンファレンスへの参加**
　ベンチャーが集まるイベントに参加し、直接起業家と交流することで、新たな投資機会を探ります。

②**スタートアップデータベースの活用**
　INITIAL や Startup DB などのデータベースを活用し、投資対象となる企業を検索・分析します。

③**メディアや業界レポートのチェック**
　ベンチャーに関する記事やレポートを確認し、注目ベンチャーの情報収集を行います。

④**ソーシャルメディアの活用**
　X や LinkedIn などのソーシャルメディアを通じて起業家や投資家と繋がり、情報交換を行います。

　アウトバウンドは、ベンチャーキャピタリスト自身の興味や専門性に基づいて、積極的に投資機会を創出できるというメリットがあります。一方で多くの時間と労力を要し、効率的に成果を上げるには高度な情報収集能力や分析能力が必要となります。

　一方インバウンドは、ベンチャーや関係者からベンチャーキャピタリストに情報が寄せられるパターンです。事業会社、銀行、他のベンチャーキャピタル、アクセラレーター、弁護士や会計士など多様な関係先からの紹介が重要な役割を果たし、有望なベンチャーの情報や市場トレンド、業界動向などの情報が提供されます。このような情報は、質の高い投資判断を行う上で不可欠です。ベンチャーキャピタリストはキャリアを通じて関係先の開拓やメンテナンス（関係保持）を行い、ネットワークの広さ、深さ、鮮度を高めています。これがベンチャーキャピタリスト個人としてのソーシングパワーの基盤となっています。

インバウンドで得られる情報は、ベンチャーキャピタリストが質の高い投資判断を行う上で不可欠です。

　一方ネットワークを重視せず、個人で徹底的に調査・研究を行うタイプのベンチャーキャピタリストも一定数存在します。しかし、ベンチャーへの投資はビジネスモデル、競争環境、市場ニーズなど、多岐にわたる要素を総合的に評価する必要があります。個人でこれらすべての情報を収集し、分析するのは非常に困難です。多様な専門家からなるネットワークを活用することで、より正確かつ迅速な判断が可能となります。

　近年、組織的なディールソーシングの仕組みを導入するベンチャーキャピタルも増えています。しかし多くのベンチャーキャピタルでは、依然として所属するベンチャーキャピタリストの属人的なネットワークの有効性に依存してディールソーシングを運用しています。これは組織的な仕組み化だけでは、Power Law の影響による高いボラティリティを克服し、安定的に高いリターンを得ることが難しいからだと考えられます。

　そのためベンチャーキャピタリスト個人へのインセンティブを強化し、属人的ネットワークを拡充するモチベーションを高めることが効果的なディールソーシング戦略と言えるでしょう。

　図13は、ベンチャーキャピタリストのソーシングにおいて、投資候補対象となるベンチャーの情報の流入経路と、当該ベンチャーへのベンチャーキャピタリストの属人的ネットワークの中の関係先からのリコメンドのあるなしを示したものです。

　「Venture A」は、アウトバウンドで情報を入手し接触したケースで、リコメンドはありません。「Venture B」はアウトバウンドにより情報を

**図13** ベンチャーキャピタルのディールソーシングとリコメンド

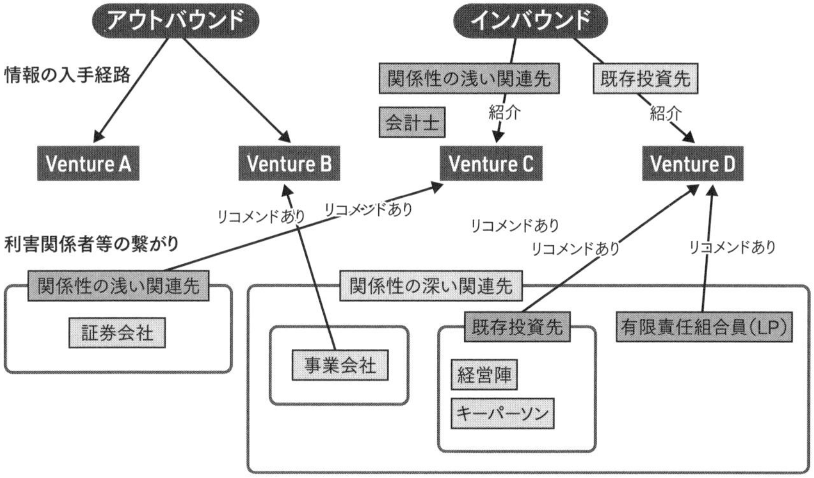

(出所)各種資料を参考に作成

入手し接触したケースで、関係性の深い事業会社からのリコメンドがあります。「Venture C」は関係性の浅い会計士から紹介を受けて、同じく関係性の浅い証券会社から、「Venture D」は既存投資先の経営陣から紹介を受け、関係性が深い既存投資先の別の経営陣、キーマン、運用するファンドの有限責任組合員（LP）からリコメンドを得たケースです。

ベンチャーキャピタリストによって、図12のような状況でどのベンチャーを重要視するかの判断基準は異なりますが、多くの場合深い関係先の紹介やリコメンドを重視する傾向にあります。これは深い関係先からの情報は信頼性が高く、投資判断に役立つ可能性が高いためです。「Venture D」のように既存投資先や有限責任組合員（LP）からの紹介であれば、そのベンチャーの経営状況や成長性についてより詳細で信頼性の高い情報を得られる可能性があります。

ベンチャーキャピタリストの属人的ネットワークには、長年信頼関係を築いた既存投資先からの紹介や、一度会っただけの知人の紹介など、

関係性の濃淡があります。彼らは、関係先とのミーティングや情報交換を通じて、関係先との信頼関係や提供される情報の正確性を継続的に評価し、更新しています。関係性の深さは、関係期間の長さ、交流の頻度、情報の独自性など複数の要素で総合的に評価されます。ベンチャーキャピタリストはこの総合的な評価に基づき、深い関係先からの情報を優先する傾向にあります。長期間にわたって築き上げてきた信頼関係に基づく情報は、より正確で偏りの少ない可能性が高く、投資判断において非常に重要な要素になります。

ベンチャーへの投資は、対象ベンチャーの広範かつ詳細な情報を整理・分析し、評価する必要があります。その中でも経営者の人物評価やマネジメント能力評価は、ベンチャーの成否を大きく左右する重要な要素で、短期間の面談や資料だけでは正確に判断が難しいものです。そのため、経営者や経営チームと一定期間仕事上の関係を持った人の意見を重視します。人物評価、マネジメント能力評価は一緒に働いた経験がなければわかりづらく、共に働いた人の意見が参考になります。彼らはその人物の仕事ぶりを直接見ており、その長所や短所、潜在能力などを客観的に評価することができます。

ベンチャーを起業しようとする人は、まず起業前の業界で関係先との関係を幅広く、深く、誠実に築く必要があります。例えば、起業前に業界内で信頼関係を築いていれば、多くの関係者からポジティブな評価を得ることができ、より多くのリコメンドを得られる可能性が高まります。逆にトラブルを起こしたり、信頼を裏切ったりした場合は、ネガティブな評価が広まり投資を受けることが難しくなる可能性があります。

ベンチャーキャピタリストに直接コンタクトする前に、彼らの属人的ネットワークを調査し共通の知人などを通じて、事前に情報交換や相談を行うことをおすすめします。信頼性の高い関係先からの紹介があれば、ベンチャーキャピタリストからの評価が向上する可能性が高まります。

# 1-10 ベンチャーが失敗した要因

　ここでは少し脱線しますが、ベンチャー（スタートアップ）が失敗する要因を確認していきます。先に見てきたマネーロストの要因にもなります。

　表8は、2018年から2021年までの総計111件のサンプルに対し、スタートアップが資金調達に失敗した理由に関するアンケート結果です。

　表8を見ると、「規制・法制の変更」以外の多くの項目が、経営陣のマネジメント能力と密接に関係していることがわかります。資金調達を成功させるには、経営陣のマネジメント能力が不可欠です。

　具体的には、

①仮説検証を継続する情熱
②変化に対応できる柔軟性
③困難な状況でもチームを鼓舞するリーダーシップ
④誠実な人間性
⑤リスクを恐れずに挑戦する姿勢

などが求められます。

**表8** ベンチャー（スタートアップ）が失敗する要因

| 資金切れ、資金調達失敗 | 38% | 規制・法制の変更 | 18% | 製品開発ミス | 8% |
|---|---|---|---|---|---|
| 想定マーケットの欠除 | 35% | 価格・コストの問題 | 15% | チーム不和、投資家との不和 | 7% |
| 競合に負ける | 20% | チーム編成のミス | 14% | ピボットの失敗 | 6% |
| ビジネスモデルの欠陥 | 19% | 製品投入時期のミス | 10% | 燃え尽き、情熱の欠除 | 5% |

（出所）CB Inshight, 2021

ベンチャーキャピタルは投資先の約50％がマネーロストになるという厳しい現実を踏まえ、高いマネジメント能力と優れた人間性を兼ね備えた経営陣を持つベンチャーを発掘しようとします。そのため、経営者や経営チームの経歴、実績、性格、人脈などを多角的に調査・分析します。

　一方ベンチャー経営者として失敗を防ぐには、まず半分近くがマネーロストになるという高いリスクを認識することが重要です。この認識があれば、ビジネスモデルへの過信を避け常に改善を意識できます。また表8に示されたような失敗要因を踏まえ、事前にリスクを予測し対策を講じる姿勢が求められます。

## 1-11

# ベンチャーキャピタルの投資検討プロセス

　図14は、米国のベンチャーキャピタルにおける典型的な投資プロセスを示しています。

　ディールソーシングからスクリーニング、デューデリジェンス、投資委員会を経て、最終的に投資実行に至るまでの各段階における案件数の推移と通過確率が可視化されています。この図からわかるように、ディールソーシングされたベンチャーのうち約0.6％しか投資実行に至らない厳しい現実が浮かび上がります。

　さらにPower Lawの「少数の案件が非常に高いリターンを生み出し、多くの案件が低いリターンか損失に終わる」という現象により、リターン倍率が10倍以上の投資案件はファンド全体の6％に留まります。そのためディールソーシングからリターン倍率が10倍以上の投資案件に当たる確率は、わずか約0.04％（投資に至る確率0.6％×リターン倍率10倍の投資案件に投資できる確率6％）という厳しい数字になります。

　つまり、ベンチャーキャピタルごとにソーシングから投資実行に至る

**図14** ベンチャーキャピタルの投資検討プロセス（米国の事例）

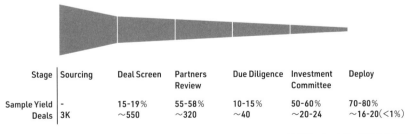

（出所）going VCの記事より抜粋

までの確率は異なるものの、ベンチャー投資が極めてリスクの高い事業であるという厳しい現実を示しています。言い換えれば、100件のスタートアップを検討しても、実際に投資に至るのは約1件程度であり、その中で高いリターンを得られるのはさらに少数に限られます。このような状況下で高いリターン倍率を実現する優良案件を見つけ出すためには、多くのディールソーシングを実施し徹底的なスクリーニングを行うことが不可欠です。

図15は、日本におけるベンチャーキャピタルの投資検討プロセスをまとめたものです。ここでは、各種資料を参照したり私のこれまでの業務経験を踏まえて、想定しうるプロセスや想定確率を元を作成しました。実際には個々のベンチャーキャピタルごとにプロセスやプロセスの通過確率に違いはありますので、それをあらかじめご確認の上参考としていただければと思います。

上半分はベンチャーキャピタルとベンチャーのプロセスを、下半分はベンチャーキャピタル内のプロセスを示しています。

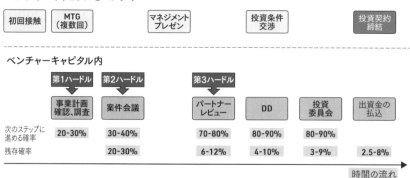

図15 ベンチャーキャピタルの投資検討プロセス（日本）

（出所）各種資料を参考に作成

ベンチャーキャピタリストは、先に説明したディールソーシングを通じて、投資検討候補となるベンチャーに接触します（＝初回接触）。この際、ベンチャーの事業計画などを確認します。そして、初期評価として①投資検討の継続が困難、②継続検討、追加の情報確認やディスカッションは必要、③案件会議にかける投資先として調査および確認を進めるというような形で判断していきます。

　ベンチャーキャピタルの中には、最終的な投資案件の通過率を統計的に測定し、必要なディールソーシング数を算出して、各ベンチャーキャピタリストに接触済み案件数の目標を課しているところも見られます。

　③は、各ベンチャーキャピタリストの投資先候補になることを意味しています。まずこのステイタスに達しないと次の段階に進めません。各ベンチャーキャピタリストは投資先候補として、全ソーシング数の20〜30％を投資先候補として維持していると考えられます。この割合はベンチャーキャピタリストによって異なります。先に説明した属人的ネットワークが効率的に機能すれば、ディールソーシングも効率的に進み、③に該当する案件を発掘できる確率も上がります。

　先に説明したディールソーシングの際の紹介とレコメンド数との関係について、深い関係先の紹介やレコメンドの方が、上記の③の評価に至る可能性が高いと考えられます。②、③については案件によって必要なケースに応じて、ベンチャーキャピタリストとベンチャーの間で複数回のミーティングが行われます。

　案件会議は、投資実行チーム単位で実施される会議です。投資実行チームは、チームリーダーと複数のベンチャーキャピタリストで構成されます。この会議ではディールソーシングの状況の共有が行われたり、ベンチャーキャピタリストが議題に挙げた投資案件のレビューが行われます。ベンチャーキャピタリストは、事業計画書に加えて関係先にヒア

リングしたベンチャーや経営者の情報を共有します。投資案件は案件会議で指摘されたポイントを解消するまで、複数回にわたり議論されることが多いようです。ベンチャーキャピタリストが指摘されたポイントを解消できない場合、案件会議以降のプロセスが進みません。その結果、投資検討が中止になることもあります。案件会議を通過するには構成員の過半数の合意に加え、チームリーダーの意思決定が必要な場合が多いようです。また、この案件会議でマネジメントプレゼンに向けた論点や確認点が整理されます。

　日本のベンチャーキャピタルは、米国のベンチャーキャピタルと比べて案件会議までの検討プロセスに十分な時間をかけ、合意形成を綿密に行うケースが多いようです。案件会議通過後の最終プロセス（投資委員会）通過確率は80～90％と比較的高く（米国2～4％）。パートナーレビュー通過後の最終プロセス通過はさらに高く、80～90％です（米国では3.5～7％）。一方米国では外部専門家を加えたデューデリジェンスに高いハードルを設けており、通過率は10～15％となっています。

　マネジメントプレゼンは、パートナーが最終的な投資判断を行うための重要なレビュープロセスです。ベンチャーキャピタルのパートナーは、投資実行の最終決定権を持ち、ベンチャーの経営陣と直接対面して説明を得ることで事業計画の詳細を深く理解します。プレゼンテーションを通じて、パートナーは経営陣のプレゼンテーション能力、事業への情熱、チーム全体のポテンシャルを評価します。また、質疑応答を通じて経営陣の事業理解度や想定外の質問に対する対応能力を測ります。

　マネジメントプレゼンを通過した案件は、パートナーレビューに進みます。パートナーレビューには担当パートナーをはじめとする全パートナー、チームリーダー、担当ベンチャーキャピタリストが参加し、投資実行の最終判断を行います。マネジメントプレゼンの評価が高く、投資案件に大きな問題がなければ、通常はパートナーレビューを通過します。

マネジメントプレゼンを通過した案件のうち、70〜80％が最終的な投資対象として選定され、ディールソーシング全体の6〜12％に絞り込まれます。

パートナーレビューを通過した案件は、多くの場合、投資実行に向けた手続きに移行します。以降は、デューデリジェンス（DD）が実施され、会計、法務、技術などの観点から、投資案件の検証が行われます。

会計 DD では、過去の決算書の正確性、資産の評価、負債の計上、会計基準への適合性などを検証します。法務 DD では、契約書や定款など、法的な文書のレビューを行い、法令遵守の状況や潜在的な法的リスクを評価します。近年では、サイバーセキュリティやデータプライバシーに関する懸念が高まる中、技術的な DD を実施するベンチャーキャピタルが増えています。技術的な DD では、ソフトウェアやシステムのセキュリティ、データ保護体制などを評価します。

DD の結果課題が発見される場合がありますが、その対応策は課題の深刻度によって異なります。軽微な課題であれば投資実行にはほとんど影響しませんが、重大な課題が発見されれば投資実行が中止される可能性もあります。通常ベンチャーキャピタルは投資契約書に、DD で発見された課題に対する改善計画や、投資実行後のフォローアップ体制などを盛り込むことで投資リスクを管理します。

パートナーレビューを通過すると、ベンチャーキャピタルはベンチャーに対して、投資契約の主要な条件をまとめたタームシート（Term Sheet）を提示します。タームシートは投資金額、株式評価額、議決権、優先株（種類株）に関する権利など、投資契約の主要な条件を簡潔にまとめた文書で投資交渉の基礎となります。タームシートは、法的拘束力を持つ正式な契約書ではありません。ベンチャーキャピタルはタームシートの内容をベンチャーに説明し、双方の合意のもと正式な投資契約を締

結します。

　DD の結果と投資条件の合意内容を踏まえ、最終的な判断は投資委員会で行われます。投資委員会には社内の意思決定に関わるメンバーに加え、社外の専門家や有限責任組合員（LP）がオブザーバーとして参加する場合があります。多くのベンチャーキャピタルは機関投資家からの資金調達を円滑に進めるため、ガバナンス強化に力を入れています。そのため、投資委員会に第三者的な視点を取り入れることで、より客観的な投資判断を目指しています。例えば社外専門家や有限責任組合員（LP）は、それぞれの専門知識や経験に基づいて、投資案件のリスクや潜在的な問題点を指摘することができます。投資委員会で全会一致または過半数の賛成を得た案件が、正式に投資実行となります。最終的な投資実行案件数は、全ディールソーシング数の 2.5 〜 8％に絞り込まれます。

　最終的な投資実行率は、日米で格差があるようです。これには、日米のベンチャー数の違いが影響していると考えられます。各種統計によると、米国は約 8 万社、日本は約 1.3 万社のベンチャーが存在しています。2021 年の起業数では、米国が 540 万社、日本が 14.6 万社となっています。

　ベンチャーにとって重要なのは、如何にマネジメントプレゼンを実現できるかということになります。ベンチャーキャピタルの意思決定者に直接会ってアピールできる機会は、極めて重要となります。そして、投資実行を勝ち取るために次のパートナーレビューが最後の大きなハードルとなっているので、ここを通過すれば勝利が見えてきます。

　これまで見てきたように、日本のベンチャーキャピタルでは投資意思決定に際して、複数の関係者の合意形成を重視する傾向にあります。そのため、ベンチャーキャピタリストのコミュニケーション能力や組織内調整力が、投資実行の成否に大きな影響を与える可能性があります。コミュニケーション能力が高いベンチャーキャピタリストは、幅広い人的

ネットワークを構築しやすく、そのネットワークを通じて有望な投資案件を発掘できる可能性が高まります。結果として、運用成績も良好なケースが多いと言えます。

　ベンチャーは投資検討を進めてもらう際に、担当するベンチャーキャピタリストの能力を事前に確認することが重要です。投資実績やチーム内での立場などをリサーチし、さらに投資先や業界での評判をヒアリングすることによって、コミュニケーション能力が高いベンチャーキャピタリストに担当してもらうことが望ましいでしょう。

## 1-12
# ベンチャーキャピタルのファンド組成サイクル

　図16は、ベンチャーキャピタルのファンド組成のサイクルを示したものです。

　ベンチャーキャピタルの投資事業有限責任組合の組成に際し、その募集期間（ファンドレイズ）は、1年から長くて1年半となっています。運用開始後、3〜5年の投資期間を設定して投資が実行され、運用可能額を消化しているところが多いようです。その後、投資先のバリューアップ期間に投資先の成長支援を実施します。ファンド運用期間の最後の2年で、投資先の整理と共に資金の回収を行います。この2年間で整理しきれない投資先がある場合は、ファンド運用期間を2年程度延長します。投資件数が順調に伸びファンドの投資可能額の全額消化に目処がついた段階で、次のファンドの組成を検討するケースが多いようです。具体的には投資期間の半分以上が経過し、設定していた投資件数の8割程度を消化した場合などが挙げられます。その際には、これまでの投資

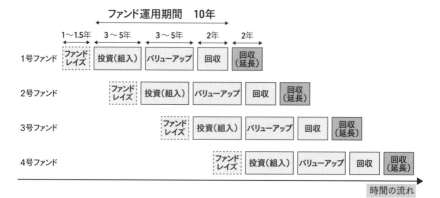

図16　ベンチャーキャピタルのファンド組成サイクル

（出所）各種資料を参考に作成

案件の実績を出資者にアピールします。

　このサイクルを繰り返すことで、常に新しい投資案件に資金を投じることが可能となり、投資機会の損失を防ぎます。また常に投資可能な状態を維持することで、有望な投資案件を早期に獲得し、実績を積み上げることができます。さらに複数のファンドを分散して運用することで、その時々の経済環境に影響されにくく、安定的な運用成績を実現できます。順調にステップアップすれば運用するファンドの規模は大きくなり、ベンチャーキャピタルの組織もそれに伴って拡大していきます。

　ベンチャーキャピタルはファンドを継続的に組成していく上で、1号ファンドと2号ファンドの立ち上げという2つの大きな壁に直面します。

　まず1号ファンドの立ち上げにおいては、パートナーの過去の投資実績、専門分野、運用戦略、そして具体的な投資先候補などが出資者によって厳しく審査されます。特に米国では機関投資家による情報共有が活発なため、ベンチャーキャピタルの運用実績に対する審査が非常に厳格です。一方日本においては米国に比べてベンチャーキャピタルの運用実績に関する情報が十分に共有されていないため、審査は米国に比べて厳格ではありません。またベンチャーキャピタルを立ち上げたばかりの頃は、実績や信頼が不足しているため、具体的な投資先候補を見つけることは容易ではありません。

　2号ファンドの立ち上げは、1号ファンドでの初期投資の成否が大きく影響します。魅力的なベンチャーに投資し早期に大きな成果を上げることができれば、2号ファンドの資金調達が円滑に進みます。しかし、初期投資が不調に終わった場合、2号ファンドの組成は困難になる可能性があります。

　ベンチャーは、投資を受けたいベンチャーキャピタルのファンドの運

用サイクルを認識しておく必要があります。投資を受ける予定のファンドがどれで、どの段階にあるのかを把握することが重要です。ベストタイミングは、ファンド組成が終わって1～2年の期間になります。この時期は、順調に投資を実施して実績を積み上げたい時期です。

さらに重要なのは、ベンチャーキャピタルの実際の運用成績です。投資案件の最終的な決定権を持つベンチャーキャピタルのパートナーは、ファンドのパフォーマンス改善を目指し、投資判断基準を調整する場合があります。例えば、投資が進んでいて運用成績の悪い場合、投資判断基準が厳格になります。逆に、投資が進んでいないが運用成績の良い場合、投資判断が柔軟になる場合があります。

# 1-13

# タームシート(日米の事例)

　ここでは、先に触れたタームシート（Term Sheet）の構成内容と重要条項に関して説明していきます。日本のタームシート事例は、2022年の経済産業省「我が国における健全なベンチャー投資に係る契約の主たる留意事項」を参照しました。米国のタームシート事例は、2022年のNVCA「Enhanced Model Term Sheet v3.0」を参照しました。詳しい各条項の解説は両資料を参照してください。

　表9と表10は、それぞれ日本と米国のベンチャーキャピタル協会が作成したタームシートのひな形です。ここで説明する各条項にはAからRまでのアルファベットが割り当てられ、以降の説明でこのアルファベットを用いて条項を特定します。同じアルファベットが割り当てられている条項は、日米で同様の条件・権利内容を表しています。

　日米ともにベンチャーキャピタルが取得する株式は、普通株とは異なる権利を持つ「種類株式」（日本）または「優先株式」（米国）となります。日米のひな形は、これらの株式の取得を前提に構成されています。以降、「優先株式」に統一して解説します。

　日本のタームシートは、主に投資契約、株主間契約、財産分配契約の3つの契約内容をまとめたものです。一方、米国のタームシートは、『Offering Terms』（資金調達概要）、『Charter』（優先株の内容）、『Stock Purchase Agreement』（株式購入契約）、『Investors' Rights Agreement』（投資家の権利に関する契約）、『Right of First Refusal/Co-Sale Agreement』（先買権および共同売却権に関する契約）、『Voting Agreement』（議決権行使契約）の5つの契約内容をまとめたものです。

**表9** 日本のタームシート例

| タームシートの内容（日本版） | 条項 | 区分 |
|---|---|---|
| 投資契約（契約当事者） | 契約当事者 | |
| 投資契約（資金調達概要） | 発行する株式の種類 | |
| | 発行可能株式総数 および 発行済株式総数 | |
| | 発行株式数 | |
| | 発行価額 | |
| | 払込金額の総額 | |
| | 払込条件 | |
| | 資本金等 | |
| | 払込期日 | |
| | 追加発行 | |
| 投資契約（種類株式の内容） | 優先配当 | A |
| | 残余財産分配の優先 | B |
| | 取得請求権 | C |
| | 希釈化防止条項 | D |
| | 取得条項 | E |
| | 議決権 | F |
| | 株式分割等 | |
| 投資契約（その他、引受に関する事項） | 資金使途 | |
| | 表明保証 | G |
| | 表明保証（創業株主） | |
| | 投資家の優先引受権 | H |
| | 契約違反時の損害賠償／買取請求権 | I |
| | 契約の終了 | J |
| 株主間契約 | 契約当事者 | |
| | 定義 | |
| | 事前承認／事前通知 | K |
| | 情報開示 | L |
| | 取締役指名権およびオブザーベーション・ライト | M |
| | 創業株主の専念義務 | |
| | Exit 協力義務 | N |
| | 先買権および共同売却請求権 | O |
| | 新規株主の参加 | |
| | 優先関係 | |
| 財産分配契約 | 契約当事者 | |
| | 同意売却請求権（Drag Along Right） | P |
| | みなし清算条項（DeemedLiquidation） | |
| その他留意事項 | 再掲待遇条項 | |
| | 投資契約の見直し等 | |

（出所）「我が国における健全なベンチャー投資に係る契約の主たる留意事項」経済産業省 2022 年

### 表10 米国のタームシート例

| タームシートの内容（米国版） | 条項 | 区分 |
|---|---|---|
| Offering Terms | Security | |
| | Closing Date | |
| | Conditions to Closing | |
| | Investors（投資家） | |
| | Amount Raised | |
| | Pre-Money Valuation（出資前の株価） | |
| Charter | Dividends（優先配当） | A |
| | Liquidation Preference（残余財産分配の優先） | B |
| | Voting Rights（議決権） | F |
| | Protective Provisions（保護条項） | |
| | Optional Conversion（変換請求権） | C |
| | Anti-dilution Provisions（希釈化防止条項） | D |
| | Mandatory Conversion（強制変換） | E |
| | Pay-to-Play | Q |
| | Redemption Rights（償還権） | R |
| STOCK PURCHASE AGREEMENT（株式譲渡契約） | | |
| | Representations and Warranties（表明保証） | G |
| | Regulatory Covenants (CFIUS)（規制上）の特約 | |
| | Counsel and Expenses（弁護人および費用） | |
| INVESTORS' RIGHTS AGREEMENT（投資家の権利に関する契約） | | |
| Registration Rights | Registrable Securities（登録証券） | |
| | Demand Registration（需要登録） | |
| | Registration on Form S-3（フォーム S-3 による登録） | |
| | Piggyback Registration（ピギーバック登録） | |
| | Expenses（費用） | |
| | Lock-up（ロックアップ） | S |
| | Termination（契約の終了） | J |
| | Management and Information Rights（情報開示請求権） | L |
| | Right to Participate Pro Rata in Future Rounds | H |
| | Matters Requiring Preferred Director Approval（選任取締役・事前承認事項） | K |
| | Non-Competition Agreements（競合避止義務） | |
| | Non-Disclosure, Non-Solicitation and Developments Agreement（秘密保持契約） | |
| | Board Matters（取締役会について） | |
| | Employee Stock Options（従業員ストックオプション） | |
| | Limitations on Pre-CFIUS-Approval Exercise of Right（権利行使の制限） | |
| | Springing CFIUS Covenant（CFIUS の特約） | |
| | Limitations on Information Rights（情報管理上の制限） | |
| | Other Covenant（その他の制限） | |
| RIGHT OF FIRST REFUSAL/CO-SALE AGREEMENT（先買権および共同売却権に関する契約） | | |
| | Right of First Refusal/Right of Co-Sale（先買権および共同売却請求権） | O |
| VOTING AGREEMENT（議決権行使契約） | | |
| | Board of Directors | |
| | Drag Along（同意売却請求権） | P |
| OTHER MATTERS | | |
| | Founders' Stock | |
| | Existing Preferred Stock | |
| | No-Shop/Confidentiality | |
| | Expiration | |

（出所）NVCA「Enhanced Model Term Sheet v3.0」2022

日米のタームシートは基本的な構成は類似していますが、一部に違いが見られます。特に、米国ではIPOを前提とした証券取引委員会（SEC）への登録（Registration）に関する条項が追加されているのが特徴です。米国のタームシートでは、『Investors' Rights Agreement』（投資家の権利に関する契約）の中に「Registration Rights」という条項で規定されています。

以下、重要条項を簡単に解説します。まず、日米共通の条項から説明します。

### A. Dividends（優先配当権）

優先配当権とは、普通株式に先立って、剰余金から配当を受ける権利のことです。優先配当権は参加型と非参加型、累積型と非累積型の組み合わせにより、4つのパターンが考えられます。通常はこれらのうち1つのパターンが選択されます。

「参加型」
優先株主が優先配当を受けた後、残りの剰余金から普通株主と同様に配当を受けられるものです。

「非参加型」
優先株主は優先配当のみを受け、残りの剰余金は普通株主に配分されます。

「累積型」
ある年度に優先配当が全額支払われなかった場合、その不足分が翌年度以降に支払われるものです。

「非累積型」
累積型と異なり、未払いの優先配当は翌期に繰り越されません。

### B. Liquidation Preference（残余財産分配の優先権）

　残余財産分配の優先権（優先分配）とは、会社が倒産や売却などになった際に、他の株主よりも先にお金や資産を受け取れる権利のことです。

　米国では会社の売却や事業譲渡などの特定の事由が発生した時にも、優先分配の権利を行使できるケースがあり、これを『みなし清算』と言います。日本では、みなし清算は優先分配とは別の独立した条項として定められることが多いです。

　優先分配を受ける額は、投資額の何倍かという形で決まります。日米ともに投資額の１倍で受け取れるケースが多く、ベンチャー経営者と投資家双方ともに、フェア（公平）な数字としてコンセンサスを得ているようです。

　また優先分配を受けた後、残りの資産をさらに他の株主と配分を受けるかどうかという点で、「参加型」と「非参加型」の２つのタイプがあります。日本では優先分配を受けた後も、残りの資産を他の株主と配分する「参加型」が一般的です。一方、米国では、「非参加型」が一般的です。

### C. Optional Conversion（転換請求権、日本では取得請求権）

　優先株保有者は保有する優先株を任意にいつでも、１株を普通株１株に転換できます。投資先企業がIPO（新規株式公開）をしたり売却される際に、投資家が転換請求権を行使して普通株に転換します。

### D. Anti-dilution Provisions（希釈化防止条項）

　優先株保有者は当初の投資価格よりも低い価格で新株が発行される、いわゆるダウンラウンドにより株式の価値が希釈化されるのを防ぐため、この条項を設けます。この条項があると新しい株が低い価格で発行された場合、優先株を普通株に転換する際の価格が自動的に調整され投資家への影響を最小限に抑えることができます。

　また株式分割、株式併合または株式の無償割当てが行われた場合も、

転換価格は調整されます。

　ダウンラウンドの際の転換価格の調整方法には、次の２つの方式があります。

「フル・ラチェット方式」
　ダウンラウンド時に、転換価額を新たに発行される優先株式の発効価額と同額まで引き下げる方式です。例えば、A種優先株の当初設定した転換価格は1,000円で、B種優先株の発行価格を500円とした場合、新たな転換価額は500円となります。A種優先株主は２倍の普通株式に転換できるようになります。

「加重平均方式（Weighted Average Adjustment）」
　実際の契約で最もよく使用される方式です。新たな転換価額は、次の計算式で求めることができます。

$$調整後転換価格 = \frac{既発行株式数 \times 調整前取得価格 + 新発行株式数 \times 1株当たり払込金額}{既発行株式数 + 新発行株式数}$$

　例えば、ある会社が優先株を１株1,000円で発行しており、その後、新しい株式を１株500円で100株発行する場合を考えてみましょう。既存の株式数が500株だったとすると、調整後の転換価格は以下のようになります。

$$調整後転換価額 = (500株 \times 1,000円 + 100株 \times 500円) \div (500株 + 100株) = 916.67円$$

　このように比較すると、フル・ラチェット方式の方が投資家にとって有利な調整方法といえます。

## E. Mandatory Conversion（強制転換、日本では取得条項）

優先株には、強制転換条項が設けられることがあります。これはIPO（新規株式公開）など会社が一定の条件を満たした場合に、優先株が自動的に普通株に転換されることを定めた条項です。

## F. Voting Rights（議決権）

優先株には、議決権に関するさまざまな取り決めがなされます。

「普通株主総会における議決権」

一般的に優先株は普通株に比べて議決権が制限されるか、まったく行使できないケースが多いです。これは優先株が安定的な配当や分配を求める投資家向けに発行されることが多く、経営への関与よりも投資効率や投資リスク軽減を重視するからです。

ただし一定の条件下で、普通株主総会において議決権が与えられる場合があります。例えば、会社が倒産状態に陥った場合などに、優先株保有者に経営に関与する権利を与えることがあります。

「優先株主総会」

優先株保有者のみが参加できる優先株主総会が設けられることがあります。この総会では、優先株に関する事項（配当額の決定など）が議決されます。

日本では、種類株保有者にも議決権を与えることが多くなってきているようです。ただし、会社法322条に定める事項の決定については、種類株主総会の決議が必要になります。このような際には種類株主総会が開催されますが、形式的に運用されるケースが多いようです。

会社法322条は、特定の種類株主に不利益を与えるような重要な決定をする場合には、「その種類株主たちの意見を聞くための特別な会議（種類株主総会）を開かなければならない」ということを定めた条文です。

「取締役選任権」
　米国では、優先株保有者に取締役を選任する権利を与える場合もあります。これは、優先株保有者に一定の経営への影響力を持たせることを目的としています。

「拒否権」
　米国では、優先株保有者に株主総会や取締役会の一定の決議事項について、種類株主総会での決議を求める権利を与える場合があります。これは優先株保有者に不利な決議事項が、採用されることがないよう設定されるものです。

## G. Representations and Warranties（表明保証）
　投資を受けるベンチャーが投資家に対し、提出資料（事業計画、内部資料、決算資料、契約書など）、会議やインタビューの内容、電話やメールでのやりとりで表明した事実が真実かつ正確であると保証することです。表明保証に違反があった場合、ベンチャーキャピタル（投資家）はベンチャーとの契約を無効とし、投資額の返還を求めることが可能です。さらに損害が発生した場合には、損害賠償を請求します。

## H. Right to Participate Pro Rata in Future Rounds（投資家の優先引受権）
　優先株を保有するベンチャーキャピタル（投資家）が、ベンチャーの新たな増資の際に、持株比率に応じて新株を優先的に引き受ける権利のことです。

## J. Termination（契約の終了）
　投資家とベンチャー間の契約は、一定の条件が満たされた場合に終了します。契約終了の代表的な条件としては、以下のものが挙げられます。

「株式の売却」
　投資家が保有する株式を第三者に売却した場合、投資家とベンチャー間の契約は終了します。

「IPO（新規株式公開）」
　ベンチャーが株式を公開し、上場した場合、投資家は自由に株式を売却できるようになり、実質的に契約が終了したとみなされます。

「みなし清算」
　ベンチャーが他企業からのM&Aが決定し、投資家が保有する株式を売却した場合、投資家とベンチャー間の契約は終了します。

「契約期間の満了」
　契約書に契約期間が定められている場合、その期間満了により契約は終了します。

## K. Matters Requiring Preferred Director Approval（事前承認事項）

　事前承認事項とはベンチャーが経営上の重要事項を決定する際に、ベンチャーキャピタル（投資家）の事前の承認を必要する内容を指します。ベンチャーの経営者は大きな持株比率を維持して経営する場合が多いため、会社法上のルールでは多くの事項が経営者の意思決定で決定できます。ベンチャーキャピタル（投資家）は、投資した株式価値の保全の観点から、拒否権としての事前承認事項を設定しようとします。

　事前承認事項を多数設置すると、経営ミスは少なくなりベンチャーキャピタル（投資家）から見た株式価値の保全が可能ですが、経営スピードを損なうデメリットがあります。さらに、経営陣のモチベーションにも影響します。

　事前通知事項とは経営上の重要事項を決定する際に、ベンチャーキャピタル（投資家）に事前通知を必要とする事項のことです。これ

は、事前承認事項が拒否権の機能を持つ一方で、事前通知事項は事前確認を求め必要に応じて協議するものであり、ベンチャー側の制約は軽くなります。

### 日本タームシートにおける事前承認・事前通知事項の内容

①定款の変更
②発行会社株式等の発行又は処分。但し、発行済株式総数の［ ］％に相当するストックオプションの発行を除く
③合併、株式交換、株式移転、会社分割、事業譲渡又は事業譲受
④解散又は破産、民事再生、会社更正若しくは特別清算の申立ての決定
⑤創業株主の保有する発行会社株式等の譲渡、担保の設定、その他の処分
⑥資金使途の変更
⑦役員の選任又は解任
⑧投資に関する契約の締結、変更又は解除
⑨発行会社の株式等の譲渡等に対する承認
⑩株式上場に関する公開予定時期、公開予定市場、引受主幹事証券会社、監査法人の決定又は変更〈その他、投資家、発行会社および創業株主にて調整して設定すること〉

### 米国タームシートにおける事前承認・事前通知事項の内容

①他社への融資、他社からの借入、他社への投資
②従業員への貸付
③他社の債務保証
④取締約会が承認した投資方針に矛盾する投資
⑤取締約会が承認した借入総額を超える借入
⑥執行役員の雇用、解雇または報酬の変更（オプション付与）
⑦事業変更、新規事業への参入、事業撤退
⑧重要技術、知的財産権の売却、譲渡、ライセンス付与、質権設定、

担保設定
⑨当社からの出資や資産の譲受または出資引受や資産の譲渡を伴う資本業務提携

　上記で、日米のタームシートひな形に規定されている事前承認および事前通知事項の内容を示します。日本のタームシートでは資本政策に関する事項が、米国のタームシートでは投融資やビジネスに関する事項が挙げられています。米国で資本政策関係の事前承認事項がないのは、ベンチャーの成長を支える資本政策の柔軟性を重視し、優先株式の権利や取締役会のガバナンスを通じてベンチャーキャピタルの利益が十分に保護されているためです。

　ベンチャーは経営の自由度を確保するため、事前承認事項や事前通知事項をできるだけ減らしたいと考える一方、ベンチャーキャピタルは、投資資金の安全性を確保するため、これらの条項を設けたいと考えます。この両者の間で、最適なバランスを見つけることが重要です。

## L. Management and Information Rights（情報開示請求権）

　情報開示請求権とは、ベンチャーが投資家に対して、決算書、税務申告書、事業計画書、定款、登記簿、株主名簿、新株予約権原簿、取締役会議事録、月次試算表などの情報を開示するよう求める権利のことです。

## O. Right of First Refusal/Right of Co-Sale（先買権および共同売却請求権）

　先買権とは、他の株主が株式を譲渡しようとする場合に、当該株式を優先的に買い受ける権利のことです。共同売却請求権とは、他の株主が株式を譲渡しようとする場合に、他の株主と共に当該株式を売却する権利のことです。

## P. Drag Along（同意売却請求権）

　同意売却請求権とは、特定の株主が自らの株式を売却する際に、他

の株主に同条件で株式を売却するよう強制する権利のことです。

同意売却請求権の主な目的は、次の2点です。

「M&Aの円滑化」

大株主が自身の株式を売却する場合、他の株主も同条件で売却することで、M&A交渉の複雑化や妨げを防げます。

「株主間の利益調整」

大株主が自身の株式を有利な条件で売却する場合、他の株主は同意売却請求権が行使されることで、同条件での利益を得られます。

同意売却請求権はこれらのメリットがある一方で、他の株主が売却を望まない場合や不利な条件での売却の場合でも、強制的に売却されるデメリットがあります。

次に、日本特有のタームシートに規定されている条項です。

### l. 契約違反時の損害賠償および買取請求権

契約違反時の損害賠償および買取請求権とは、ベンチャーとの投資契約および株主間契約に違反があった場合に、投資家が損害賠償請求権や株式の買取請求権を行使できる権利のことです。

### M. 取締役指名権およびオブザベーションライト

取締役指名権とは、ベンチャーに対してベンチャーキャピタル（投資家）が指名する取締役を派遣することができる権利を指します。オブザベーションライトとは、ベンチャーの取締役会に対してベンチャーキャピタル（投資家）が指名するオブザーバーを派遣する権利のことです。なお米国では、議決権の条項に取締役指名権が規定されています。

### N. Exit 協力義務

Exit 協力義務とは、以下の2つです。

「上場努力義務」

ベンチャーが期限を設定した上で IPO を実現する努力をする義務のことですが、IPO を保証するものではありません。

「ファンド満期までの売却協力義務」

ベンチャーキャピタル（投資家）の運用するファンドの運用終了期限までに、ファンドの保有する株式の売却にベンチャーとその経営者が協力する義務のことです。

ベンチャーキャピタル（投資家）によっては、「上場努力義務」ではなく期限を設定した上での「上場義務」を設定するケースが見られます。「上場義務」は、期限内の IPO を保証することになります。「上場義務」が達成されない場合、契約違反時の買取請求権が行使されます。「上場義務」は、このようにベンチャーキャピタル側に非常に有利な権利となっています。「上場義務」を契約交渉で要求された場合、交渉相手であるベンチャーキャピタルと十分に話し合い「上場努力義務」への変更を提案することをお勧めします。

次に、米国のタームシートにのみ規定されている条項です。

### Q. Pay-to-Play（ペイ・トゥ・プレイ条項）

Pay-to-Play（ペイ・トゥ・プレイ条項）とは、優先株保有者が追加投資（ダウンラウンドを含む）に参加しない場合に、その優先株式を普通株式に強制転換する条件のことです。

### R. Redemption Rights（償還権）

Redemption Rights（償還権）とは、優先株保有者が投資から5年

経過後の任意のタイミングで、投資額と同額（未払配当金を含む）の償還をベンチャーから受けられる権利のことです。

先にお話しした通りベンチャーキャピタルは、その投資案件の半分近くが投資額の回収不能（マネーロスト）になってしまいます。そのため投資家はベンチャーとの契約において、リスクを軽減する契約を提案します。日米のタームシートを比較すると、優先株に関する条項や経営への関与に関する条項に違いがありますが、両国とも投資家の権利を保護するための条項が数多く盛り込まれています。

実際の契約交渉では雛形の条項よりも、ベンチャーにとって厳しい条項が提案されるケースが少なくありません。ベンチャーは提案された条項の意図をしっかりと理解し、自社の経営に与える影響を慎重に検討する必要があります。特に、経営の自由度が制限されるような条項については、弁護士などの専門家に相談し、慎重に交渉を進めることが重要です。

ベンチャーキャピタル（投資家）とベンチャーは、共に事業の成功を目指すべきパートナーです。過度なリスク回避は、ベンチャーの成長を阻害し、結果的に投資の失敗につながる可能性があります。一方でリスク管理が不十分な場合、投資家は大きな損失を被るリスクがあります。双方にとって最適なバランスを見つけるためには、それぞれの立場を理解し、建設的な対話を重ねることが不可欠です。

この点、米国におけるPay-to-Play（ペイ・トゥ・プレイ条項）とRedemption Rights(償還権)の組み合わせは、バランスが取れていると考えられます。Pay-to-Playとは、ダウンラウンド時などに優先株保有者が追加投資に参加しない場合に、その優先株式を普通株式に強制転換する仕組みです。一方償還権は、ベンチャーキャピタルが投資から5年経過後に投資資金を回収できる権利です。この組み合わせにより、ベン

チャーキャピタルは5年間の間追加投資をコミットしてリスクを取る代わりに、5年後以降は償還権を得るという形になります。

　ベンチャー側から見ると不確実性が高い中で、5年間の間追加投資をある程度計算した上で事業運営を実施できることは、資金調達の計画性が高まり事業運営の安定性に大きく貢献します。一方で、追加投資の条件次第では、経営判断の自由度が制限される可能性や、経営が圧迫されるリスクも考えられます。追加投資を実施する条件としては、ベンチャーキャピタルからの取締役の追加派遣、M&Aや事業譲渡の制限などがあります。
　ベンチャーキャピタル側から見ると、償還権を行使してもベンチャーの経営状況が悪化している場合は、投資資金を回収できないリスクも存在します。

　このように、米国におけるPay-to-Play（ペイ・トゥ・プレイ条項）とRedemption Rights（償還権）の組み合わせにはメリットとデメリットが想定されますが、総合的にはベンチャーの成長に大きく寄与すると言えます。日本においても、同様の組み合わせが導入される事例はまだまだ少ないようです。今後の導入が進むことが期待されます。

# 1-14

# 転換価額調整型新株予約権とは

　ベンチャーがプレシードやシードラウンドで資金調達を実施する際に、よく利用される資金調達方法として転換価額調整型新株予約権の発行があります。転換価額調整型新株予約権とは、ベンチャーが投資家から資金調達を行う際に発行する新株予約権の一種で、将来の一定条件の下で株式に転換できる権利のことです。以下、その内容を説明します。

　米国や英国では、Keep It Simple Security（KISS）という転換価額調整型新株予約権の引受契約書が運用されています。日本でも2016年に、ベンチャーキャピタルの500 Startups Japan（現在のCoral Capital）が、Keep It Simple Security（KISS）の日本版の手法や必要書類を無償公開しました。その後、日本版KISS（J-KISS）として、広く運用されています。現在は、2022年にアップデートされた『J-KISS 2.0』として運用されています。以降、『J-KISS 2.0』の内容に従って説明します。

　転換価額調整型新株予約権（J-KISS）は、2024年の税制改正でエンジェル税制に対応しました。今後、転換価額調整型新株予約権（J-KISS）の利用が増え、シード段階のベンチャーに円滑に資金が提供されることが望まれます。

### 転換価額調整型新株予約権（J-KISS）のメリット
#### ①簡易かつ迅速な資金調達の実現
　転換価額調整型新株予約権（J-KISS）では、リーガルチェックの済んだ投資契約および新株予約権の発行要項のドキュメントが公開・共有されています。これをベースに主要な条件（以下で説明）に絞って交渉することで、資金調達を簡易・迅速に進めることができます。

## ②時価総額(バリュエーション)決定の先送り

転換価額調整型新株予約権(J-KISS)では、投資家が転換価額調整型新株予約権を転換して取得する株式の時価総額が、その後の資金調達で決まる仕組みです。ベンチャーと投資家の転換価額調整型新株予約権による資金調達の交渉の際に、時価総額についての調整をしなくて良いのです。これは、重要な交渉条件である時価総額の交渉を先送りできるという効果があります。この効果により、ベンチャーの資金到達のスピードが早まります。

## ③柔軟なインセンティブ設計が可能

加えて、ベンチャーと投資家の合意を前提として、ベンチャーおよび投資側の要望を個別の転換条件として設定可能です。例えば、シード段階のベンチャーが協業企業と PoC(Proof of Concept、概念実証)を実施している場合、協業企業との PoC の成功を転換条件として、転換価額調整型新株予約権を発行し、転換価額を協業企業側に有利に設定するケースがあります。ベンチャー側は PoC を通過すれば、次回以降の資金調達の展望が大きく開けます。協業企業側は PoC を通過すれば、有利な条件でベンチャーの株式を保有できます。

### 転換価額調整型新株予約権の仕組

## ①株式への転換事由

### ①-1　次回資金調達(適格資金調達)

契約で合意された資金調達額以上の株式発行による資金調達が行われた場合、転換価額調整型新株予約権は株式に強制転換されます。転換が適用される資金調達額は、1億円以上と設定される場合が多いようです。その理由は、シリーズ A の種類株式への転換を目指すためと考えられます。

### ①-2　転換期限の経過

契約で合意された転換期限として定めた期限が経過した場合、投資

家は他の転換事由の発生を待たずに、転換価額調整型新株予約権を株式に転換することができます。ただし、株式への転換はJ-KISS投資家全体のうち、出資金額ベースで過半数の賛成が必要となります。転換期限は通常18か月と設定されています。

①-3　買収の発生
　　転換価額調整型新株予約権を発行したベンチャーが他社に買収される場合、投資家は転換価額調整型新株予約権を株式に転換するか、出資金額の2倍を受け取ることができます。

②転換される株式の種類の決定
②-1　次回資金調達（転換期限前）による転換
　　次回資金調達により転換される場合、発行される株式は次回資金調達時に発行される株式と同内容の種類株式になります。

②-2　次回資金調達（転換期限前）以外の事由による転換
　　「転換期限の経過」、「買収の発生」によって、転換が起こる場合、転換される株式は普通株式となります。転換期限の経過後の次回資金調達に伴う転換の場合は、種類株式に転換されます。

③転換価格の決定の方法
③-1　ディスカウントによる転換
　　ディスカウントとは、次回資金調達での株価の割引率を指します。転換価額調整型新株予約権の転換価格は、次回資金調達時の株価に割引率を掛けたものとなります。ディスカウントはベンチャーと投資家の契約交渉により決定され、0.8倍に設定される場合が多いようです。

③-2　バリュエーションキャップによる転換
　　バリュエーションキャップとは、投資家による株式の転換価格に上限を設ける仕組みです。株式の転換価格は、「契約交渉により合意さ

れた時価総額÷次回資金調達前の完全希釈化後株式数」となります。完全希釈化後株式数は、発行済株式数に新株予約権などの潜在株式数を加えたものです。これにより、投資家は次回資金調達時の時価総額が想定より高く評価されても、契約交渉で合意された時価総額で株式を取得できます。

例えば、あるベンチャーがバリュエーションキャップを10億円で設定し、J-KISS 2.0を発行したとします。次回の資金調達ラウンドで、このベンチャーの時価総額が20億円と評価された場合、J-KISS 2.0の投資家は、10億円の時価総額で株式を取得することができます。

バリュエーションキャップによる転換は、「ディスカウントにより調整された時価総額＞バリュエーションキャップにより調整された時価総額」の関係になった場合に、適用されます。

表11は、これまでの解説をもとに、転換価額調整型新株予約権の転換要件と諸条件をまとめたものです。文章で読むと複雑になりがちなため、ここではそれぞれの要件と対応する諸条件を整理しました。

図17は、転換価額調整型新株予約権の転換パターンを、バリュエーションキャップを500百万円、ディスカウント率0.8倍を前提として示したものです。

**表11 転換価額調整型新株予約権の転換要件と諸条件**

|  | 次回資金調達 | 転換期限経過＋次回資金調達 | 転換期限経過 | 買収の発生 |
|---|---|---|---|---|
| 転換後の株式種類 | 種類株式 | 種類株式 | 普通株式 | 普通株式 |
| 転換価格決定方法 | ディスカウント | バリュエーションキャップ | バリュエーションキャップ | 出資金額の2倍 |
|  | バリュエーションキャップ |  |  | バリュエーションキャップ |
| 条件 | 合意資金調達額を超えた場合 | 出資金額ベースで過半数の賛成 |  | - |

（出所）筆者が作成

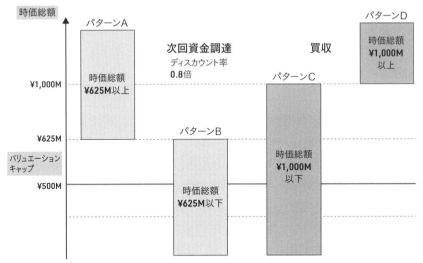

**図17** 転換価額調整型新株予約権の転換パターン例(バリュエーションキャップ=¥500M)

(出所)各種資料を参照の上、作成

　転換価格の決定方法が複数存在するのは、次回資金調達と買収の場合です。次回資金調達では、ディスカウントとバリュエーションキャップに基づく転換となります。買収ではバリュエーションキャップに基づく転換か、出資金額の2倍を受け取ることができます。

　次回資金調達では、資金調達後時価総額625百万円以上の場合はバリュエーションキャップ調整(パターンA)、資金調達後時価総額625百万円以下はディスカウント調整(パターンB)が適用されます。つまり、資金調達後時価総額がバリュエーションキャップの1.25倍以上の場合はバリュエーションキャップ、資金調達後時価総額がバリュエーションキャップの1.25倍以下の場合はディスカウント調整が適用されます。

　買収の場合は、買収時の時価総額1,000百万円以下の場合は出資金額の2倍の回収(パターンC)、時価総額1,000百万円以上はバリュエー

ションキャップ調整（パターンD）が適用されます。つまり、買収時の時価総額がバリュエーションキャップの2倍以下の場合は出資金額の2倍の回収、買収時の時価総額がバリュエーションキャップの2倍以上の場合はバリュエーションキャップ調整が適用されます。

　このように考えていくと、投資家から見て、バリュエーションキャップは次回資金調達時に時価総額が想定以上に上振れた場合の保険、買収時に時価総額が想定以上に上振れた場合の保険として機能します。バリュエーションキャップをどれくらいの時価総額に設定するかは、結局、転換価額調整型新株予約権発行時の想定時価総額に基づいて、検討していくこととなります。そのため、バリュエーション決定を先送りする効果は限定的となる場合があります。これは、バリュエーションキャップの設定が将来的な資金調達ラウンドの時価総額をある程度拘束するためです。

　図18は、適格資金調達時の転換価額調整型新株予約権の転換事例を示しています。図17でいうところのパターンAの転換事例です。

　図19は、適格資金調達時の転換価額調整型新株予約権の転換事例を示しています。図17でいうところのパターンCの転換事例です。

### 図18 適格資金調達時の転換価額調整型新株予約権の転換事例

**転換価額調整型新株予約権の発行**
（発行条件）
新株予約権　1株
出資額　¥10M
ディスカウント率　0.8倍
バリュエーションキャップ　¥500M
転換期限　18ヶ月
転換が起こる資金調達額　¥100M
転換価額調整型新株予約権発行時の株式数
10,000株

**シリーズAの適格資金調達**
（発行条件）
資金調達前時価総額　¥1,000M
新規株式発行　1,000株
新規株式株価　¥100,000/株
資金調達額　¥100M

（転換価額調整型新株予約権の処理）
①ディスカウント率 0.8倍での調整
転換価格　100,000/株×0.8倍 = ¥80,000/株
転換による付与株式数　新株予約権出資額¥10M÷¥80,000/株=125株
転換後出資額　¥80,000/株×125株= ¥10M
資金調達後時価総額 ¥1,110M
転換後の株式持分比率　125株÷11,125株＝1.12%

**バリュエーションキャップ調整の採用**

②バリュエーションキャップ ¥500Mでの調整
転換価格 100,000/株×(VC ¥500M÷Post時価総額 ¥1,110M)
= ¥22,200/株
転換による付与株式数　新株予約権出資額¥10M÷ ¥22,200/株
=450株
転換後出資額 22,200/株×450株= 10M
資金調達後時価総額1,110M
転換後の株式持分比率　450株÷11,125株＝4.04%

（出所）各種資料を参照して作成

### 図19 買収時の転換価額調整型新株予約権の転換事例

**転換価額調整型新株予約権の発行**
（発行条件）
新株予約権　1株
出資額　¥10M
ディスカウント率　0.8倍
バリュエーションキャップ　¥500M
転換期限　18ヶ月
転換が起こる資金調達額　¥100M
転換価額調整型新株予約権発行時の株式数
10,000株

**買収**
（発行条件）
買収時価総額　¥1,200M
1株当たり買収価格　¥120,000/株

（転換価額調整型新株予約権の処理）
①出資額の2倍回収
出資額　¥10M × 2 = ¥20M

**バリュエーションキャップ調整の採用**

②バリュエーションキャップ ¥500Mでの調整
転換価格 ¥120,000/株×(VC ¥500M÷買収時価総額 ¥1,200M) = ¥50,000/株
転換による付与株式数　新株予約権出資額¥10M÷¥50,000/株
=200株
普通株式への転換額　50,000/株×200株=10M
買収先への売却額　120,000/株×200株=24M

（出所）各種資料を参照して作成

# 1-15

# フォローオン投資

　図20は、米国のベンチャーキャピタルの初回投資額とフォローオン投資額の推移を示したものです。

　図20を見ると、米国のベンチャーキャピタルにおいては、フォローオン投資が非常に大きな割合を占めていることがわかります。2020年、ベンチャーキャピタル投資額1,640億ドルのうち、初回投資129億ドル、フォローオン投資1,511億ドルとなっています。

　図21は、2008～2014年の間で10件以上のシード投資を実施したベンチャーキャピタルが、以降のシリーズA等の投資でどのくらいフォローオン投資を実施したかを件数ベースで調査したものです。これを見

**図20** 米国のベンチャーキャピタルのフォローオン投資の推移

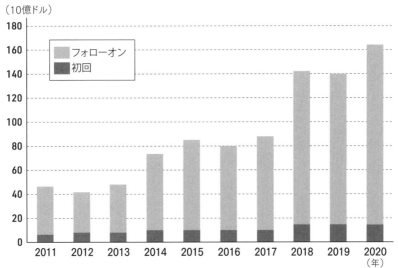

（出所）『スタートアップ投資のセオリー』（中村幸一郎著／ダイヤモンド社）を元に抜粋して作成

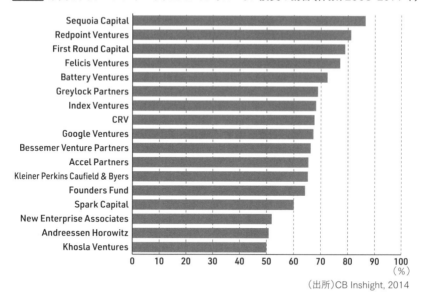

**図21** 米国のトップベンチャーキャピタルのフォローオン投資の割合（件数、2008-2014年）

（出所）CB Inshight, 2014

ると、米国のトップベンチャーキャピタルは、軒並みフォローオン投資率が50％を超えています。第1位のセコイヤキャピタルは、フォローオン投資率87％と非常に高水準になっています。

　米国のベンチャーキャピタルにおいて、フォローオン投資へのファンド資金配分は40〜60％程度です。そして、投資ラウンドを進めていくたびにフォローオン投資が積み上がっていきます。ですので、ベンチャーキャピタルの投資額全体で見ると、フォローオン投資額は約80％以上にのぼっています。

　この傾向は、優先株の条項に含まれるPay-to-Playが大きな要因と考えられます。Pay-to-Playとは、既存の優先株主が追加投資に参加しない場合に、その優先株式を普通株式に強制転換する条項です。この条項により、優先株主が追加投資に参加するインセンティブが生まれ、フォローオン投資が促進されます。

Invest Europe（欧州プライベートエクイティ・ベンチャーキャピタル協会）が発表した"Invest Europe Activity Report 2021"によると、2020年の欧州ベンチャーキャピタルによるフォローオン投資の割合は、投資件数ベースで39％となっています。これは欧州のベンチャーキャピタルも米国のベンチャーキャピタルほどではないにしろ、初回投資だけでなく成長が見込まれる企業に対して継続的に投資を行うことを重視していることを示しています。

　日本のベンチャーキャピタルは運用資金規模が欧米のベンチャーキャピタルに比べて小さいところが多いですが、中には戦略的にフォローオン投資を行うベンチャーキャピタルも存在します（調査資料は本書では準備できず）。

　ベンチャーは投資を受ける際に、ベンチャーキャピタルのフォローオン投資を受ける条件や資金配分比率などを確認することも重要です。

# 第2章

# 世界および日本での ベンチャーの 資金調達動向

## 2-1

# 世界でのベンチャーの資金調達動向

　世界でのベンチャーは、どのくらいの資金調達を行っているのでしょうか？　図22は、2019年から2023年までの世界のベンチャー資金調達額と案件数の推移を示したものです。

　2021年、資金調達額が6,486億ドル（約97兆円、1ドル=150円換算）、取引数が41,736件となっています。2021年は、各国のコロナ対策による金融緩和の影響を受け、ベンチャーにも多くの資金が流入しました。この水準は、これまでの歴史で最高水準となりました。しかし、コロナ収束後の世界的インフレに対応した金融引き締めにより、2022年以降は2019年水準にまで減少しました。

　2023年、資金調達額は2,485億ドル（約37兆円、1ドル=150円換算）、

**図22** 2019〜2023年の世界のベンチャーの資金調達額、取引数の推移

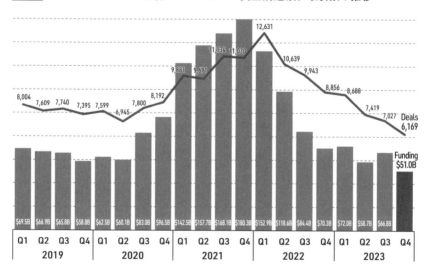

出所：State of ventures 2023, CB Inshigts

取引数は 29,303 件となっています。

　以降、ドルから円に換算する場合の為替レートは、1 ドル =150 円とします。

　驚いた方も多いと思いますが、世界では非常に巨大な資金がベンチャーに流れ込んでいることがわかります。2023 年の資金調達額 37 兆円は、日本の 2024 年度国家予算の社会保障費 37 兆円と同水準です。2021 年の資金調達額 97 兆円は、日本の 2024 年度国家予算の 114 兆円に迫る水準となっています。

　図 23 は、世界のベンチャー資金調達取引数の地域別割合の推移を示したもので、米国を筆頭にアジア、欧州の 3 大地域に資金が流入しています。2016 年から 2023 年まで年ごとの多少の変動がありますが、ほぼ 3 大地域に集中しています。2023 年第 4 四半期では、米国 35％、アジア 33％、欧州 25％となっており、全体の 93％を占めています。

**図23** 2019 ～ 2023 年の世界のベンチャーの資金調達取引の地域別構成の推移

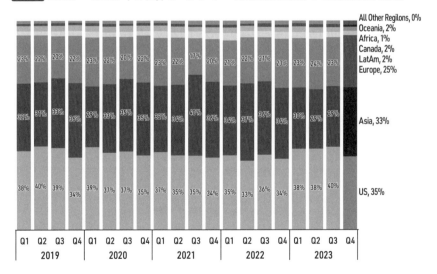

出所；State of ventures 2023, CB Inshigts

図24は、案件数の投資主体別割合の推移を示しています。ベンチャーへの投資額の約30％がベンチャーキャピタル（VC）によるものです。エンジェル投資家（Angel）の割合は2023年に約11％に達しており、日本と比較して層が厚いと言えます。その規模は2023年の資金調達額37兆円の約11％にあたる約4.1兆円となります。『Other』には、未公開株のセカンダリーマーケット、株式投資型クラウドファンディング、融資などからの資金が含まれます。ベンチャーキャピタルの割合は約30％弱で推移しており、ベンチャーの資金調達手段の主要部分を占めています。バイアウトファンド（Private Equity）や機関投資家（Asset/Invest Management）の大型投資資金、企業（Corp）やコーポレートベンチャーキャピタル（CVC）等のM&Aの受け皿となる資金も流入しています。ベンチャーの成長段階に応じた資金調達手段が、長期間バランスよく続いていると言えるでしょう。

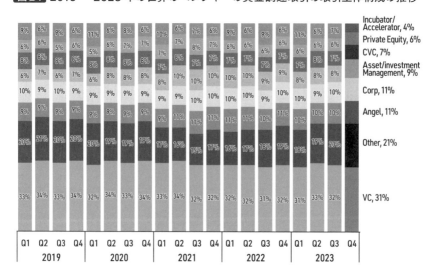

図24　2019〜2023年の世界のベンチャーの資金調達取引の取引主体構成の推移

出所；State of ventures 2023, CB Inshigts

## 2-2

# 日本でのベンチャーの資金調達動向

　図25は、日本におけるベンチャーの資金調達額と調達社数の推移を示しています。調達額は10年前の2013年の907億円から、2022年には約10倍の9,644億円となっています。2023年には7,536億円に低下し、前年比22%減となりました。これは、世界の資金調達が2022年から減速した影響が日本にも及んだと考えられます。調達社数は2019年以降伸び悩んでいますが、2023年には2,828社となりました。

　現在、日本におけるベンチャーの資金調達は米国、欧州、アジアと比較して規模に大きな差があることがわかります。しかし、日本は世界水準に比べて小規模ながら、これまで順調に市場を拡大してきました。今後、機関投資家の資金を呼び込み、ベンチャーキャピタルの数を増やし

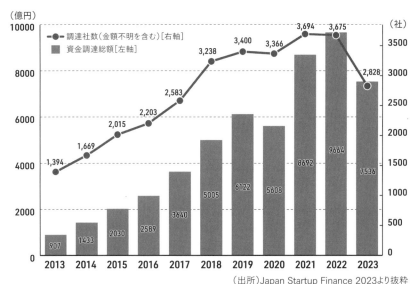

**図25** 日本でのベンチャーの資金調達動向

（出所）Japan Startup Finance 2023より抜粋

てさらなる成長を続けられれば、この差は縮まると考えられます。

# 2-3 世界および日本のベンチャーキャピタルの動向

ここでは、世界でのベンチャーキャピタルの動向を確認していきます。

　表12は、日本、米国、欧州、中国におけるベンチャーキャピタルの投資額、投資件数、ベンチャーキャピタルファンド組成金額、ベンチャーキャピタルファンド組成本数の推移をまとめたものです。これによると、2022年の投資額は、米国が31兆6,808億円で日本の約93倍、欧州が2兆5,234億円で約7.4倍、中国が4兆8,470億円で約14.3倍です。また、2022年のベンチャーキャピタルファンド組成金額は、米国が21兆4,329億円で日本の約75.4倍、欧州が3兆1,705億円で約11.1倍、中国が10兆2,055億円で約35.9倍です。投資額とファンド組成金額において、日本と米国、欧州、中国との間に大きな格差があります。特に、米国の投資額は2018年の約20兆円から2021年の45兆円へと急拡大しています。日本では2018年から2022年にかけて、投資額で約1,000億円の増加、ファンド組成金額は2020年に4,581億円を記録しています。今後、さらなる日本市場の拡大が期待されます。

**表12** 米国、欧州、中国、日本におけるベンチャーキャピタルの動向

投資額　　　　　　　　　　　　　　　　　　　　　　　　　単位：億円

|   | 2018年 | 2019年 | 2020年 | 2021年 | 2022年 |
|---|---|---|---|---|---|
| 米国 | 192,526 | 196,327 | 225,388 | 454,260 | 316,808 |
| 欧州 | 12,663 | 16,592 | 16,624 | 28,176 | 25,234 |
| 中国 | 41,282 | 30,753 | 38,059 | 72,330 | 48,470 |
| 日本 | 2,495 | 2,763 | 2,191 | 2,948 | 3,403 |

投資件数　　　　　　　　　　　　　　　　　　　　　　　　単位：億円

|   | 2018年 | 2019年 | 2020年 | 2021年 | 2022年 |
|---|---|---|---|---|---|
| 米国 | 12,410 | 13,513 | 13,359 | 18,620 | 16,464 |
| 欧州 | 5,149 | 5,488 | 5,815 | 6,360 | 5,883 |
| 中国 | 4,321 | 3,455 | 3,156 | 5,208 | 4,515 |
| 日本 | 1,535 | 1,683 | 1,421 | 1,683 | 1,994 |

ベンチャーキャピタルファンド組成金額　　　　　　　　　　単位：億円

|   | 2018年 | 2019年 | 2020年 | 2021年 | 2022年 |
|---|---|---|---|---|---|
| 米国 | 79,491 | 93,180 | 117,520 | 204,098 | 214,329 |
| 欧州 | 17,372 | 23,102 | 22,080 | 28,101 | 31,705 |
| 中国 | 58,960 | 42,255 | 47,508 | 104,215 | 102,055 |
| 日本 | 2,598 | 3,753 | 4,581 | 3,319 | 2,842 |

ベンチャーキャピタルファンド組成本数　　　　　　　　　　単位：億円

|   | 2018年 | 2019年 | 2020年 | 2021年 | 2022年 |
|---|---|---|---|---|---|
| 米国 | 775 | 736 | 869 | 1,286 | 784 |
| 欧州 | 261 | 279 | 314 | 383 | 341 |
| 中国 | 733 | 702 | 808 | 1,669 | 1,835 |
| 日本 | 48 | 47 | 54 | 54 | 38 |

（出所）VEC「ベンチャー白書2023」

## 2-4 世界のベンチャーへの資金調達ラウンド別の投資動向

世界と日本のベンチャー投資で、資金調達ラウンド別の傾向はどのようになっているのでしょうか？ ここでは、近年の傾向を確認していきます。

図26は、世界のベンチャー投資における資金調達ラウンド別の件数を示しています。シードの構成比が約40〜50％と最も高くなっていま

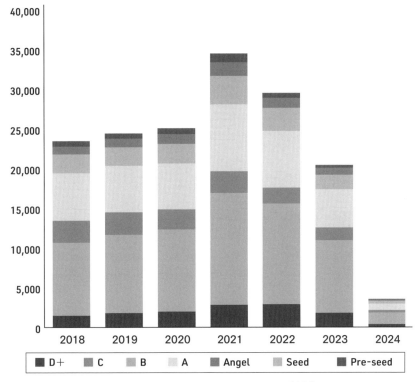

図26 世界のベンチャー投資の資金調達ラウンド別件数

（出所）Venture Pulse Q1 2024

す。次いで、シリーズ A が約 20 〜 30%、シリーズ B が約 5 〜 10%、シリーズ C が約 3 〜 5%、シリーズ D が約 1 〜 3% と続きます。エンジェル投資の件数も約 5 〜 10% で、シリーズ B の構成比とほぼ同水準です。

図 27 は、世界のベンチャー投資における資金調達ラウンド別の調達金額を示しています。構成比はシードが約 5 〜 8%、シリーズ A が約 20 〜 25%、シリーズ B が約 15 〜 25%、シリーズ C が約 10 〜 15%、シリーズ D が約 20 〜 30% です。

図27 世界のベンチャー投資の投資ラウンド別金額（単位：$10）

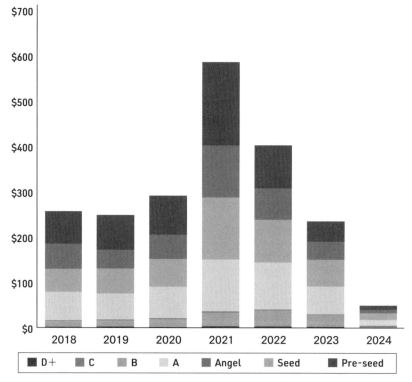

（出所）Venture Pulse Q1 2024

表13は、日本のベンチャー投資における資金調達ラウンド別件数および金額を示しています。件数の構成比（5年間の平均）は、シード39％、シリーズA29％、シリーズB17％、シリーズC10％、シリーズD6％です。金額の構成比（5年間の平均）は、シード10％、シリーズA26％、シリーズB21％、シリーズC17％、シリーズD22％です。

表14は、世界と日本のベンチャー投資における資金調達ラウンド別の件数および金額構成比を示しています。全体の傾向はおおむね一致しています。違いが表れる点は2つあります。まず、世界の件数構成比ではエンジェル（Angel）投資の割合が高いことです。日本のエンジェル（Angel）投資はシードに含まれると考えられますが、世界の件数構成比5〜10％には遠く及ばない状況と考えられます。2つ目は、世界のシリーズB、C、Dの件数構成比が低いことです。シリーズB、C、Dの金額構成比は、世界と日本で大きな差はありません。これにより、世界ではシリーズB、C、Dのラウンドで、日本よりも厳選されたベンチャーに多額の資金が集中している傾向がうかがえます。

表15は、日本、米国、欧州のエンジェル投資の状況を示しています。日本は人数、金額規模、件数のいずれにおいても、米国や欧州と比べて大きな差があります。金額規模で比較すると、米国は日本の62倍、欧州は日本の18倍です。

日本は1997年にエンジェル税制を施行しエンジェル投資家の増加を図りましたが、大きな成果は得られていません。令和に入り優遇措置を拡充したことでエンジェル投資家が急増しています。このまま順調に拡大することが期待されます。プレシード段階での資金調達を増やすことが重要です。

**表13** 日本のベンチャー投資の資金調達ラウンド別件数および金額

単位：億円

| | 2019年 | % | 2020年 | % | 2021年 | % | 2022年 | % | 2023年 | % | AVG | % |
|---|---|---|---|---|---|---|---|---|---|---|---|---|
| Seed | 1,219 | 16% | 716 | 9% | 924 | 7% | 861 | 9% | 834 | 11% | 911 | 10% |
| Pre-SeriesA | 58 | 1% | 80 | 1% | 140 | 1% | 294 | 3% | 209 | 3% | 156 | 2% |
| SeriesA | 1,452 | 19% | 2,164 | 27% | 3,628 | 29% | 2,018 | 21% | 1,497 | 19% | 2,152 | 24% |
| SeriesB | 1,552 | 20% | 1,425 | 18% | 1,787 | 14% | 2,639 | 27% | 2,271 | 29% | 1,935 | 21% |
| SeriesC | 1,378 | 18% | 1,426 | 18% | 1,712 | 14% | 1,541 | 16% | 1,766 | 22% | 1,565 | 17% |
| SeriesD | 1,751 | 23% | 1,793 | 23% | 3,295 | 27% | 1,977 | 20% | 1,028 | 13% | 1,969 | 22% |
| SeriesE | 202 | 3% | 230 | 3% | 317 | 3% | 362 | 4% | 239 | 3% | 270 | 3% |
| SeriesF | 29 | 0.4% | 108 | 1% | 626 | 5% | 87 | 1% | 86 | 1% | 187 | 2% |
| | 7,641 | 100% | 7,942 | 100% | 12,429 | 100% | 9,779 | 100% | 7,930 | 100% | 9,144 | 100% |

単位：件数

| | 2019年 | % | 2020年 | % | 2021年 | % | 2022年 | % | 2023年 | % | AVG | % |
|---|---|---|---|---|---|---|---|---|---|---|---|---|
| Seed | 1,570 | 44% | 1,437 | 41% | 1,556 | 39% | 1,427 | 35% | 1,365 | 38% | 1,471 | 39% |
| Pre-SeriesA | 78 | 2% | 109 | 3% | 151 | 4% | 226 | 6% | 142 | 4% | 141 | 4% |
| SeriesA | 889 | 25% | 870 | 25% | 995 | 25% | 1,044 | 26% | 860 | 24% | 932 | 25% |
| SeriesB | 575 | 16% | 548 | 16% | 593 | 15% | 718 | 18% | 682 | 19% | 623 | 17% |
| SeriesC | 268 | 7% | 327 | 9% | 436 | 11% | 408 | 10% | 376 | 10% | 363 | 10% |
| SeriesD | 203 | 6% | 220 | 6% | 259 | 6% | 226 | 6% | 213 | 6% | 224 | 6% |
| SeriesE | | 0% | | 0% | | 0% | | 0% | | 0% | 0 | 0% |
| SeriesF | | 0% | | 0% | | 0% | | 0% | | 0% | 0 | 0% |
| | 3,583 | 100% | 3,511 | 100% | 3,990 | 100% | 4,049 | 100% | 3,638 | 100% | 3,754 | 100% |

(出所) STARTUPDB_investmentreport_2023 を参照して作成

## 表14 世界と日本のベンチャー投資の資金調達ラウンド別の件数／金額構成比

|  | 世界 |  | 日本 |  |
|---|---|---|---|---|
|  | 件数構成比 | 金額構成比 | 件数構成比 | 金額構成比 |
| Angel | 5-10% | 1%未満 | - | - |
| Seed | 40-50% | 5-8% | 39% | 10% |
| SeriesA | 20-30% | 20-25% | 29% | 26% |
| SeriesB | 5-10% | 15-25% | 17% | 21% |
| SeriesC | 3-5% | 10-15% | 10% | 17% |
| SeriesD | 1-3% | 20-30% | 6% | 22% |

（出所）各種資料を参照の上作成

## 表15 日本、米国、欧州のエンジェル投資の状況

|  | 日本（2021） | 米国（2022） | 欧州（2022） |
|---|---|---|---|
| エンジェル投資額 | ¥12,636M | $5,191M | €1,450M |
|  |  | ¥778,650M | ¥233,450M |
| エンジェル投資　件数 | 322 | 4,106 | - |
| エンジェル投資家　人数 | 11,929 | 367,945 | 39,410 |

（出所）The Center for Venture Research, statista, eban, carta, 中小企業庁の資料から作成

# 2-5 世界のベンチャーへのテクノロジー分野別の投資動向

　世界と日本のベンチャー投資で、テクノロジー分野別の傾向はどのようになっているのでしょうか？　ここでは、近年の傾向を確認していきます。

　表16は、テクノロジービジネスにおける各分野の内容および定義を示しています。これらの定義は独自に作成したものです。以降の関連する表もこれらの定義に基づいて作成しています。表16には、2010年以降に大きな成長を遂げたSaaS（Software as a Service）およびその他の新しいテクノロジー分野を掲載しています。SaaSとは、利用者がインフラ（サーバーやデータセンター）を準備することなく、インターネットを通じてソフトウェアを利用できるサービスです。

　SaaSは、大きくHorizontal SaaSとVertical SaaSの2つに分類できます。

① Horizontal SaaS（ホリゾンタルサース）
　特定の業界を対象としない業務アプリケーションやサービスのことです。例えば、顧客管理（CRM）、人事管理（HRM）、会計ソフトなどが挙げられます。

② Vertical SaaS（バーチカルサース）
　特定の業界や業務向けの業務アプリケーションのことです。医療・健康、建設、不動産、物流・SCM、農業、自動車などの業務アプリケーションが含まれます。例えば、医療機関向けの電子カルテシステムや建設業向けのプロジェクト管理ツールなどです。

## 表16 テクノロジービジネスにおける各分野の内容および定義

| | |
|---|---|
| Horizontal SaaS | 業界横断型（水平）サービス、業務アプリケーション |
| Fin tech | 金融サービス、経理・財務関連業務アプリケーション、金融業向け業務アプリケーション |
| EC | E-コマース、マーケットプレイス、マッチングPF |
| Enterprize tech | 企業向けサービス、業務アプリケーション、特定業界向け業務アプリケーション |
| Retail tech | 小売、飲食、サービス業向けサービス、業務アプリケーション |
| Legal tech | 法律関連業向けサービス、業務アプリケーション |
| HR Tech | 人事関連業務向けサービス、業務アプリケーション |
| ED tech | 教育サービス、教育関連業向け業務アプリケーション |
| Cloud system | PaaSサービス（ミドルウェア）、ソフトウェア開発環境（IDE） |
| Security | サイバーセキュリティーサービス（クラウドセキュリティサービス） |
| Vertical SaaS | 特定業界（垂直）向け業務サービス、業務アプリケーション |
| Digital Health | 医療・健康関連技術、サービス、医療・健康関連業向け業務アプリケーション |
| Prop tech | 不動産関連技術、サービス、不動産関連業向け業務アプリケーション |
| Con tech | 建設関連技術、サービス、建設関連業向け業務アプリケーション |
| Logi tech | 物流関連技術、サービス、物流関連業向け業務アプリケーション |
| Auto tech | 自動車関連技術、サービス、自動車関連業向け業務アプリケーション |
| Agri tech | 農林畜産業関連技術、サービス、農林畜産業関連業向け業務アプリケーション |
| New areas | 新しい技術、サービス分野 |
| Clean tech | 再生可能エネルギー、脱炭素テックエネルギ関連サービス、業務アプリケーション |
| Web3 | 分散型インターネット技術（ブロックチェーン）、サービス、業務アプリケーション |
| VR/AR | VR/AR関連技術、サービス、業務アプリケーション |
| AI | ML、DLを利用した技術、サービス、業務アプリケーション、周辺技術 |
| Space tech | 宇宙関連技術、サービス、業務アプリケーション |
| New Transport | 新輸送関連技術、サービス（ドローンなど） |

（出所）筆者にて作成

　実際に、SaaSの種類には上記の分類以外にも多くのサービスや業務アプリケーションが存在しています。しかし、ここでは2010年以降に多くの資金流入があった事業として、上記で定義した事業にフォーカスします。このような理由から、2000年から2010年までに大きく成長していたBtoC事業（インターネットメディア、課金ビジネス、ゲームなど）やAD tech（広告テクノロジー）については、本書では触れてい

ません。

さらに、第三の新しいテクノロジー分野として、以下の分野を定義し、分類しました。

### ①クリーンテック（Clean tech）

再生可能エネルギーの利用や省エネルギー技術、脱炭素テック、エネルギー関連サービス、業務アプリケーションなど、環境問題の解決に貢献する技術やビジネスのことです。クライメートテック（Climate tech）、グリーンテック（Green tech）などとも呼ばれています。

### ② Web3

ブロックチェーン技術を基盤とした、非中央集権型の分散型インターネット技術を利用したサービス、業務アプリケーションのことです。暗号資産やNFTなどが含まれています。

### ③ VR/AR

仮想現実（VR）および拡張現実（AR）技術を用いたサービス、業務アプリケーションのことです。ゲームやエンターテイメント、教育、医療などさまざまな分野へ応用されています。

### ④ AI

AI（人工知能）は、機械学習、ディープラーニングを活用したサービス、業務アプリケーションのことです。近年注目を集めている生成AI、自動運転、画像認識、自然言語処理など、さまざまな分野でのサービス、アプリケーションが利用されています。

### ⑤宇宙

宇宙関連技術、サービス、業務アプリケーションのことです。宇宙船、ロケット、人工衛星などの開発や宇宙の利用や探査に関するビジネスが

⑥新輸送

　自動運転、ドローン、電動モビリティなど、従来の輸送手段に変革をもたらす新しい移動手段のことです。

　表17は、2015〜2024年の世界の分野別資金調達金額、件数の推移を示したものです（Enterprize tech、Retail tech は Traxcn にカテゴリが存在せず、上記集計対象外）。2024年のデータは未確定であるため、予測値となっています。

　どの分野も世界全体の資金調達動向と同様に、2021年まで拡大していきましたがその後は減少しています。

　Horizontal SaaS（ホリゾンタルサース）では、Fin tech、EC の資金調達が金額、件数ともに大きくなっています。また、Fin tech、EC は2015年から資金調達が金額、件数ともに高い水準を保っており、世界のベンチャー資金調達において、主要な役割を果たしてきました。次いで、Security、HR tech と資金調達規模の大きい分野が続きます。

　Vertical SaaS（バーチカルサース）では、Auto tech、Digital Health の資金調達が金額、件数ともに大きな規模を占めています。Auto tech は、EV や自動運転技術の発展に伴い、資金調達規模が拡大していると考えられます。Digital Health は、医療、保険、ヘルスケアといった巨大産業のデジタル化を背景に、資金調達規模が拡大していると考えられます。次いで、Prop tech、Logi tech と市場規模の大きい分野が続きます。

　New Area Technology では、AI、Clean tech の資金調達が金額、件数ともに大きな規模を占めています。Clean tech は、再生可能エネ

### 表17 世界の分野別資金調達金額、件数の推移（2015‐2024年）

単位：上段は資金調達金額 $B、下段は資金調達件数

| | 2015 | 2016 | 2017 | 2018 | 2019 | 2020 | 2021 | 2022 | 2023 | 2024 |
|---|---|---|---|---|---|---|---|---|---|---|
| **Horizontal SaaS** | | | | | | | | | | |
| Fin tech | 43.3 | 41.3 | 47.8 | 83 | 81.6 | 63.7 | 173 | 118 | 68.1 | 38.4 |
| | 2,538 | 2,752 | 3,123 | 3,538 | 3,619 | 3,910 | 6,581 | 5,949 | 3,924 | 2,644 |
| EC (BtoC) | 56.3 | 47.6 | 63.1 | 75 | 48.1 | 48.9 | 95.9 | 38.8 | 18.9 | 11.5 |
| | 3,583 | 3,063 | 2,572 | 2,503 | 2,367 | 2,158 | 2,751 | 2,517 | 1,669 | 889 |
| EC (BtoB) | 2.66 | 2.93 | 3 | 9.74 | 6.49 | 5.87 | 15.7 | 6.77 | 3.54 | 1.25 |
| | 328 | 326 | 284 | 324 | 351 | 315 | 463 | 424 | 254 | 129 |
| Legal tech | 0.86 | 0.61 | 0.59 | 1.21 | 2.74 | 1.57 | 3.07 | 1.95 | 0.98 | 1.66 |
| | 129 | 164 | 174 | 186 | 208 | 163 | 197 | 189 | 149 | 127 |
| ED tech | 4.48 | 3.86 | 3.95 | 7.83 | 6.68 | 17.3 | 21 | 8.75 | 3.52 | 1.14 |
| | 1,017 | 1,025 | 915 | 1,019 | 939 | 943 | 1,183 | 915 | 571 | 331 |
| HR tech | 5.27 | 5.01 | 5.58 | 14 | 11.6 | 8.64 | 29 | 16 | 6.16 | 3.92 |
| | 886 | 891 | 955 | 992 | 962 | 936 | 1,267 | 1,139 | 704 | 432 |
| Security | 6.58 | 5.68 | 8.58 | 14.5 | 25.5 | 26.3 | 32.2 | 18.6 | 8.89 | 8.41 |
| | 719 | 755 | 803 | 924 | 845 | 877 | 980 | 854 | 627 | 371 |
| Cloud system (PaaS) | 0.93 | 1.30 | 0.59 | 1.12 | 0.69 | 1.83 | 4.33 | 1.28 | 0.66 | 0.29 |
| | 90 | 75 | 74 | 69 | 60 | 65 | 80 | 72 | 44 | 22 |
| **Vertical SaaS** | | | | | | | | | | |
| Degital Health | 16.7 | 17.8 | 15.5 | 28.9 | 37.6 | 34.6 | 58.2 | 37.6 | 19.4 | 15.8 |
| | 2,237 | 2,564 | 2,539 | 2,716 | 2,815 | 2,873 | 3,310 | 2,959 | 2,242 | 1,399 |
| Prop tech | 3.11 | 4.01 | 8.6 | 14.5 | 15.9 | 6.92 | 11.9 | 4.78 | 1.57 | 0.68 |
| | 255 | 270 | 281 | 334 | 273 | 202 | 254 | 337 | 142 | 72 |
| Con tech | 1.14 | 1.01 | 2.46 | 7.44 | 3.37 | 1.85 | 7.78 | 6 | 2.83 | 1.1 |
| | 166 | 177 | 213 | 256 | 259 | 261 | 331 | 374 | 269 | 167 |
| Logi tech | 2.27 | 3.6 | 5.15 | 5.06 | 4.1 | 5.24 | 8.65 | 4.86 | 3.85 | 2.02 |
| | 1,088 | 1,115 | 1,226 | 1,374 | 1,440 | 1,349 | 1,743 | 1,674 | 1,250 | 723 |
| Agri Tech | 2.51 | 2.71 | 4.59 | 15.2 | 5.05 | 10.7 | 13.7 | 8.19 | 4.7 | 2.58 |
| | 509 | 594 | 638 | 778 | 742 | 788 | 874 | 872 | 659 | 342 |
| Auto tech | 21.5 | 33.8 | 54.6 | 41.4 | 37.6 | 43.9 | 60.7 | 41.3 | 38.6 | 20.6 |
| | 931 | 896 | 1,073 | 1,223 | 1,199 | 1,040 | 1,391 | 1,313 | 994 | 577 |
| **New Area Technology** | | | | | | | | | | |
| AI | 20.9 | 25 | 42.9 | 58.7 | 59.5 | 58.2 | 115 | 73.4 | 62.8 | 53.5 |
| | 1,823 | 2,233 | 2,834 | 3,422 | 3,445 | 3,535 | 4,585 | 4,503 | 3,915 | 2,913 |
| Web3 | 0.67 | 0.98 | 5.2 | 12.5 | 4.8 | 3.66 | 34.1 | 31 | 10.1 | 8.55 |
| | 187 | 177 | 393 | 641 | 536 | 584 | 2,181 | 2,056 | 1,341 | 1,119 |
| VR/AR | 0.38 | 0.41 | 0.27 | 0.44 | 0.71 | 0.39 | 1.07 | 0.79 | 0.38 | 0.14 |
| | 123 | 160 | 163 | 150 | 138 | 117 | 126 | 104 | 74 | 43 |
| Clean tech | 6.3 | 11 | 17.9 | 28.4 | 27.1 | 36 | 58.5 | 52 | 53.3 | 34.4 |
| | 1,085 | 1,173 | 1,261 | 1,530 | 1,543 | 1,631 | 2,211 | 2,349 | 2,009 | 1,185 |
| Space tech | 1.39 | 2.1 | 0.33 | 1.2 | 7.54 | 1.4 | 4.16 | 1.37 | 1.33 | 1.08 |
| | 32 | 30 | 34 | 51 | 63 | 45 | 65 | 55 | 63 | 32 |
| Transport (Drone) | 0.85 | 1.29 | 0.56 | 0.71 | 0.98 | 1.41 | 2.49 | 3.52 | 2.52 | 2.43 |
| | 154 | 169 | 153 | 199 | 191 | 165 | 200 | 186 | 167 | 91 |

出所：Traxcn よりデータ抽出し作成

ギー、電池技術、脱酸素技術など、地球規模の課題解決への期待から、資金調達規模が大きいと考えられます。AI は、Fin tech と同等のレベルまで資金調達規模が拡大しています。また、2021 年以降の資金調達額の減少幅は、他の分野と比較して小さいです。大型の資金調達例としては、OpenAI がマイクロソフトから 2019 年から 2023 年の間に累計 130 億ドルの出資を受けたことが挙げられます。生成 AI の開発ベンチャーの資金調達も活発化しており、今後も AI 分野への大型投資が続くと予想されます。また AI の発展に伴い、AI 対応の半導体製造や半導体製造装置関連への投資も増加すると予想されます。

Web3 は 2021 年以降、資金調達額と件数が急増しています。これは 2021 年から Web3 分野が脚光を浴び、一気に注目を集めたことを示しています。

図 28 は、2023 年の日本のベンチャーへの産業分野別（テクノロジー）の投資動向を示しています。これを見ると、日本でも人工知能（AI 関連）に多くの投資が集まったことがわかります（金額：約 1,500 億円、件数：約 500 件）。これは、米国を中心とした世界的な AI 投資の拡大傾向と一致しており、日本でも AI 技術の活用による生産性向上や新規ビジネス創出への期待が高まっていることを反映しています。

続いて、SaaS（金額：約 1,350 億円、件数：約 250 件）、Clean tech（エネルギー・環境関連）（金額：約 750 億円、件数：約 80 件）、Fin tech（金額：約 620 億円、件数：約 130 件）となっています。
SaaS は、クラウド化の進展や企業のデジタルトランスフォーメーション（DX）推進を背景に、今後も安定的な成長が見込まれます。Clean tech は、地球温暖化対策や脱炭素化への意識の高まりから、投資が拡大傾向にあります。Fin tech は、金融サービスのデジタル化やキャッシュレス化の進展により、今後も成長が期待されます。

**図28** 日本のベンチャーへの産業分野別(テクノロジー)の投資動向(2023年)

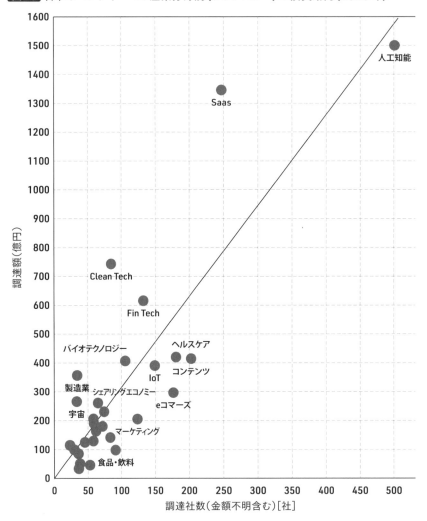

(出所)Japan Startup Finance 2023より

　これらの分野への投資は、日本の産業競争力の強化や社会課題の解決に貢献する可能性を秘めており、今後も継続的な投資拡大が期待されます。

## 2-6

# 世界におけるユニコーンの動向

　近年、世界では多くのユニコーンが誕生しました。ユニコーンとは、「創業10年以内」、「評価額10億ドル以上」、「未上場」、「テクノロジー企業」の4条件を満たすベンチャーを指します。なお、ユニコーンは必ずしもテクノロジー企業に限定されないとの見解が近年広がっています。ユニコーンの動向を確認することで、世界のテクノロジーベンチャーの資金調達動向を把握することができます。

　表18は、2017年から2023年までの世界の地域別のユニコーンの数の推移（累積数）を示しています。日本のユニコーンの推移はアジア・太平洋地域に含まれていますが、別途個別に集計し掲載しています。

　世界におけるユニコーンの数は、2017年の123社から2023年の1,206社と約10倍の成長を実現しています。図16で示したように、世界のベンチャーの資金調達額の増加推移に比例して、ユニコーンの数も増加していることがわかります。全体のユニコーンの数は、2020年から2021

**表18** 世界の地域別ユニコーン数の推移（累積数）

|  | 2017年 | 2018年 | 2019年 | 2020年 | 2021年 | 2022年 | 2023年 |
| --- | --- | --- | --- | --- | --- | --- | --- |
| 米国 | 41 | 81 | 126 | 191 | 492 | 554 | 653 |
| 中国（香港含む） | 54 | 95 | 119 | 131 | 178 | 180 | 176 |
| 欧州 | 14 | 26 | 44 | 55 | 119 | 139 | 159 |
| アジア・太平洋 | 10 | 18 | 32 | 47 | 123 | 141 | 160 |
| 北米（カナダ） | 0 | 0 | 0 | 1 | 16 | 19 | 28 |
| 中南米 | 2 | 5 | 9 | 13 | 27 | 29 | 23 |
| アフリカ | 2 | 2 | 2 | 2 | 4 | 4 | 7 |
| 日本 * 含アジア | 1 | 2 | 3 | 7 | 6 | 6 | 7 |
| 合計 | 123 | 227 | 332 | 440 | 959 | 1,066 | 1,206 |

出所：CB Insights「The Complete List Of Unicorn Companies」

年の資金調達額の急増により、2倍弱に急増しました。これは、この時期に世界的な金融緩和政策やデジタル化の加速が進んだことが要因として考えられます。

地域別では、米国が全体数の約半分を占め、多くのユニコーンを輩出しています。表12で見たように、米国のベンチャーキャピタルからの資金調達規模は突出して大きいため、このような結果を生み出したと言えます。米国の次は中国、欧州と続きます。中国と欧州も、表12で示したように資金調達規模が大きいため、ユニコーンの数はそれに相関して増加しています。

アジア・太平洋地域では、インドが最も多くのユニコーンを輩出しており、次いで東南アジア、オーストラリアと続きます。特にインドでは、ITサービスやeコマース分野を中心にユニコーンが成長しており、今後の更なる発展が期待されます。

表12で、2022年における米国と日本のベンチャーキャピタル投資額の格差は、米国が日本の93倍であることを確認しました。そして、この投資格差は2022年以前も同様の水準でした。このような推移を反映し、日米のユニコーン数の格差も2022年時点で92倍と非常に大きな水準となっています。

表19は、2017年から2023年までの産業分野別のユニコーンの数の推移（累積数）を示しています。

表19を見ると、Fin tech、SaaS、E-Commerce・D2Cという分野が比較的大きな割合を占めています。

① **Fin tech**
金融サービスとテクノロジーを組み合わせたFin tech分野は、2017

**表19** 世界の分野別ユニコーン数の推移（累積数）

| | 2017年 | 2018年 | 2019年 | 2020年 | 2021年 | 2022年 | 2023年 |
|---|---|---|---|---|---|---|---|
| Fin tech | 10 | 20 | 41 | 56 | 193 | 222 | 256 |
| SaaS | 11 | 25 | 38 | 58 | 176 | 202 | 222 |
| E-Commerce・D2C | 25 | 29 | 41 | 57 | 104 | 111 | 108 |
| AI | 8 | 21 | 35 | 38 | 74 | 83 | 92 |
| Healthcare | 8 | 15 | 18 | 27 | 68 | 73 | 97 |
| SCM・物流管理、配送 | 3 | 14 | 22 | 24 | 49 | 57 | 66 |
| サイバーセキュリティ | 3 | 4 | 8 | 15 | 42 | 49 | 58 |
| データ管理・分析 | 3 | 6 | 10 | 16 | 37 | 41 | 45 |
| モバイル・通信 | 13 | 19 | 23 | 31 | 37 | 39 | 39 |
| Hardware | 8 | 17 | 17 | 18 | 32 | 34 | 40 |
| 自動車・輸送 | 3 | 14 | 20 | 25 | 29 | 31 | 34 |
| Ed tech | 8 | 10 | 11 | 15 | 27 | 28 | 31 |
| 小売 | 8 | 14 | 17 | 18 | 25 | 25 | 30 |
| 旅行 | 3 | 7 | 10 | 10 | 13 | 14 | 14 |
| その他 | 9 | 12 | 21 | 32 | 53 | 57 | 74 |
| 合計 | 123 | 227 | 332 | 440 | 959 | 1,066 | 1,206 |

出所：CB Insights「The Complete List Of Unicorn Companies」

年当時から2桁のユニコーン数を記録しており、早い時期から成長していました。これは、スマートフォン普及に伴うモバイル決済の拡大やAI技術を活用した金融サービスの進化が主な要因と考えられます。

代表的なユニコーンには、Stripe（米国）、Klarna（スウェーデン）、Revolut（英国）などがあります。

② SaaS

ソフトウェアをインターネット経由で提供するSaaS分野は、2017年から多くのユニコーンを輩出しています。企業のIT投資のクラウド化が進む中でSaaSの需要は拡大しており、今後も成長が期待されます。

代表的なユニコーンには、Salesforce（米国）、ServiceNow（米国）、Workday（米国）などがあります。

③ **E-Commerce・D2C**

　EコマースやD2C（Direct to Consumer）分野も、2017年から順調にユニコーン数を増やしています。インターネットの普及により、オンラインショッピングの利用者が増加していることや、物流網の整備が進んでいることがこの分野の成長を後押ししています。

　代表的なユニコーンにはShopify（カナダ）、Coupang（韓国）、Wish（米国）などがあります。

　AI、Healthcare、SCM・物流管理、配送は、2018年ごろから成長を始め、数を増やしてきました。

④ **AI**

　人工知能（AI）分野は、2018年頃からユニコーン数を急速に増やしています。AI技術の進化とさまざまな分野への応用が、この分野の成長を後押ししています。

　代表的なユニコーンにはOpenAI（米国）、Scale AI（米国）、UiPath（米国）などがあります。

⑤ **Healthcare**

　医療・ヘルスケア分野も、2018年頃からユニコーン数を増やしています。高齢化社会の進展や健康意識の高まりを背景に、医療分野へのIT（情報技術）投資の活発化がこの分野の成長を後押ししています。

　代表的なユニコーンにはRo（米国）、Teladoc（米国）、Devoted Health（米国）などがあります。

⑥ **SCM・物流管理・配送**

　サプライチェーンマネジメント（SCM）、物流管理、配送分野は、2018年頃からユニコーン数を増やしています。Eコマースの拡大に伴う物流効率化の需要や自動運転技術の進化が、この分野の成長を後押ししています。

代表的なユニコーンには Flexport（米国）、Auto Store（ノルウェー）、Zipline（米国）などがあります。

サイバーセキュリティ、データ管理・分析は、2020年代に入ってから成長し、数を増やしています。

### ⑦サイバーセキュリティ

サイバーセキュリティ分野は、2020年代に入ってからユニコーン数の増加が加速しています。企業のデジタル化に伴うサイバー攻撃のリスク増大や、個人情報保護の重要性の高まりが、この分野の成長を後押ししています。

代表的なユニコーンには Snyk（米国）、Lacework（米国）、Tanium（米国）などがあります。

### ⑧データ管理・分析

データ管理・分析分野は、2020年代に入ってからユニコーン数を増やしています。企業が保有するデータ量の増加とその活用の重要性の高まりや、AI技術の進化によるデータ分析精度の向上が、この分野の成長を後押ししています。

代表的なユニコーンには、Databricks（米国）、Snowflake（米国）、Collibra（米国）などがあります。

表20は、世界のユニコーンの時価総額ランキング20位までをまとめたものです。

### ①時価総額ランキング

第1位は、イーロン・マスク率いる SpaceX で、時価総額1,800億ドル（約27兆円）です。SpaceX は、宇宙輸送サービスを提供する企業であり、再利用可能なロケットの開発など、革新的な技術で世界的に注目を集めています。第20位の Yuanfudao は、中国のオンライン教育プ

**表20** 世界のユニコーン　時価総額ランキング 1-20 位

金額単位：百万ドル

| | 企業名 | 国 | 分野 | 業種 | 事業内容 | 創業年 | 時価総額 |
|---|---|---|---|---|---|---|---|
| 1 | SpaceX | USA | Space | Equipment | 民間向け宇宙 / 新輸送旅行サービス、衛星通信事業 | 2002年 | 180,000 |
| 2 | Ant Group | CHN | Fin tech | Service | アリババグループ。信用評価システムの芝麻信用、MMFの余額宝 Alipay。 | 2014年 | 111,000 |
| 3 | Open AI | USA | AI | Software | 汎用人工知能（AGI）、大規模言語モデル（LLM） | 2015年 | 90,000 |
| 4 | Binance | MLT | Web3 | Onlineservice | 暗号資産取引所 | 2017年 | 65,000 |
| 5 | Stripe | USA | Fin tech | Payment | 決済 | 2010年 | 50,000 |
| 6 | Databrics | USA | AI | SaaS_Horizontal | ビッグデータ分析、AIモデル開発/運用 | 2013年 | 43,000 |
| 7 | Revolut | USA | Fin tech | Onlineservice | オンラインバンク | 2015年 | 33,000 |
| 8 | Fanatics | USA | EC | E-commerce | スポーツライセンスのアパレル商品・グッズ | 2002年 | 31,000 |
| 9 | Cruise | CHN | Auto tech | SaaS_Vertical | 自動運転（タクシー） | 2013年 | 30,000 |
| 10 | Waymo | USA | Auto tech | SaaS_Vertical | 自動運転（タクシー） | 2009年 | 30,000 |
| 11 | Chime | USA | Fin tech | Onlineservice | オンラインバンク | 2012年 | 25,070 |
| 12 | BYJU's | IND | ED tech | Onlineservice | オンラインチューター | 2011年 | 22,050 |
| 13 | Ultimate Kronos Group | USA | HR Tech | SaaS_Horizontal | HCM（人事管理） | 2020年 | 22,000 |
| 14 | J&T Express | IDN | Logi tech | SaaS_Horizontal | EC向け物流サービス | 2015年 | 20,000 |
| 15 | Xiaohongshu | CHN | EC | E-commerce | SNS + EC | 2013年 | 20,000 |
| 16 | Lineage Logistics | USA | Logi tech | SaaS_Horizontal | SCM、ロジスティクスサービス | 2012年 | 18,000 |
| 17 | JD Digits | CHN | Fin tech | Service | 金融機関向けDX支援 | 2013年 | 18,000 |
| 18 | Anthropic | USA | AI | Software | 汎用人工知能（AGI）、大規模言語モデル（LLM） | 2021年 | 18,000 |
| 19 | Miro | NLD | Enterprize tech | SaaS_Horizontal | コラボレーションツール、ホワイトボードソフトウェア | 2011年 | 17,500 |
| 20 | Yuanfudao | CHN | ED tech | Onlineservice | オンラインチューター | 2012年 | 17,000 |

出所：Crunchbase、CB insight、Dealroom、Pitchbook等のサイトを参照の上作成。

ラットフォームで、時価総額170億ドル（約2兆5500億円）です。

## ②分野別ランクイン数

分野別ランクイン数では、Fin techが5社、AIが3社、Auto tech、Logi tech、Edtech、ECがそれぞれ2社、Web3、Enterprise tech、HR techがそれぞれ1社となっています。

### ②-1　AI

各種メディアで有名な生成AI開発のOpenAI、Anthropic、ビッグデータ分析・AIモデル開発のDatabricksがランクインしました。AIの分野では技術革新が加速しており、今後さらにランキングに入るベンチャーが増えると予想されます。

### ②-2　Fin tech

Fin techの分野の会社は5社と最も多くランクインし、急成長するStripeを中心とする決済サービスや、米国や中国のオンライン金融サービスが含まれています。Fin tech分野は金融サービスのデジタル化や、スマートフォン普及によるモバイル決済の普及などを背景に市場が拡大しています。

## ③国別ランクイン数

国別では、米国が11社、中国が5社と2国でのランクインが多くなっています。

### ③-1　米国

米国は世界で最もベンチャーキャピタル投資が活発な国であり、多くのユニコーンを輩出しています。シリコンバレーを中心としたベンチャーエコシステムや、リスクテイクを重視する文化などがユニコーンの成長を支えています。

**表21** 日本のユニコーン　時価総額ランキング 1-10 位

単位：百万円

| | 企業名 | 国 | 分野 | 業種 | 事業内容 | 創業年 | 時価総額 | 資金調達額 |
|---|---|---|---|---|---|---|---|---|
| 1 | GVE | JPN | Web3 | SaaS_Horizontal | CBDC（中央銀行デジタル通貨）プラットフォーム | 2017年 | 467,900 | 3,600 |
| 2 | Preferred Networks | JPN | AI | SaaS_Horizontal | AI SW/HW 技術を活かしたシステム開発 | 2014年 | 351,675 | 17,132 |
| 3 | ADVASA | JPN | Fin tech | SaaS_Horizontal | 福利厚生ペイメントシステム | 2017年 | 230,131 | 3,010 |
| 4 | Opn | JPN | Fin tech | Payment | 決済代行サービス | 2013年 | 210,305 | 28,559 |
| 5 | スマートニュース | JPN | BtoC | Onlineservice | ニュースアプリ | 2012年 | 205,036 | 54,913 |
| 6 | クリーンプラネット | JPN | Clean tech | Energy | 量子水素エネルギー（QHe）の研究開発 | 2012年 | 204,128 | 2,116 |
| 7 | SmartHR | JPN | HR tech | SaaS_Horizontal | HCM（人事管理） | 2013年 | 173,178 | 23,881 |
| 8 | Spiber | JPN | Deeptech | Material | 構造タンパク質素材開発 | 2007年 | 165,795 | 127,925 |
| 9 | TRIPLE-1 | JPN | Web3 | Component | ビットコイン用マイニング ASIC | 2016年 | 164,130 | 3,961 |
| 10 | コネクトフリー | JPN | Cloud system | Software | 自律型でセキュアなネットワーク技術（暗号認証技術、PtoP 通信） | 2014年 | 159,735 | 1,577 |

出所：Crunchbase, Initial, Startup DB 等のサイトを参照の上作成。

### ③-2　中国

中国は、巨大な国内市場と政府の支援を背景に、近年ユニコーンの数が急増しています。特に Auto tech や Fin tech などの分野で、世界的に競争力のある企業が生まれています。

表21 は、日本のユニコーンの時価総額ランキング上位 10 位までをまとめたものです。

### ①時価総額ランキング

第 1 位は GVE で、時価総額 4,679 億円です。GVE は、各国の中央銀行が発行するデジタル通貨の基盤となる高い安全性を持つキャッシュレス決済システムの開発に特化したベンチャーであり、各国法定通貨の即時決済が可能なシステムを提供しています。第 10 位はコネクトフリーで、時価総額 1,597 億円です。コネクトフリーは、IPv6 アプリケーションとの後方互換性を持つ自律型でセキュアなネットワーク技術（暗号認証技術、PtoP 通信）を保有しています。

### ②分野別ランクイン数

分野別ランクイン数では、Fin tech と Web3 がそれぞれ 2 社ずつ、残りは AI、BtoC、Clean tech、HR tech、Deep tech がそれぞれ 1 社ずつです。半導体および研究開発型のベンチャーが計 3 社ランクインしているのも特徴的です。Fin tech 以外の SaaS では、HR tech が 1 社ランクインしました。世界では、SaaS のユニコーンが 8 社ランクインしているのに比べ、日本の数は少なくなっています。

世界では SaaS のユニコーンが 8 社ランクインしているのに対し、日本は数が少ない状況です。これは、日本の SaaS 市場がまだ成熟していないことや、海外企業との競争が激化していることが要因として考えられます。

## 2-7 世界のベンチャーの Exit(M&A、IPO)の状況

　これまで、さまざまな角度からベンチャー資金調達の動向を見てきました。ここからは、ベンチャー投資の資金のExit（エグジット=出口）の状況を確認していきましょう。

　図29は、Exitの金額を、IPO等による保有株の売却（Public Listing）、保有株の他社への売却（Buyout）、M&Aによる買収先への売却

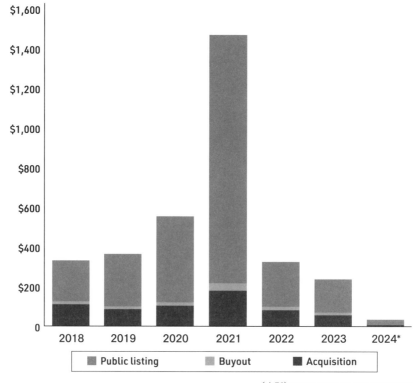

図29　世界のベンチャーのExitの動向(M&A、IPO、売却)金額

（出所）KPMG Venture-pulse 2024Q1

（Acquisition）の3分類に分けて示しています。

　Exit金額は、IPO等による保有株の売却（Public Listing）が約70％以上を占めています。その後、M&Aによる買収先への売却（Acquisition）が10〜30％、保有株の他社への売却（Buyout）が5％弱と続きます。
　全体の金額は、ベンチャーの資金調達の傾向と同様に、2021年のコロナ禍による金融緩和のタイミングで金額、件数ともに大きく伸びています（1,476.2億ドル）。
　直近の2023年では234.3億ドル（35兆1,450億円、1ドル=150円換算）を記録していますが、2021年から85％減少しています。これは、金融引き締めや世界的な景気後退の影響を受けていると考えられます。
　2023年の世界のベンチャーの資金調達額が248.8億ドル（37兆3,200億円）ですので、資金調達額と同規模になっています。このことは、ベンチャーへの投資資金がかなりの規模で回収されていることを示しています。

　図30は、Exitの件数を、IPO等による保有株の売却（Public Listing）、保有株の他社への売却（Buyout）、M&Aによる買収先への売却（Acquisition）の3分類に分けて示しています。

　Exit件数では、M&Aによる買収先への売却（Acquisition）が60％以上を占めています。その後、保有株の他社への売却（Buyout）が15〜20％、IPO等による保有株の売却（Public Listing）が10〜20％と続きます。

　IPO等による保有株の売却（Public Listing）は、1件あたりの金額が大きいため、パフォーマンスの良いExitの方法と言えます。これは、株式市場で高い評価を得ることができれば、多額の資金を調達できるためです。

**図30** 世界のベンチャーのExitの動向（M&A、IPO、売却）件数

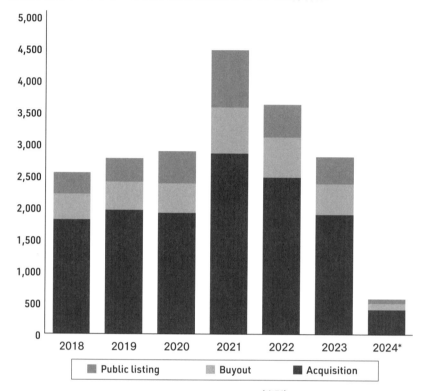

（出所）KPMG Venture-pulse 2024Q1

　一方、M&Aによる買収先への売却（Acquisition）は件数に比べて金額が小さい傾向にあり、これは、業績悪化や事業計画の進捗が不調なベンチャーが低い時価総額で買収されるケースが多いためと考えられます。

　表22は、2019年から2023年までの日本におけるベンチャー（スタートアップ）のExit件数の推移を示したものです。ここでは、IPOとM&Aの2分類に分けています。

　日本では、ベンチャーのExitについて長らくIPOが有利な状況（Exit

**表22** 日本のベンチャーのExit（IPO、M&A）動向

|  | 2019年 | 2020年 | 2021年 | 2022年 | 2023年 |
|---|---|---|---|---|---|
| IPO | 49 | 65 | 83 | 61 | 55 |
| M&A | 76 | 83 | 108 | 117 | 123 |

（出所）Startup DB「2023年 年間国内スタートアップ投資動向レポート」

件数の70〜80％を占めている）が続いてきました。これは、株式市場での資金調達力が高く、成長資金を確保しやすいことが要因と考えられます。

以前はM&Aに対する抵抗感が根強く、以下の要因からベンチャーのExit手段としてM&Aはあまり活用されていませんでした。

①「M&A＝乗っ取り」というイメージ
　M&Aは買収される側の企業にとって、経営の自由度が奪われる「乗っ取り」というネガティブなイメージがありました。

②企業文化の違い
　買収する側とされる側の企業文化の違いによる衝突を懸念する声がありました。

③情報開示の不足
　M&Aに関する情報開示が不足しており、M&Aのプロセスやメリット・デメリットが十分に理解されていませんでした。

④M&A仲介サービスの未成熟
　M&Aのマッチングや手続きを支援するサービスが未成熟でした。

⑤税制・法制度の不備
　M&Aを促進するための税制・法制度が整備されていませんでした。

しかし近年は M&A の件数が大きく伸びて、2021 年には IPO 件数を逆転しています。これは大企業によるオープンイノベーションや事業承継のニーズの高まり、ベンチャー側の経営戦略や出口戦略の多様化などが要因と考えられます。

今後も M&A の件数が増加するかはわかりませんが、世界の状況で確認したように、Exit 手段として M&A を高い水準でキープすることは重要です。ベンチャー投資金額と件数は順調に伸びているため、今後の M&A 件数の増加が期待されています。M&A は、IPO と比べて手続きが簡便で、短期間で資金回収が可能であるというメリットがあります。

表 23 は、2015 年から 2024 年までの世界の分野別買収（M&A）金額および件数の推移を示しています。

### ① Horizontal SaaS

Horizontal SaaS（ホリゾンタルサース）では、表 17 で見たように、Fin tech と EC の資金調達が金額、件数ともに大きくなっていました。買収金額と件数でも、Fin tech と EC が大きな割合を占めています。

#### ①-1　EC（BtoC）

EC（BtoC）は、2015 年当初から活発に買収が行われてきました。これは、E コマース市場の拡大と、競争の激化が要因と考えられます。

#### ①-2　Fin tech

Fin tech は、2019 年から急速に買収が進んでいます。これは、Fin tech 分野の技術革新やスマートフォンの普及によるモバイル決済の拡大が要因と考えられます。

#### ①-3　Security

Security は、安定して買収が行われており、金額と件数ともに高

## 表23 世界の分野別買収（M&A）金額、件数の推移（2015-2024年）

単位：上段は買収金額 $B、下段は買収件数

| | 2015 | 2016 | 2017 | 2018 | 2019 | 2020 | 2021 | 2022 | 2023 | 2024 |
|---|---|---|---|---|---|---|---|---|---|---|
| **Horizontal SaaS** | | | | | | | | | | |
| Fin tech | 6.98 | 2.14 | 6.52 | 9.04 | 206 | 124 | 79.6 | 67.3 | 43.1 | 54.4 |
| | 358 | 404 | 491 | 592 | 567 | 579 | 994 | 868 | 639 | 473 |
| EC (BtoC) | 48.1 | 53.9 | 34.1 | 62.8 | 30.5 | 32.2 | 24 | 30.3 | 4 | 5.77 |
| | 448 | 461 | 463 | 533 | 444 | 376 | 554 | 626 | 359 | 241 |
| EC (BtoB) | 0.27 | 3.52 | 4.36 | 7.17 | 0.42 | 8.93 | 4.83 | 0.74 | 0.56 | 0.003 |
| | 26 | 47 | 63 | 62 | 54 | 54 | 91 | 103 | 49 | 21 |
| Legal tech | 1.3 | 1.67 | 3.47 | 1.01 | 1.1 | 1.52 | 0.28 | 0.09 | 1.35 | 0.43 |
| | 35 | 36 | 27 | 53 | 37 | 59 | 71 | 52 | 42 | 36 |
| ED tech | 3.19 | 1.41 | 3.65 | 3.64 | 8.15 | 8.08 | 13.7 | 11.3 | 2.57 | 1.61 |
| | 130 | 136 | 142 | 186 | 151 | 169 | 277 | 255 | 162 | 121 |
| HR tech | 2.69 | 27.8 | 6.54 | 10.8 | 16.5 | 8.93 | 36.2 | 5.98 | 3.7 | 0.58 |
| | 96 | 130 | 139 | 166 | 200 | 173 | 272 | 281 | 205 | 148 |
| Security | 23.6 | 17.1 | 18 | 16.4 | 31.9 | 15.6 | 73.2 | 33.7 | 37.5 | 31.6 |
| | 153 | 145 | 145 | 164 | 174 | 181 | 278 | 193 | 144 | 111 |
| Cloud system (PaaS) | 0.88 | 0.98 | 0.17 | 1.64 | 4.50 | - | 10.50 | 4.05 | 2.77 | - |
| | 19 | 12 | 16 | 17 | 22 | 9 | 25 | 20 | 13 | 10 |
| **Vertical SaaS** | | | | | | | | | | |
| Degital Health | 38.7 | 15 | 24.1 | 107 | 33.8 | 30.9 | 110 | 37.7 | 15.4 | 1.93 |
| | 286 | 327 | 388 | 393 | 433 | 429 | 685 | 515 | 374 | 243 |
| Prop tech | 8.95 | 0.19 | 1.23 | 0.88 | 11.2 | 23.9 | 7.09 | 0.02 | 0.37 | 4.21 |
| | 25 | 28 | 36 | 52 | 57 | 38 | 40 | 50 | 24 | 22 |
| Con tech | 0.32 | 2.2 | 4.69 | 9.28 | 0.32 | 2.12 | 5.59 | 0.18 | 0.43 | 0.01 |
| | 30 | 21 | 37 | 46 | 42 | 54 | 69 | 78 | 49 | 36 |
| Logi tech | 9.67 | 13.9 | 53.1 | 20.4 | 14 | 89.8 | 35 | 16.1 | 2.45 | 0.69 |
| | 142 | 146 | 210 | 246 | 203 | 220 | 321 | 341 | 251 | 160 |
| Agri tech | 0.67 | 44.1 | 3.69 | 16.5 | 0.76 | 0.23 | 4.12 | 1.28 | 0.74 | 0.28 |
| | 39 | 62 | 72 | 90 | 56 | 72 | 132 | 103 | 95 | 37 |
| Auto tech | 21.3 | 14.4 | 22.5 | 12.4 | 8.61 | 14.5 | 18.4 | 28.1 | 1.51 | 0.35 |
| | 118 | 136 | 159 | 202 | 178 | 185 | 265 | 243 | 184 | 112 |
| **New Area Technology** | | | | | | | | | | |
| AI | 24.3 | 47.0 | 36.3 | 23.6 | 19.1 | 34.2 | 54.1 | 40.3 | 27.2 | 36.5 |
| | 99 | 140 | 169 | 236 | 294 | 280 | 552 | 504 | 383 | 332 |
| Web3 | 1.39 | - | 0.08 | 1.51 | 3.02 | 0.15 | 4.19 | 1.21 | 1.12 | 0.76 |
| | 19 | 21 | 18 | 64 | 55 | 49 | 104 | 141 | 89 | 87 |
| VR/AR | | 0.03 | 0.11 | 0.43 | 0.13 | 0.23 | 0.89 | | 0.11 | |
| | 5 | 4 | 5 | 11 | 14 | 15 | 19 | 15 | 5 | 6 |
| Clean tech | 78.2 | 9.15 | 12.2 | 16.7 | 8.32 | 3.08 | 26 | 6.11 | 2.53 | 5.97 |
| | 92 | 107 | 131 | 165 | 177 | 141 | 274 | 287 | 238 | 145 |
| Space tech | 0.08 | 2.93 | 2.64 | 0.03 | 12 | 0.008 | 7.36 | 6.4 | 0.05 | 0.11 |
| | 3 | 3 | 8 | 3 | 7 | 5 | 4 | 4 | 8 | 4 |
| Transport (Drone) | 0.19 | 0.13 | 0.001 | 0.03 | 0.53 | 0.50 | 0.54 | 0.09 | 0.02 | 0.25 |
| | 15 | 12 | 11 | 17 | 18 | 20 | 30 | 24 | 21 | 18 |

出所：Traxcn よりデータ抽出し作成

水準を維持しています。特に2021年以降は、それ以前よりも高い水準で推移しています。これは、企業のセキュリティ対策への意識の高まりや、サイバー攻撃の増加などが要因と考えられます。

## ② Vertical SaaS

Vertical SaaS（バーチカルサース）では、表17で見たように、Auto tech、Digital Health の資金調達が金額、件数ともに大きくなっていました。買収金額および件数でも、Digital Health、Auto tech の順で大きな割合を占めています。

### ②-1　Digital Health

2021年に Digital Health が記録した金額1,100億ドル（件数685）は際立った数字となっています。これは、コロナ禍による医療DXの加速や、健康意識の高まりなどが要因と考えられます。

## ③ New Area Technology

New Area Technology では、表17で見たように、AI、Clean tech の資金調達が金額、件数ともに大きくなっていました。買収金額と件数でも、AI が大きな割合を占めています。

### ③-1　AI

AI は技術革新が加速しており、さまざまな分野への応用が期待されています。そのため、AI 関連企業の買収は、今後も増加傾向が続くと予想されます。

### ③-2　Clean tech

Clean tech は地域的な装置産業という側面があることから、資金調達額および件数に比べて、買収金額および件数は大きくなっていません。

### ③-3　Web3

　Web3 は、表 17 で見たように、2021 年以降、資金調達金額および件数ともに急増しています。買収金額および件数では、2021 年以降の資金調達額の急増の影響がまだ反映されていない状況です。今後の動向が注目されます。

## 2-8
# 世界のテクノロジー分野別の市場規模と成長率

　表24は、2022年から2032年までの世界のテクノロジー分野別の市場規模とCAGR（年率成長率）を示しています。

　SaaS事業全体の市場規模は2022年の2,761億ドルから2032年には1兆164億ドルとなり、CAGRは13.9%です。
　SaaS事業全体のCAGRは、既存製造業、農業、鉱業などのCAGRが1～4%程度、サービス業のCAGRが8%程度であるのと比べて高い水準にあります。これは、SaaSが従来のソフトウェアに比べて低コストで導入可能で柔軟性と拡張性に優れているため、多くの企業に採用されていることが要因と考えられます。

　Cloud Service（IaaS、PaaS、SaaS）のCAGRは17.1％であり、Cloud Serviceの中でSaaS事業のCAGRは相対的に落ち着いています。これは、SaaS市場が成熟しつつあることを示唆しています。

　On-Premise（オンプレミス）のCAGRは12.6％であり、SaaSとのCAGRはあまり変わらないレベルにあります。これは、一部の企業がセキュリティやコンプライアンスの観点からOn-Premise（オンプレミス）型のソフトウェアを利用し続けていることが要因と考えられます。On-Premise（オンプレミス）とは、企業などが情報システム（サーバー、ソフトウェア、ネットワーク機器など）を自社内の施設に設置し、自社で管理・運用する形態のことです。

① **Horizontal SaaS**
　①-1　Fin tech
　　2022年：2,573億ドル、2030年：8,823億ドル、CAGR：17.1%

### 表24 世界のテクノロジー分野別の市場規模と成長率

単位：$B

| | 2022 | 2023 | 2030 | 2032 | CAGR |
|---|---|---|---|---|---|
| Cloud Service (IaaS,PaaS,SaaS) | 454.2 | 529.6 | 1,589.4 | 2,192.5 | 17.1% |
| On-Premise SI/SW | | 118.6 | 136.0 | | 12.6% |
| SaaS | 276.1 | 314.5 | 783.2 | 1,016.4 | 13.9% |
| **Horizontal SaaS** | | | | | |
| Fintech | 257.3 | | 882.3 | | 17.0% |
| EC | 14,140 | 16,270 | | 57,220 | 15.0% |
| Enterize tech | 201.6 | 224.7 | 468.6 | 610.7 | 11.7% |
| Retail tech (SaaS) | | 50.1 | 167.8 | | 18.7% |
| Legal tech | 23.5 | | | 45.7 | 9.1% |
| ED tech (Service+SaaS) | | 146.0 | 369.3 | 481.4 | 14.2% |
| HR tech | | 25.7 | 43.3 | | 7.7% |
| Security | 193.0 | 214.2 | 427.8 | 533.9 | 11.0% |
| Cloud System | 46.3 | | 86.9 | | 8.2% |
| **Vertical SaaS** | | | | | |
| Digital Health | | 663.0 | | 1,834.0 | 15.8% |
| Prop tech | 30.2 | 34.9 | 98.9 | 133.1 | 16.0% |
| Con tech | 10.0 | | 19.1 | | 8.5% |
| Logi tech | 32.6 | | | 105.9 | 12.5% |
| Agri Tech | 19.9 | 21.9 | 43.4 | | 10.2% |
| Auto tech | 41.1 | | 114.6 | | 22.8% |
| **New Area Technology** | | | | | |
| AI | 454.1 | 538.1 | 1,807.8 | 2,575.2 | 19.0% |
| Web3 | | 4.6 | 59.4 | 177.6 | 44.1% |
| VR/AR | 38.0 | 47.5 | 234.7 | 372.7 | 25.7% |
| Clean tech | 13.8 | 16.5 | 61.0 | 89.2 | 20.6% |
| Clean energy technology | | 326.5 | | 521.0 | 6.0% |
| Smart energy | 146.2 | 160.8 | 321.5 | 395.0 | 10.3% |
| Space tech | 443.2 | 476.6 | 737.2 | 852.6 | 7.5% |

出所：Fortune Business Insights, Grand View Research, Precedence Research, Market.us, Maximize Market Research, technavio,Verified market research 等のレポートを参照して作成

2000年代初頭から、Horizontal SaaSだけでなく、世界全体のSaaSの成長を牽引してきたFin techですが、今後も高い成長性を維持するようです。さらに世界の各地域のカバレッジが高まり、AIやWeb3などの技術融合も進んで、成長していくことが予想されます。

①-2　EC
　2023年：16兆2,700億ドル、2032年：57兆2,200億ドル、CAGR：15.0%
　2000年代初頭から、Fin techと並んで、世界全体のSaaSの成長を牽引してきたECですが、今後も高い成長性を維持すると予想されます。さらに世界の各地域のカバレッジが高まり、Fin techやLogi techの技術発展と相まって、成長していくことが予想されます。

② Vertical SaaS
　②-1　Auto tech
　2022年：411億ドル、2030年：1,146億ドル、CAGR：22.8%
　自動運転、コネクテッドカー、EVなどの技術開発がAuto tech市場を牽引しています。安全性、快適性、効率性の向上に加え、環境規制の強化も成長を後押ししています。

　②-2 Prop tech
　2023年：349億ドル、2032年：1,331億ドル、CAGR：16.0%
　不動産業界のデジタル化を背景に、Prop tech市場は拡大しています。不動産取引プラットフォーム、不動産管理システムなど、効率化や利便性向上に貢献する技術として注目されています。

　②-3　Digital Health
　2023年：6,630億ドル、2032年：1兆8,340億ドル、CAGR：15.8%
　コロナ禍による医療DXの加速や健康意識の高まりから、Digital Healthは高い成長を見せています。オンライン診療、遠隔医療、健

康管理アプリなど、医療サービスの質向上や医療費削減への貢献が期待されています。

### ③ New Area Technology

#### ③-1　Web3

2023年：46億ドル、2032年：1,776億ドル、CAGR：44.1％

Web3は、2020年代に入って盛り上がりを見せている、比較的初期段階の技術です。ブロックチェーン技術のさらなる発展に伴って、さらなる成長が期待されています。

#### ③-2　VR/AR

2023年：475億ドル、2032年：3,727億ドル、CAGR：25.7％

VR/ARはゲームやエンタメ分野だけでなく、教育、医療、製造など多岐にわたる応用が期待されています。ヘッドセットの進化、コンテンツの充実、通信インフラの技術革新、メタバースの登場などが成長を後押ししています。

#### ③-3　Clean tech

2023年：165億ドル、2032年：892億ドル、CAGR：20.6％

地球温暖化対策や脱炭素化の流れを受け、Clean techは高い成長率を示しています。再生可能エネルギー、電池技術、脱炭素テック、エネルギー関連サービス、アプリケーションなど地球環境保全に貢献する技術として、重要性が増しています。

#### ③-4　AI

2023年：5,381億ドル、2032年：2兆5,752億ドル、CAGR：19.0％

AIは、技術の進化とさまざまな分野への応用により、高い成長率を示しています。生成AI、言語・画像認識、自動運転など既に多くの分野で活用されており、更なる応用が期待されています。

図31は、米国における2010年から2020年までのオンプレミス型データセンターおよびソフトウェアとクラウドサービス（Cloud Service）の利用金額の推移を示しています。クラウドサービスの利用金額は、IaaS、PaaS、SaaSを含む全体の利用金額となっています。

　2010年以降、Cloud ServiceはCAGRで約70％弱の高い成長率を示し、急激に拡大しています。これは、クラウドサービスの利便性、スケーラビリティ（Scalability）、コストパフォーマンスなどが評価されたためと考えられます。

　2010年から2020年までCAGR70％弱という高成長を実現したクラウドサービス（Cloud Service）も2020年以降は成長が鈍化し、表24によるとCAGR17％まで成長率が落ち着くとされています。これは、クラウドサービス市場が成熟しつつあることを示唆しています。

**図31** オンプレミス型データセンター／ソフトウェアとクラウドサービスの利用金額の推移

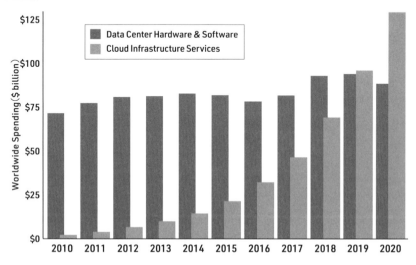

（出所）Synergy Research Groupの調査より抜粋

これまで世界および日本でのベンチャーの資金調達動向をさまざまな角度から見てきました。世界および日本での資金調達状況をある程度ご理解いただけたかと思います。実際の市場がどう動いているかを認識することは非常に重要です。

　ベンチャーの資金調達動向は、ベンチャーキャピタルファンドの資金調達にも影響を与えます。

　ベンチャーの資金調達環境が良好な場合、ベンチャーキャピタルファンドも資金調達をしやすい状況になります。これは良好な資金調達環境下では、ベンチャーキャピタルファンドが投資した企業の価値が上昇し、IPOやM&AによるExitを成功させる可能性が高まるためです。Exitが成功すると、ベンチャーキャピタルファンドは投資資金を回収し、利益を上げることができます。その結果投資家からの信頼が高まり、新たな資金調達がしやすくなるという好循環が生まれます。

　逆にベンチャーの資金調達環境が悪化すると、ベンチャーキャピタルファンドの資金調達も難しくなります。これはベンチャーの成長が鈍化し、Exitが困難になる可能性が高まるためです。Exitが失敗すると、ベンチャーキャピタルファンドは投資資金を回収することができず、損失を被る可能性があります。その結果投資家からの信頼が失われ、新たな資金調達がしにくくなるという悪循環に陥る可能性があります。
　このように、ベンチャーの資金調達環境とベンチャーキャピタルファンドの資金調達環境は密接に関係しています。

　また、テクノロジー分野別の資金調達動向は、ベンチャーキャピタルの投資方針や重点分野にも影響を与えます。

　ベンチャーキャピタルは将来性のあるテクノロジー分野に投資することで、高いリターンを目指します。そのためベンチャーキャピタルは市

場の動向や技術トレンドを常に分析し、投資方針や重点分野を調整しています。その中で、テクノロジー分野別の資金調達動向は重要なポイントになっています。

　さらに、機関投資家などの出資者（LP）は、テクノロジー分野別の資金調達動向に敏感なので、出資者（LP）の意向もベンチャーキャピタルの投資方針に大きく影響します。出資者（LP）は、ベンチャーキャピタルファンドに出資する機関投資家や企業です。彼らは、投資資金を回収できる可能性が高い分野にベンチャーキャピタルが投資することを期待しています。そのため出資者（LP）は、ベンチャーキャピタル（VC）に対して、特定のテクノロジー分野への投資を促したり、逆に、特定の分野への投資を抑制したりすることがあります。

第3章

# 世界および日本における環境的要因（インフラ）と技術的要因の変遷

## 3-1
# コンピュータコンポーネント、通信技術の変遷

　ここからは時系列に沿ってテクノロジーがどのように変遷してきたかを整理していきます。まず、事業を展開する上での環境的要因（インフラ）と技術的要因の進化が、資金調達を実現した分野をどう形成してきたかを確認してください。

　ベンチャーキャピタルから出資を受けるためには、資金調達の全体動向を踏まえ、その動向に沿った分野で事業展開を考える必要があります。この意味でも、環境的要因（インフラ）および技術的要因の変遷を時系列で把握し、理解することは非常に重要です。この把握・理解が未来の資金調達動向の予測に役立ち、事業を立案する上で大切な知識ベースとなります。

　図32は、1975年から現在に至るまでのコンピュータおよび関連技術、インターネット通信技術、移動通信技術、無線通信技術の変遷をまとめたものです。

### ①コンピュータおよび関連技術の進化
#### ①-1　処理能力の向上
　CPUの高集積化、SoCパッケージ化、GPU等による性能補完などにより、コンピュータの処理能力は飛躍的に向上しました。この技術革新によって、半導体の集積密度は約2年ごとに倍増するという「ムーアの法則」は、踊り場を迎えながらも、なお継続しています。

#### ①-1-1　PC用マイクロプロセッサ（8bit）
　初期のパーソナルコンピュータに搭載されていたCPUは、8bitのデータしか一度に処理できませんでした。これは、当時の技術レベル

第3章 世界および日本における環境的要因（インフラ）と技術的要因の変遷

### 図32 コンピュータコンポーネント、通信技術の変遷

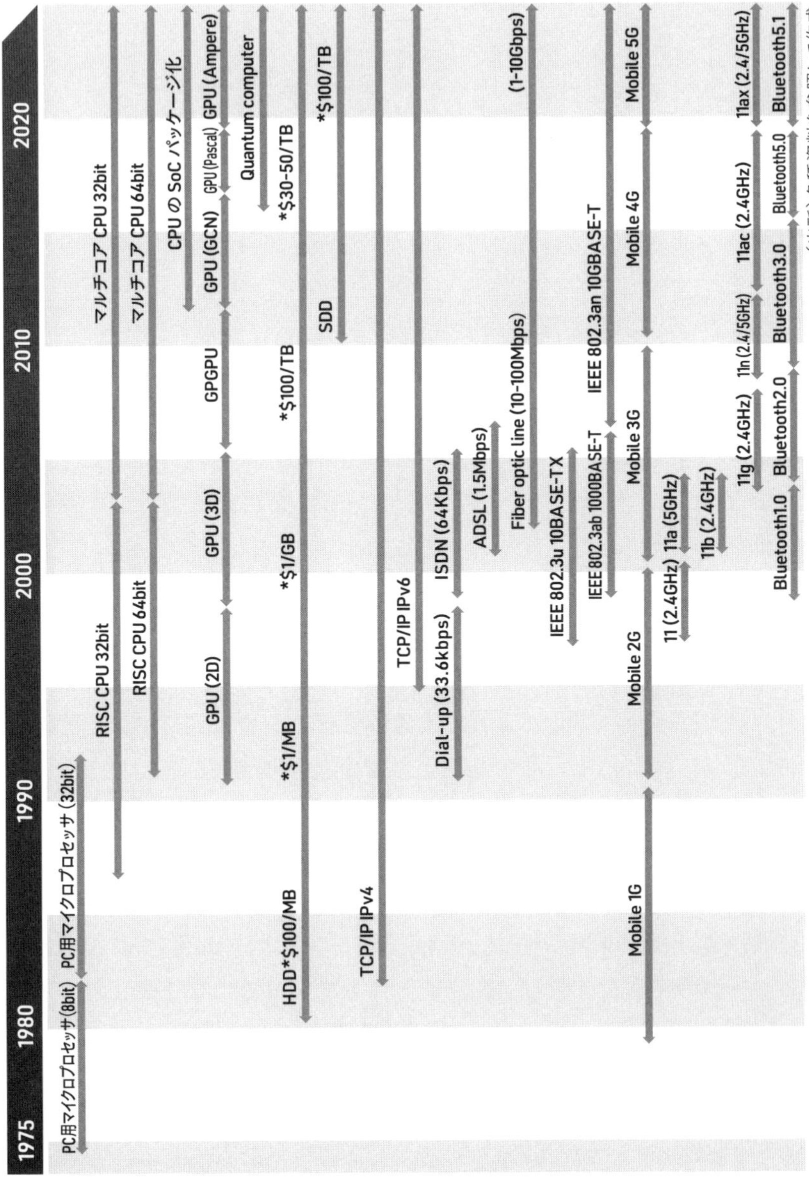

（出所）各種資料を参照して作成

では、1つのチップに集積できるトランジスタ数が限られていたためです。

①-1-2　PC用マイクロプロセッサ（32bit）
集積回路技術の進歩により、1つのチップに集積できるトランジスタ数が増加し、32bitのマイクロプロセッサが登場しました。これにより、一度に処理できるデータ量が増え、コンピュータの処理能力は大幅に向上しました。

①-1-3　RISC CPU 32bit/64bit
RISC（Reduced Instruction Set Computer）は、命令セットを単純化することで、処理速度を高めるCPUアーキテクチャです。RISC CPUの登場により、コンピュータの処理能力はさらに向上しました。
また、64bit化により、より多くのメモリを扱えるようになり、大規模なデータ処理が可能になりました。

①-1-4　マルチコアCPU 32bit/64bit
マルチコアCPUは、1つのチップに複数のCPUコアを搭載したものです。マルチコア化により、複数の処理を並列に実行することが可能になり、コンピュータの処理能力は飛躍的に向上しました。

①-1-5　CPUのSoCパッケージ化
SoC（System on a Chip）は、1つのチップに、CPU、メモリ、周辺回路などを集積したものです。SoCパッケージ化により、コンピュータの小型化、省電力化、低コスト化が可能になりました。

①-2　GPU
GPUは、Graphics Processing Unitの略で、画像処理に特化したプロセッサです。元々はゲームなどのグラフィック描画を高速化するために開発されましたが、近年ではその並列処理能力の高さを活かし、

AIや科学技術計算など、さまざまな分野で活用されています。ここでは、GPUのスペック進化を辿り、処理能力の向上について見ていきます。

### ①-2-1　GPU（2D）

初期のGPUは、2次元グラフィックの描画処理に特化していました。当時のゲームは、主に2Dグラフィックで描画されており、GPUはCPUの負荷を軽減し、スムーズなゲームプレイを可能にするために利用されました。

### ①-2-2　GPU（3D）

コンピュータグラフィックス技術の発展に伴い、3次元グラフィックの描画処理が求められるようになりました。3Dグラフィックを描画するためには、大量の計算処理が必要となります。GPUは、CPUに比べて並列処理能力が高いため、3Dグラフィックの描画処理に適しています。

### ①-2-3　GPGPU

GPGPU（General-Purpose computing on Graphics Processing Units）とは、GPUを画像処理以外の汎用的な計算処理に利用することです。GPUはCPUに比べて並列処理能力が高いため、科学技術計算、金融シミュレーション、機械学習など、さまざまな分野で利用されています。

### ①-2-4　GPU（GCN）

GCN（Graphics Core Next）は、AMDが開発したGPUアーキテクチャです。GCNアーキテクチャは、GPGPUに最適化されており、高い演算性能と電力効率を実現しています。

①-2-5　GPU (Pascal)

　Pascalは、NVIDIAが開発したGPUアーキテクチャです。Pascalアーキテクチャは、ディープラーニングなどのAI処理に最適化されており、高い演算性能と電力効率を実現しています。

①-2-6　GPU (Ampere)

　Ampereは、NVIDIAが開発した最新のGPUアーキテクチャです。AmpereアーキテクチャはAI処理性能をさらに向上させるとともに、レイトレーシングなどの新たなグラフィック技術にも対応しています。

①-3　HDD

　HDD（ハードディスクドライブ）は、コンピュータのデータを記憶する装置です。1956年にIBMによって発明されて以来、長期にわたってコンピュータの主要な記憶装置として利用されてきました。HDDの価格は技術の進歩と市場競争により、長年にわたり低下を続けてきました。特に1990年代以降は、HDDの容量単価が年率40％のペースで低下してきました。

　しかし近年では、HDDの価格低下のペースは鈍化しています。これは、HDDの技術革新が停滞していることや、SSD（ソリッドステートドライブ）などの新たな記憶装置が登場してきたことが要因と考えられます。

①-4　SSD

　SSD（ソリッドステートドライブ）は、HDDと同じくコンピュータのデータを記憶する装置ですが、HDDとは異なり、フラッシュメモリを利用してデータの読み書きを行います。フラッシュメモリは、電気を供給しなくてもデータを保持できる半導体メモリの一種で、USBメモリやSDカードなどにも使われています。

第3章　世界および日本における環境的要因（インフラ）と技術的要因の変遷

**表25** HDD 価格の変遷

コンシューマー向け

| 年代 | 容量 | 価格 | 動向 |
| --- | --- | --- | --- |
| 1980 年代 | 数 MB 〜数十 MB | 1MB あたり約 100 ドル | PC 初期の HDD で容量は小さく高価。 |
| 1990 年代 | 数十 MB 〜数 GB | 1MB あたり約 1 ドル | PC の普及で HDD が標準装備に。コストが急落し、個人利用が拡大。 |
| 2000 年代 | 数十 GB 〜数百 GB | 1GB あたり約 1 ドル | MP3 や動画の普及で大容量化が進む。IDE/SATA 規格が一般化。 |
| 2010 年代 | 1TB 〜 10TB | 1TB あたり約 100 ドル | クラウドバックアップや HD 動画で TB 単位が標準に。 |
| 2020 年代 | 4TB 〜 20TB | 1TB あたり 30 〜 50 ドル程度 | SSD 普及で HDD は大容量低価格路線に。4K 動画やゲーム用途の需要。 |

エンタープライズ向け

| 年代 | 容量 | 価格 | 動向 |
| --- | --- | --- | --- |
| 1980 年代 | 数 MB 〜数十 MB | 1MB あたり 100 〜 200 ドル程度 | サーバーやメインフレーム向け。コストはコンシューマ向けの倍近く。 |
| 1990 年代 | 数十 MB 〜数 GB | 1MB あたり 1 〜 5 ドル程度 | SCSI 規格が主流で、サーバー用途に特化。 |
| 2000 年代 | 数十 GB 〜数百 GB | 1GB あたり 1 〜 3 ドル程度 | データセンター需要が増加。コストと性能のバランスが重視される。 |
| 2010 年代 | 1TB 〜 10TB 超 | 1TB あたり 50 〜 150 ドル程度 | ヘリウム充填や SMR 技術で大容量化。高信頼性モデルは割高を維持。 |
| 2020 年代 | 10TB 〜 24TB 以上 | 1TB あたり 30 〜 70 ドル程度 | クラウド／アーカイブ需要で 20TB 超が主流。 |

（出所）各種資料を参考に作成。

SSD は、HDD に比べて以下の点で優れています。

A. 高速なデータアクセス 〜 HDD は機械的な動作を伴うためデータの読み書きに時間がかかりますが、SSD は電気的な動作でデータにアクセスするため処理速度が大幅に向上します。
B. 高い耐衝撃性 〜 SSD は可動部品がないため、衝撃や振動に強いです。
C. 低消費電力 〜 SSD は HDD に比べて消費電力が少ないため、ノートパソコンなどのバッテリー駆動時間を延ばすことができます。
D. 静音性 〜 SSD は駆動音がほとんどないため、静かな環境で使

**表26** SSD 価格の変遷

コンシューマー向け

| 年代 | 容量 | 価格 | 動向 |
|---|---|---|---|
| 2000 年代後半 | 数十 GB 〜 250GB | 1GB あたり数百ドル程度 | NAND が高価で容量小さく、HDD より大幅に割高。 |
| 2010 年代前半 | 120GB 〜 1TB | 1GB あたり 1 ドル程度 | NAND 技術進化で価格急落。PC 高速化で普及が進む。 |
| 2010 年代後半 | 500GB 〜 4TB | 1TB あたり 100 〜 200 ドル程度 | 大容量化が進み HDD に迫るが割高。ゲームや動画編集で需要増。 |
| 2020 年代 | 1TB 〜 8TB | 1TB あたり 50 〜 100 ドル程度 | NAND コスト低下で HDD と競合。コンシューマでも大容量が手頃に。 |

エンタープライズ向け

| 年代 | 容量 | 価格 | 動向 |
|---|---|---|---|
| 2000 年代後半 | 50GB 〜 500GB | 1GB あたり 500 ドル以上 | サーバー向けに初期 SSD 登場。高耐久性と速度を重視も極めて高価。 |
| 2010 年代前半 | 250GB 〜 2TB | 1GB あたり 2 〜 5 ドル程度 | データセンターで採用増。耐久性と IOPS 重視で高価。 |
| 2010 年代後半 | 1TB 〜 8TB | 1TB あたり 200 〜 500 ドル程度 | 高負荷対応モデルが主流に。TBW や電源保護機能で価格差顕著。 |
| 2020 年代 | 2TB 〜 16TB | 1TB あたり 100 〜 300 ドル程度 | クラウドや AI 用途で需要増。高 IOPS と耐久性で高価格帯。 |

（出所）各種資料を参考に作成。

用できます。

　SSD の登場は、コンピュータの性能を大幅に向上させました。特に、OS やアプリケーションの起動時間、ファイルのコピーや移動などの処理速度が大幅に向上しました。

　SSD の価格は、HDD と同様に技術の進歩と市場競争により低下を続けています。

　近年では、SSD の容量単価は HDD よりも急速に低下しており、SSD は HDD に代わる主要な記憶装置になりつつあります。

①-5　量子コンピュータ
　今後量子コンピュータ技術が実用化されれば、従来のコンピュータでは不可能だった計算が可能となり、新たなテクノロジーの進化が期待されます。量子コンピュータの説明は、302～303ページにかけてしていますので参照して下さい。

## ②インターネット通信技術の進化
②-1　ダイヤルアップ接続（1990年代）
　電話回線を利用したインターネット接続です。通信速度は最大56kbpsと非常に低速で、ウェブサイトの閲覧にも時間がかかりました。電話回線を占有するため、インターネット利用中は電話が使えませんでした。

②-2 ADSL（Asymmetric Digital Subscriber Line）（1990年代後半～）
　電話回線を利用したブロードバンド接続です。下り（ダウンロード）速度が上り（アップロード）速度より速い非対称通信です。最大通信速度は数Mbps～数十Mbpsで、ダイヤルアップ接続に比べて通信速度が大きく向上しました。電話回線をインターネットと共用できるため、利用中でも電話が使えました。

②-3　光ファイバー（2000年代～）
　光ファイバーケーブルを利用したブロードバンド接続です。大容量・高速通信が可能で、最大通信速度は1Gbps～10Gbpsです。ADSLに比べて、通信速度が安定しており、動画視聴やオンラインゲームなども快適に楽しめます。

## ③移動通信規格の変遷
③-1　1G（第1世代）
　1980年代に登場しました。アナログ方式で音声通話のみが可能です。（主な規格）AMPS、TACS、NMTなど。

（特徴）音質が悪く、セキュリティにも課題がありました。

### ③-2　2G（第 2 世代）

1990 年代に登場しました。デジタル方式になり、音声通話に加えて SMS（ショートメッセージサービス）や簡単なデータ通信が可能になりました。

（主な規格）GSM、CDMA、PDC など。

（特徴）音質が向上し、セキュリティも強化されました。

### ③-3　3G（第 3 世代）

2000 年代初頭にサービス開始。高速データ通信が可能になり、動画視聴や音楽ダウンロードなどが楽しめるようになりました。

（主な規格）W-CDMA、CDMA2000、TD-SCDMA など。

（特徴）2G に比べて、通信速度が大幅に向上しました。速度は、最大 2 〜 40Mbps 程度。

### ③-4　4G（第 4 世代）

2010 年代に登場。さらに高速なデータ通信が可能になり、高画質動画の視聴やオンラインゲームなどが快適に楽しめるようになりました。

（主な規格）LTE、LTE-Advanced など。

（特徴）3G に比べて、通信速度が飛躍的に向上し、遅延も減少しました。速度は、最大 100Mbps 〜 1Gbps。

### ③-5　5G（第 5 世代）

2020 年代に登場。超高速・大容量・低遅延の通信が可能になり、自動運転や IoT などの新たなサービスの基盤となることが期待されています。

（特徴）4G に比べて、さらに高速なデータ通信、多数同時接続、低遅延を実現しました。速度は、最大で 10 〜 20Gbps。

## ④無線通信技術の進化

### ④-1　Wi-Fi

　Wi-Fi は無線 LAN の規格の一つで、IEEE 802.11 規格をベースにしています。家庭やオフィスで、手軽にインターネットに接続できる手段として広く普及しています。

### ④-2　Bluetooth

　Bluetooth は、近距離無線通信技術の一つで、スマートフォンやパソコンなどのデバイスをワイヤレスで接続するために利用されます。

## ⑤有線 LAN

　有線 LAN は、コンピュータネットワークを構築するための基盤技術であり、その進化は、データ通信の高速化、安定化、効率化に大きく貢献してきました。ここでは、主要な規格の進化をたどりながら、有線 LAN のスペック進化について考察します。

### ⑤-1　10BASE-T

　1990 年代に普及した規格で、ツイストペアケーブルを用いて

**表27** Wi-Fi 規格の変遷

| 規格名 | 導入年 | 周波数帯 | 通信速度 | 動向 |
|---|---|---|---|---|
| IEEE 802.11a | 1999 年 | 5GHz 帯 | 最大 54Mbps | 初期の高速規格だが、2.4GHz 帯より範囲が狭く普及は限定的。 |
| IEEE 802.11b | 1999 年 | 2.4GHz 帯 | 最大 11Mbps | 低速だが範囲が広く、低コストで普及。干渉が多い帯域。 |
| IEEE 802.11g | 2003 年 | 2.4GHz 帯 | 最大 54Mbps | 802.11b と互換性あり。家庭用 Wi-Fi の標準として広く普及。 |
| IEEE 802.11n | 2009 年 | 2.4GHz 帯／5GHz 帯 | 最大 600Mbps | 複数アンテナで速度と範囲向上。実効速度は 100Mbps 程度。 |
| IEEE 802.11ac | 2013 年 | 5GHz 帯 | 最大 6.9Gbps | 複数ユーザー同時通信が可能。普及は 2015 年頃から本格化。 |
| IEEE 802.11ax | 2019 年 | 2.4GHz 帯／5GHz 帯／6GHz 帯 | 最大 9.6Gbps | Wi-Fi 6 と呼ばれ、6GHz 帯追加の Wi-Fi 6E も登場。 |

（出所）各種資料を参考に作成。

**表28** Bluetooth 規格の変遷

| 規格名 | 導入年 | 通信速度 | 通院距離 | 備考 |
|---|---|---|---|---|
| Bluetooth 1.0 | 1999 年 | 最大 721kbps | 約 10m | 初期規格で不安定。実用化には課題が多い。 |
| Bluetooth 2.0 | 2004 年 | 最大 3Mbps | 約 10m | 速度が向上し、ヘッドセットやファイル転送で普及。 |
| Bluetooth 3.0 | 2009 年 | 最大 24Mbps | 約 10m | Wi-Fi との連携で高速化。実効速度は環境依存で変動。 |
| Bluetooth 4.0 | 2010 年 | 最大 1Mbps（BLE 時） | 約 50m | 低消費電力が特徴。IoT デバイス向けに普及。 |
| Bluetooth 5.0 | 2016 年 | 最大 2Mbps（BLE 時） | 約 200m | 通信距離 4 倍、速度 2 倍（BLE）。データ容量拡大で用途が多様化。 |
| Bluetooth 5.1 | 2019 年 | 最大 2Mbps（BLE 時） | 約 200m | 位置精度が向上（cm 単位）。屋内ナビや紛失防止タグに活用。 |
| Bluetooth 5.2 | 2020 年 | 最大 2Mbps（BLE 時） | 約 200m | 音質向上、低遅延、複数接続対応。次世代オーディオ体験を提供。 |
| Bluetooth 5.3 | 2021 年 | 最大 2Mbps（BLE 時） | 約 200m | 細かな改善で信頼性アップ。IoT やスマートホーム向けに最適化。 |

（出所）各種資料を参考に作成。

10Mbps の通信速度を実現しました。オフィスや家庭で広く利用され、コンピュータネットワークの普及を加速させました。

⑤-2　1000BASE-T

1999 年に標準化された規格で、ギガビットイーサネットとも呼ばれます。ツイストペアケーブルを用いて 1Gbps の通信速度を実現し、

**表29** 有線 LAN 規格の変遷

| 規格名 | サブ規格名 | 導入年 | 通信速度 | ケーブル距離 | ケーブルカテゴリ |
|---|---|---|---|---|---|
| 10BASE-T | IEEE 802.3u | 1995 年 | 10Mbps | 100m | Cat3 以上 |
| 1000BASE-T | IEEE 802.3ab | 1999 年 | 1Gbps | 100m | Cat5e 以上 |
| 10GBASE-T | IEEE 802.3an | 2006 年 | 10Gbps | 100m | Cat6A |
| 25GBASE-T | IEEE 802.3bq | 2016 年 | 25Gbps | 30m | Cat8 |
| 40GBASE-T | IEEE 802.3bq | 2016 年 | 40Gbps | 30m | Cat6A 以上 |
| 100GBASE-T | ― | 2010 年 | 100Gbps | 30m | Cat6A 以上 |

（出所）各種資料を参考に作成。

高速なデータ通信を可能にしました。動画ストリーミングや大容量ファイルの転送など、より demanding（負荷の高い）なネットワーク利用に対応しました。

⑤-3　10GBASE-T

　2006年に標準化された規格で、10ギガビットイーサネットとも呼ばれます。ツイストペアケーブルを用いて10Gbpsの通信速度を実現し、さらに高速なデータ通信を可能にしました。データセンターやサーバーファーム（Server farm）など、大規模なネットワーク環境で利用されています。

⑤-4　25GBASE-T

　2016年に標準化された規格で、カテゴリ8のツイストペアケーブルを用いて、25Gbpsの通信速度を実現します。

　40GBASE-Tと比べて配線コストを抑えることができ、仮想化技術やクラウドサービスの普及に伴い需要が高まっています。

⑤-5　40GBASE-T

　2010年に標準化された規格で、カテゴリ6A以上のツイストペアケーブルを用いて、40Gbpsの通信速度を実現します。データセンターやサーバーファームなどで利用されています。

⑤-6　100GBASE-T

　2010年に標準化された規格で、カテゴリ6A以上のツイストペアケーブルを用いて、100Gbpsの通信速度を実現します。データセンターやサーバーファームなどで利用されています。

⑥ IoT

　IoTとは、「Internet of Things」の略で、日本語では「モノのインターネット」と訳されます。センサーや通信機能を持ったさまざまなモ

ノ（デバイス）がインターネットに接続され、データの収集・分析・活用を行うことで、私たちの生活や社会をより便利で豊かにすることを目的とした技術です。

近年センサー技術が飛躍的に進歩し、さまざまな種類のデータを取得できるようになりました。このセンサー技術の進化は IoT の普及を加速させ、さまざまな分野でイノベーションを起こしています。例えば自動運転技術の発展は、高精度なセンサーによって周囲の状況を正確に把握できるようになったことが大きく寄与しています。

しかし、IoT の進化は自動運転技術の進歩だけにとどまりません。医療分野ではウェアラブルセンサーでバイタルデータを収集し、健康状態をリアルタイムで把握することで、病気の予防や早期発見に役立てることができます。また製造業では、工場内の機械にセンサーを取り付け、稼働状況を監視し、故障を予知することで、生産効率の向上やダウンタイムの削減に繋げることができます。センサー技術については、後ほど解説します。

これまでさまざまな事例を見てきましたが、コンピューターおよび関連技術、インターネット通信技術、移動通信技術、無線通信技術が絶えず進化していることが確認できます。テクノロジー全体の進化は、コンピューターの処理能力向上やこれらの技術的要素の発展に連動して進展してきました。特に 2000 年から 2010 年代にかけて、インターネット通信技術、移動通信技術、無線通信技術が大きく進化したことで、多くのインターネットサービスの誕生を引き起こしました。

例えば、1999 年の i モードサービスを皮切りに、移動通信技術の進化がモバイルインターネットサービスの多様化を加速させ、その後数多くのサービスが登場しました。さらに、2000 年代後半のスマートフォンの普及や無線通信技術の進化（例：Wi-Fi や 4G）は、ストリーミングサービスや SNS の台頭を後押ししました。一方で、これらのサービス

の普及がさらなる技術革新を求める需要を生み、相互に影響し合う関係が続いています。

　さらには今後、量子コンピュータ技術が実用化してきます。この技術は、電子演算処理の高速化、大量処理について、飛躍的な発展を実現するものと予想されています。このことがどのような新しいビジネスやサービスを産むのか、非常に期待されます。

## 3-2
# 開発言語、モバイル OS、センサー技術、AI、Web3、VR/AR 技術の変遷

図33は、1975年から現在に至るまでのWeb開発言語、モバイルアプリ開発言語（iOS、Android）、各種センサー技術、クラウドサービス、Web3関連技術、AI関連技術、VR/AR関連技術の変遷をまとめたものです。

### ① Web サイト開発言語

Webサイト開発言語は、HTML、CSS、JavaScriptといった主要な言語を中心に、時代とともに進化してきました。XMLやHTML5といった新しい技術の登場、そしてHTML LSのような最新の進化も、Webサイトの表現力や機能を豊かにしています。

#### ①-1　HTML

HyperText Markup Languageの略です。Webページの構造を記述するためのマークアップ言語です。初期のWebサイトは、HTMLで記述された静的なページが主流でした。

#### ①-2　CSS

Cascading Style Sheetsの略です。Webページの見た目を装飾するためのスタイルシート言語です。HTMLとCSSを組み合わせることで、より見栄えの良いWebサイトを作成できるようになりました。

#### ①-3　JavaScript

Webページに動的な要素を追加するためのスクリプト言語です。ユーザーの操作に反応したり、アニメーションを表示したり、サーバーと通信したりするなど、Webサイトにインタラクティブ性をもたらしました。

第3章　世界および日本における環境的要因（インフラ）と技術的要因の変遷

**図33** 開発言語、モバイルOS、センサー技術、AI/Web3/VR/AR技術の変遷

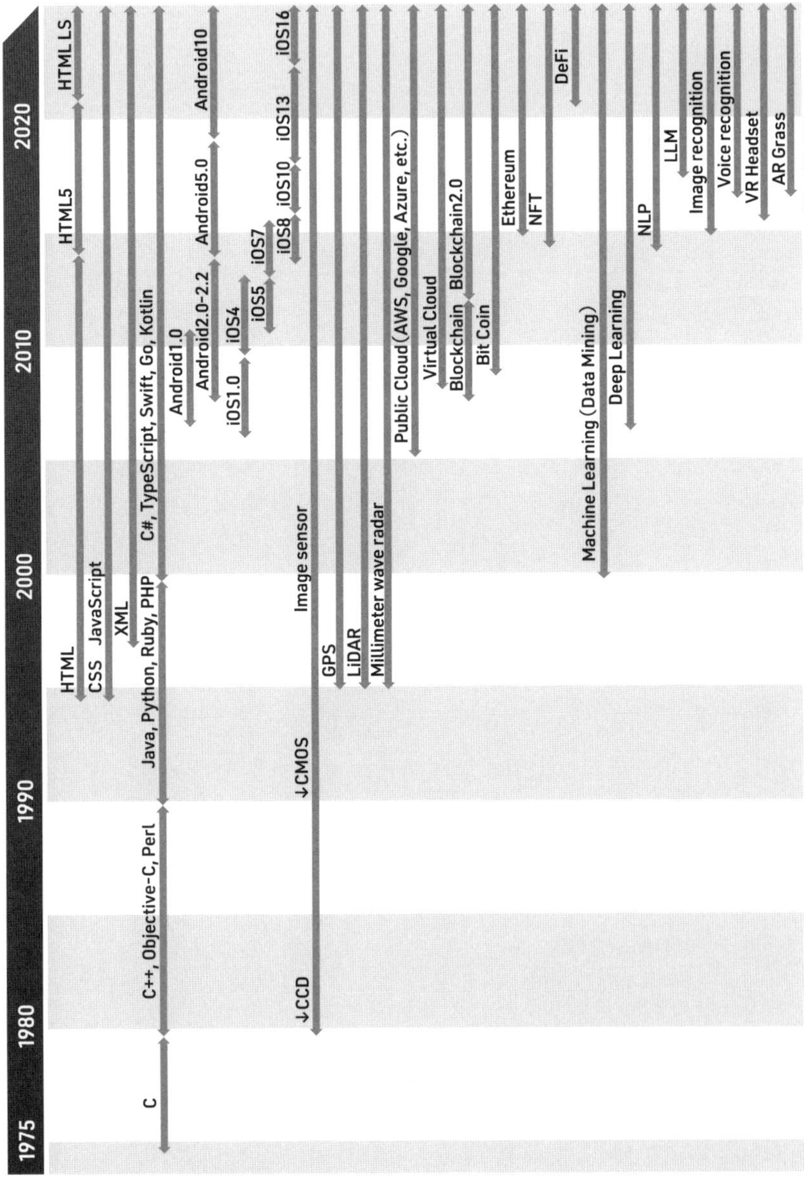

（出所）各種資料を元に作成

①-4　XML

　Extensible Markup Language の略です。データ交換を目的としたマークアップ言語です。Web サービスや API などでデータ交換を行う際に利用されました。

①-5　HTML5

　HTML の次世代規格です。動画や音声の再生、Canvas によるグラフィック描画、Web Storage によるデータ保存など、新しい機能が追加されました。よりリッチな Web アプリケーションを開発することが可能になりました。

①-6　Ajax

　Asynchronous JavaScript + XML の略です。JavaScript を使って、Web サーバーと非同期にデータ通信を行う技術です。ページ全体をリロードすることなく、部分的にコンテンツを更新することができるようになり、Web アプリケーションの使い勝手が向上しました。

①-7　HTML LS

　HTML Living Standard を略したものです。W3C ではなく、WHATWG（Web Hypertext Application Technology Working Group）によって策定されている HTML の最新規格です。Web ブラウザの進化に合わせて、常に更新されています。

①-8　Web Assembly

　Web ブラウザ上で実行できるバイナリフォーマットです。C++ や Rust などの言語で記述されたプログラムを Web ブラウザ上で実行することが可能になり、Web アプリケーションのパフォーマンスが向上しました。

② Web アプリケーション開発言語（プログラミング言語）

　Web アプリケーション開発は、ユーザーの要求に応じた多様な機能やインタラクティブな体験を提供するために、さまざまなプログラミング言語が用いられ、進化してきました。

②-1　C/C++
　高速な処理性能を活かし、Web サーバーやデータベースなどの基盤システム開発に利用されました。

②-2　Perl
　テキスト処理に優れたスクリプト言語として、CGI（Common Gateway Interface）を用いた動的な Web ページ生成に利用されました。

②-3　Java
　プラットフォームに依存しない実行環境を提供する Java は、大規模な Web アプリケーション開発に適しており、エンタープライズシステムで広く採用されました。オブジェクト指向プログラミングは、開発効率と保守性を向上させました。

②-4　Python/Ruby/PHP
　Python、Ruby、PHP は、Web アプリ開発に広く利用されているプログラム言語です。Python はシンプルで読みやすい文法が特徴で、データ分析や AI、Web 開発など幅広く使われます。Ruby は柔軟性と開発者の快適さを重視し、Web アプリ開発で知られています。PHP は Web 開発に特化し、HTML に埋め込んで動的コンテンツを簡単に生成でき、WordPress などで広く採用されています。

②-5　Web フレームワーク
　Ruby on Rails（Ruby）、Django（Python）、Laravel（PHP）など

のWebフレームワークは、開発効率を向上させ、MVC（Model-View-Controller）アーキテクチャによる開発を促進しました。

②-6　C#
Microsoft .NET Framework上で動作する言語として、Webアプリケーション開発にも利用されています。

②-7　TypeScript
JavaScriptに型システムを追加した言語。大規模なWebアプリケーション開発で人気があります。

②-8　Go
Googleが開発した言語。シンプルで高速な処理性能を活かし、WebサーバーやAPI開発に利用されています。

②-9　Kotlin
Java仮想マシン上で動作する言語。Androidアプリケーション開発の公式言語として採用されています。

**③モバイルアプリケーション開発言語（プログラミング言語）**
モバイルアプリケーション開発は、スマートフォンやタブレットの普及とともに急速に発展し、ユーザーの生活に欠かせない存在となりました。この進化を支えてきたのが、さまざまなプログラミング言語と開発ツールです。

③-1　ネイティブアプリケーション開発
③-1-1　Objective-C
かつてはiOSアプリケーション開発の主要言語でした。オブジェクト指向型の言語で、C言語をベースにSmalltalkの要素を取り入れた特徴を持っています。

### ③-1-2　Swift

Appleが開発した、よりモダンで安全なiOSアプリケーション開発言語です。Objective-Cとの互換性を持ちながら、より簡潔で読みやすいコードを記述できます。

### ③-1-3　Java

長年Androidアプリケーション開発の主要言語として使われてきました。オブジェクト指向型の言語で、プラットフォームに依存しないという特徴があります。

### ③-1-4　Kotlin

GoogleがAndroidアプリケーション開発の公式言語として採用した、モダンで簡潔な言語です。Javaとの互換性を持ち、より安全で効率的な開発を可能にします。

### ③-2　クロスプラットフォーム開発

ネイティブアプリケーション開発では、iOSとAndroidで異なる言語や開発環境が必要となるため、開発コストやメンテナンスコストが高くなるという課題がありました。そこで、近年では、クロスプラットフォーム開発が注目されています。

### ③-2-1　JavaScript

React NativeやFlutterなどのクロスプラットフォームフレームワークにより、iOS/Android両方に対応したモバイルアプリケーション開発が可能になりました。JavaScriptは、Web開発で広く使われている言語であり、多くの開発者にとって馴染みやすいというメリットがあります。

### ③-2-2　React Native

Facebookが開発したフレームワーク。JavaScriptを使って、ネイ

ティブに近いパフォーマンスのモバイルアプリケーションを開発することができます。

③-2-3　Flutter

Googleが開発したフレームワーク。Dartという言語を使って、高品質なモバイルアプリケーションを開発することができます。

**④モバイル OS**

モバイルOSは、スマートフォンやタブレットなどのモバイルデバイスの基盤となるソフトウェアです。ユーザーインターフェース、アプリケーションの実行環境、ハードウェアの制御など、モバイルデバイスのさまざまな機能を提供します。2007年に発売された初代iPhoneを皮切りにスマートフォンが普及し、コンテンツマーケット（App Store、Google Play）が整備され、スマートフォンコンテンツ市場は大きく成長しました。この成長をiOS、Androidの各OSが細かいバージョンアップを重ねて支えました。

④-1　Android

Androidは、オープンソースのモバイルOSであり、多くのスマートフォンメーカーに採用されています。そのため、多様なデバイスで利用できるというメリットがあります。

④-1-1　Android 1.0（2008年）：

初期のAndroid OS。タッチスクリーン、通知バー、Webブラウザなどの基本的な機能を搭載していました。

④-1-2　Android 2.0 - 2.2（2009年 - 2010年）

UIの改善、Exchange ActiveSyncのサポート、Bluetooth 2.1のサポートなどが追加されました。

### ④-1-3　Android 5.0（2014年）

マテリアルデザインを採用し、UIが大幅に刷新されました。また、64ビットCPUのサポート、バッテリー寿命の向上などが実現しました。

### ④-1-4　Android 10（2019年）

ジェスチャーナビゲーション、ダークテーマ、プライバシーの強化などが追加されました。

### ④-1-5　Android 11（2020年）

会話通知のバブル表示、メディアコントロールの改善、デバイスコントロールの強化などが追加されました。

### ④-1-6　Android 12（2021年）

マテリアルYouを採用し、UIが再び刷新されました。また、プライバシーダッシュボード、マイクとカメラのインジケーター、アプリの休止機能などが追加されました。

### ④-1-7　Android 13（2022年）

アプリごとの言語設定、QRコードスキャナーの改善、タブレット向けUIの改善などが追加されました。

## ④-2　iOS

iOSはAppleが開発したモバイルOSであり、iPhoneやiPadなどのApple製品にのみ搭載されています。そのため、ハードウェアとソフトウェアの連携が優れており、パフォーマンスが高いというメリットがあります。

### ④-2-1　OS 1.0（2007年）

初期のiOS。マルチタッチインターフェース、App Store、Safariなどの基本的な機能を搭載していました。

④-2-2　iOS 4（2010 年）

　マルチタスク機能、フォルダ機能、FaceTime などが追加されました。

④-2-3　iOS 5（2011 年）

　iCloud、通知センター、iMessage などが追加されました。

④-2-4　iOS 7（2013 年）

　フラットデザインを採用し、UI が大幅に刷新されました。また、コントロールセンター、AirDrop などが追加されました。

④-2-5　iOS 8（2014 年）

　サードパーティ製キーボードのサポート、HealthKit、Apple Pay などが追加されました。

④-2-6　iOS 10（2016 年）

　iMessage の機能強化、Siri の機能強化、HomeKit の機能強化などが追加されました。

④-2-7　iOS 13（2019 年）

　ダークモード、写真アプリの編集機能の強化、プライバシーの強化などが追加されました。

④-2-8　iOS 16（2022 年）

　ロック画面のカスタマイズ、集中モード、iCloud 共有写真ライブラリなどが追加されました。

⑤ Public Cloud（パブリッククラウド）

　Public Cloud は、クラウドサービスプロバイダーが提供する、インターネット経由で利用可能なクラウドサービスです。Amazon Web

Services（AWS）、Google Cloud Platform（GCP）、Microsoft Azure などが代表的な Public Cloud です。2006 年に Google の CEO エリック・シュミットが提唱し、AWS（Amazon Web Services）がローンチされたのを皮切りに、クラウドコンピューティングの隆盛が始まりました。クラウドコンピューティングは IaaS サービスをさらに成長させ、ミドルウェア、アプリケーションレイヤーのクラウド化を推進しました。その結果、多種多様な SaaS が生まれ、現在まで成長し続けています。

⑤-1 Virtual Cloud

Virtual Cloud は、仮想化技術を用いて構築されたクラウドサービスです。物理的なサーバーを仮想化することで、複数の仮想サーバーを構築し、それぞれに異なる OS やアプリケーションをインストールすることができます。

⑤-1-1 プライベートクラウド

特定の企業や組織内で利用されるクラウドサービスです。

⑤-1-2 ハイブリッドクラウド

Public Cloud とプライベートクラウドを組み合わせたクラウドサービスです。

近年、新しいテクノロジーとして、AI、Web3、VR/AR 関連の技術が注目されています。それぞれの技術的要因の発生タイミングが確認できます。AI については、関連技術である機械学習が早くから研究・開発が進んできました。その後、いくつかの踊り場を迎えましたが、それを克服し、研究・開発は続きました。その結果、ディープラーニング（DL）技術の進歩も相まって、現在隆盛を迎えています。

⑥ Web3 の技術、サービス

Web3 はブロックチェーン技術を基盤とした、次世代のインターネッ

175

トの概念です。非中央集権化・分散化（Decentralization）、透明性、セキュリティ、ユーザー主権などを特徴とし、従来のWeb2.0とは異なる新しいインターネット体験を提供することを目指しています。2008年にサトシ・ナカモトという名でブロックチェーンに関する論文が発表されてから、段階的に発展を続けてきました。2009年にビットコイン、2015年にイーサリアムがローンチされました。2024年8月末現在、ビットコインの時価総額は1.16兆ドル（約174兆円）、イーサリアムの時価総額は2,946億ドル（約44兆円）と巨額な市場を形成するまでに成長しました。また、2014年からのNFT（非代替性トークン）、2020年からのDeFi（分散型金融）などの新しい仕組みも次々に生まれています。今後の成長が非常に期待される分野です。

### ⑥-1　Blockchain（ブロックチェーン）

ブロックチェーンは、取引データを暗号化して鎖状に連結し、複数のコンピュータに分散して記録する技術です。中央集権的な（Centralized）な管理者を必要とせず、データの改ざんや不正アクセスを防ぐことができます。

### ⑥-2　Blockchain 2.0

Bitcoinの基盤技術であるブロックチェーン1.0は、主に暗号資産の取引記録に利用されていました。Blockchain 2.0は、スマートコントラクト機能を追加することで、より複雑な取引やアプリケーションをブロックチェーン上で実行することを可能にしました。

### ⑥-3　Bitcoin（ビットコイン）

Bitcoinは、2009年にサトシ・ナカモトによって考案された、世界初の暗号資産です。ブロックチェーン技術を基盤としており、中央銀行などの管理者を必要とせずに、peer-to-peer（P2P）で取引を行うことができます。

⑥-4　Ethereum（イーサリアム）
　Ethereumは、2015年にVitalik Buterin（ヴィタリック・ブテリン）によって考案された、ブロックチェーンプラットフォームです。スマートコントラクト機能を備えており、非中央集権的・分散型（Decentralized）なアプリケーション（DApps）を開発・実行することができます。

⑥-5　NFT（Non-Fungible Token）
　NFTは、代替不可能なトークンのことです。ブロックチェーン技術を用いて、デジタルアートやゲームアイテムなど、唯一無二のデジタル資産の所有権（Ownership）を証明することができます。

⑥-6　DeFi（Decentralized Finance）
　DeFiは、分散型金融のことです。ブロックチェーン技術を用いて、銀行などの仲介者を必要とせずに、融資や投資などの金融サービスを提供することができます。

⑥-7　DAO（Decentralized Autonomous Organization）
　DAOは、分散型自律組織のことです。ブロックチェーン技術を用いて、組織の意思決定や運営を自動化することができます。

⑦ AI
　AI（人工知能）は、近年目覚ましい発展を遂げ、私たちの生活のさまざまな場面で利用されるようになってきました。ここでは、AIの主要な技術とその進化を概観します。

⑦-1　Machine Learning（機械学習）、Data Mining（データマイニング）
　Machine Learningは、コンピュータが大量のデータから学習し、パターンやルールを見つけ出すことで、予測や判断を行う技術です。Data Miningは、大量のデータから有益な情報を抽出する技術であり、

Machine Learning の手法の一つとして用いられることもあります。

### ⑦-2　Deep Learning（深層学習）
Deep Learning は、人間の脳神経回路を模倣したニューラルネットワークを多層に重ねることで、複雑なパターンを学習する技術です。画像認識、音声認識、自然言語処理など、さまざまな分野で高い精度を実現しています。

### ⑦-3　Natural Language Processing（NLP、自然言語処理）
Natural Language Processing は、自然言語（人間が日常的に使用する言語）をコンピュータに理解させるための技術です。機械翻訳、文章要約、感情分析、チャットボットなど、さまざまなアプリケーションに利用されています。

### ⑦-4　Image Recognition（画像認識）
Image Recognition は、画像に写っているものをコンピュータに認識させる技術です。物体検出、顔認識、画像分類などさまざまなタスクに利用されています。

### ⑦-5　Voice Recognition（音声認識）
Voice Recognition は、音声をテキストに変換する技術です。音声検索、音声入力、音声アシスタントなど、さまざまなアプリケーションに利用されています。

### ⑦-6　LLM（Large Language Model）
LLM（大規模言語モデル）は、大量のテキストデータを学習したNLP の一種で、文章生成、翻訳、質問応答、対話などのタスクに活用されます。生成 AI の一分野として位置づけられ、自然言語処理に特化している点が特徴です。

## ⑧ VR/AR

VR/AR技術は、コンピュータグラフィックスやセンサー技術などを駆使し、仮想世界と現実世界を融合させることで、新たな体験や価値を提供する技術です。近年、VRヘッドセットやARグラスなどのデバイスの進化、コンテンツの充実、そして5Gなどの通信技術の発展により、VR/AR技術は急速に普及しつつあります。現状はVRゲーム市場（226億ドル）を中核に推移していますが、サービスや業務アプリケーションへの展開がどこまで広がるかに注目が集まっています。

### ⑧-1　VR（Virtual Reality：仮想現実）

VRは、コンピュータが作り出した仮想世界を、あたかも現実のように体験できる技術です。VRヘッドセットを装着することで、視覚、聴覚、触覚などを刺激し、高い没入感を得ることができます。

#### ⑧-1-1　VRヘッドセット

頭部に装着するディスプレイデバイス。2016年にOculus Riftが出荷されたのを皮切りに、段階的に発展を続けてきました。技術的には、VRヘッドセットの3D空間認識システム・レンズおよび3D空間生成技術の向上が大きく寄与しています。

（例）Oculus Rift、HTC Vive、PlayStation VRなど

#### ⑧-1-2　メタバース（Metaverse）

メタバースは、VR/AR技術などを活用した、持続的かつで共有可能な仮想空間です。ユーザーは、アバターと呼ばれる自分の分身を使って、メタバースの中で他のユーザーと交流したり、経済活動を行ったりすることができます。

（例）ゲーム 〜 Fortnite、Robloxなど
　　　ソーシャルプラットフォーム 〜 VRChat、Decentralandなど

### ⑧-2　AR（Augmented Reality：拡張現実）

　ARは、現実世界にコンピュータが生成した情報を重ね合わせることで、現実世界を拡張する技術です。ARグラスやスマートフォンのカメラを通して、現実世界に仮想のオブジェクトを表示したり、情報を付加したりすることができます。

### ⑧-2-1　ARグラス

　眼鏡型のディスプレイデバイスのことです。
（例）Microsoft HoloLens、Google Glass など

## 3-3

# 各種センサー技術の発展

　表30は、各種センサーを示したものです。

　センサー技術はさまざまな物理量を電気信号に変換する技術であり、私たちの身の回りのあらゆるモノに組み込まれ、情報を取得するために利用されています。ここでは代表的なセンサーとして、イメージセンサー（CCD、CMOS）、GPS、LiDAR（レーザーセンサー）、ミリ波レーダーセンサーの変遷と、それらがどのように事業分野の発展に寄与してきたのかを説明します。

### ①イメージセンサー（CCD、CMOS）

　イメージセンサーは、光を電気信号に変換するセンサーです。デジタルカメラやビデオカメラなどに搭載され、画像を撮影するために利用されています。イメージセンサーの進化は、デジタルカメラやビデオカメラの高画質化、小型化、低価格化に貢献してきました。また、AIによる画像認識技術の進化にも大きく貢献しています。

#### ①-1　CCD (Charge Coupled Device)

　電荷結合素子のことです。1970年代に開発されたイメージセンサーです。高感度、低ノイズ、高画質などの特徴があります。

#### ①-2　CMOS (Complementary Metal Oxide Semiconductor)

　相補型金属酸化膜半導体のことです。1990年代に開発されたイメージセンサーです。CCDに比べて、低消費電力、低コスト、高速読み出しなどの特徴があります。

**表30** 各種センサー一覧

| 区分 | センサー種類 | 個別製品例 | 利用用途例 |
|---|---|---|---|
| 光関連センサー | 赤外線センサー |  | バーコードリーダー |
|  | 光センサー | 照度、近接、測距、カラー | テレビリモコン |
|  | 放射線センサー |  | 医療用放射線検査装置 |
|  | 紫外線センサー |  | 半導体製造装置（露光プロセス） |
|  | イメージセンサー | CCD | デジタルカメラ |
|  |  | CMOS | ビデオカメラ |
|  | レーザーセンサー | LiDAR (Light Detection And Ranging) | ADAS（自動運転システム） |
| 温湿度センサー | 温度センサー |  | 体温計、室内温度計、白物家電（冷蔵庫） |
|  | 湿度センサー |  | エアコン、空気清浄機 |
| 化学量センサー | ガスセンサー | SO2、O2、LEL、H2S、CO2 | 都市ガス警報器 |
|  | イオンセンサー |  |  |
|  | バイオセンサー |  | 新型コロナウイルス感染症の抗原検査 |
| 機械量センサー | 圧力センサー |  | 油圧ブレーキ、血圧計 |
|  | 加速度センサー |  | ゲーム機のコントローラー |
|  | 角速度（ジャイロ）センサー |  | 航空機や人工衛星、船舶などの姿勢制御 |
|  | 回転センサー |  | 自動車の車輪速制御 |
|  | 衝撃センサー |  | エアバックシステムの衝撃検知 |
|  | 変位センサー |  |  |
|  | 歪みセンサー |  | パソコンのポインティングスティック |
| 磁気／電流センサー | 磁気センサー |  | 地図アプリや方角アプリの方向検知 |
|  | 電流センサー |  |  |
| その他センサー | ミリ波レーダーセンサー |  | ADAS（自動運転システム） |
|  | GPSセンサー |  | カーナビ、スマートフォン |
|  | 超音波センサー |  | 自動車の衝突回避センサー |
|  | 流量センサー | 超音波式、電磁式、コリオリ式、熱式、カルマン渦式 | 人工呼吸器 |
|  | レベルセンサー | 超音波式、ガイドパルス式 |  |
|  | 音センサー |  | マイクロフォン |
| 生体センサー | 血圧センサー |  |  |
|  | 血中酸素濃度センサー |  |  |
|  | 心電図センサー |  |  |
|  | 血糖センサー |  |  |
| 五感センサー | 脳波センサー |  |  |
|  | 味覚センサー |  |  |
|  | 嗅覚センサー |  |  |
|  | 聴覚センサー |  |  |

（出所）各種資料を参照して作成

② GPS（Global Positioning System）
　GPSは、人工衛星からの電波を受信することで、地球上の位置を測定するシステムです。カーナビゲーションシステム、スマートフォン、ドローンなど、さまざまな機器に搭載され、位置情報サービスに利用されています。
　GPSの登場により、位置情報に基づいたさまざまなサービスが誕生しました。例えばカーナビゲーションシステムは、目的地までのルート案内や渋滞情報などを提供することで、私たちの移動をより便利にしました。また、スマートフォンに搭載されたGPSは、地図アプリや位置情報ゲームなどにも利用されています。

③ LiDAR（Light Detection and Ranging）
　LiDARはレーザー光を照射しその反射光を受信することで、対象物までの距離や形状を測定するセンサーです。自動運転車、ドローン、ロボットなどに搭載され、周囲の環境を認識するために利用されています。
　LiDARは高精度な3次元地図を作成することができるため、自動運転技術の進化に大きく貢献しています。また、LiDARは、建物や地形などの3次元モデルを作成する測量技術にも利用されています。

④ ミリ波レーダーセンサー
　ミリ波レーダーセンサーはミリ波帯の電波を照射しその反射波を受信することで、対象物までの距離や速度を測定するセンサーです。自動運転車、航空機、気象レーダーなどさまざまな機器に搭載され、周囲の状況を把握するために利用されています。
　ミリ波レーダーセンサーはLiDARに比べて、悪天候や暗闇でも安定して動作するという特徴があります。そのため自動運転技術において、LiDARとミリ波レーダーセンサーを組み合わせることで、より安全な自動運転を実現することができます。

⑤五感センサー

　五感をデジタル化し、データとして取得・分析・活用する五感センサー技術は近年注目を集めています。人間とコンピュータのインタラクションをより自然で直感的なものにする可能性を秘めており、医療、ヘルスケア、エンターテイメント、教育などさまざまな分野での応用が期待されています。

　⑤-1　脳波センサー

　脳波センサーは、頭皮に電極を装着することで、脳の電気活動を計測するセンサーです。脳波は人間の思考、感情、睡眠状態などを反映しており、脳波センサーで取得したデータは医療分野での診断や治療、brain-computer interface（BCI）の開発などに利用されています。

　⑤-2　味覚センサー

　味覚センサーは、人間の舌が感じる味を電気信号に変換するセンサーです。食品開発、飲料開発、医療などさまざまな分野で利用されています。

　⑤-3　嗅覚センサー

　嗅覚センサーは、気体中の臭い成分や化学物質を検知して電気信号に変換するセンサーです。食品の品質管理、環境監視、医療診断などさまざまな分野で利用されています。

　⑤-4　聴覚センサー

　聴覚センサーは、音声を電気信号に変換するセンサーです。音声認識、騒音測定、医療など、さまざまな分野で利用されています。

　センサー技術については、その他にも多くの種類のセンサーが存在しており、それぞれ技術革新が進んでいます。これについては表24を参照していただければと思います。その数と種類に驚かれた方も多

いのではないでしょうか。センサー技術の発展によって近年、自動運転技術、スマート農業、ロボット技術、ドローンによる測量、物流自動化などの分野が目覚ましい発展を遂げています。

　このようなセンサー技術の発展により、地球上のさまざまな現象はセンサーを通じて電子情報化され、その精度が向上し、適用範囲が広がっています。世界の企業や公共機関などは、地球環境における電子情報化（DX化）を推進しています。地球上においてセンサーで計測できないものはほとんどないと言えるでしょう。

# 3-4

# インターネットサービス、SaaS の変遷

**1）インターネットサービス、SaaS、Web3、VR/AR の変遷**

　図 34 は、2000 年以降から現在に至るまでのインターネットを中心としたテクノロジーやサービスの変遷をまとめたものです。

　2000 年初頭にはインターネットのインフラ環境（通信等）が整備され、ポータルサイトがインターネットの入り口としての役割を担い、EC、マーケットプレイス、マッチングサービスが生まれました。2000 年代中盤からは、CGM（Consumer Generated Media：消費者生成メディア）、ブログ、SNS、動画共有サイトなどにより、コンシューマー側からも情報発信できる双方向サービスが成長しました。これは Web2.0 と呼ばれています。

　2000 年代後半からスマートフォン（iPhone、Android 端末）の登場に伴い、コンテンツマーケット（App Store、Google Play）が整備され、ゲームをはじめとしたエンターテインメント系のサービスが登場しました。またスマートフォンの普及はモバイルインターネットの爆発的な普及をもたらし、モバイルアプリ、モバイル決済、モバイル広告などが大きく進化しました。

　インターネットとモバイルにおいて、多くのサイトやアプリケーションが世界中で爆発的に増えたことからインターネットやモバイル広告の技術や産業も大きく発展しました。

　2000 年代後半からパブリッククラウドサービス（AWS、Google Cloud、Azure 等）が始まったことで、業務アプリケーションの多くが SaaS（Software as a Service）化されました。SaaS には、CRM、マー

第 3 章　世界および日本における環境的要因（インフラ）と技術的要因の変遷

**図34** インターネットサービス、SaaS、Web3、VR/AR の変遷

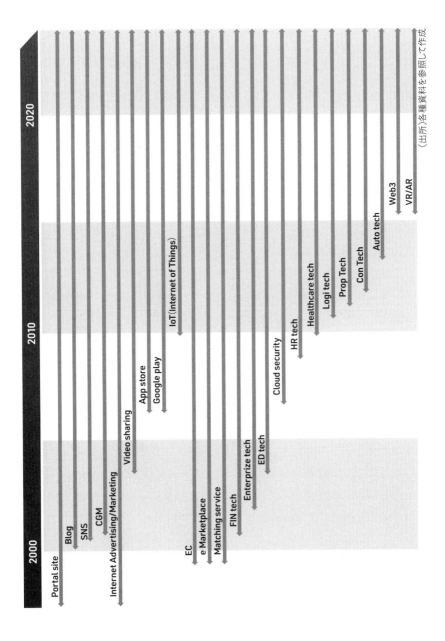

(出所) 各種資料を参照して作成

ケティングオートメーション、コミュニケーションツールなど多様なサービスが含まれます。業務アプリケーションのSaaS化は2010年代に入るとさらに大きな流れを形成し、多種多様なSaaSが生まれ、一つの大きなテクノロジーセクターとなりました。

2010年代中盤以降から、AI、Web3、VR/ARといった新しい技術的要素が進化し、実用化されています。AIは、画像解析技術、自然言語処理、音声認識、機械学習、深層学習など、さまざまな技術を含んでいます。これらは従来のテクノロジー（インターネットサービスやSaaS）と複合的に結びつきつつ、それぞれ進化を続けています。特にAIとVR/ARといった分野では、センサー技術の発展と相まって技術進化が進みました。AIでは画像解析技術、VR/ARではヘッドセットの進化が挙げられます。

### 2）IT、インターネット業界での変化（1990年代後半から2010年代中頃）

図35は、1990年代後半から2010年代中頃までのITおよびインターネット業界での技術的背景の変化とテクノロジーの変遷をまとめたものです。

この期間にITおよびソフトウェア業界では、分散型クライアントサーバーシステムからクラウドコンピューティング（IaaS、PaaS）への環境変化が起こりました。一部では、オンプレミスデータセンターを経由してクラウドに移行するケースも見られました。また、エンドデバイスとしてPCだけでなくスマートフォンやタブレットなどのモバイルデバイスが発展しました。

このような環境下で、Web1.0時代からの主力インターネットサービスだったポータルサイトやCGM、EC、マーケットプレイスは引き続き発展を続けました。さらに、増大したWebサイトやモバイルサイトの広告収益を最大化するAD tech（広告テクノロジー）も発展しました。

第3章　世界および日本における環境的要因（インフラ）と技術的要因の変遷

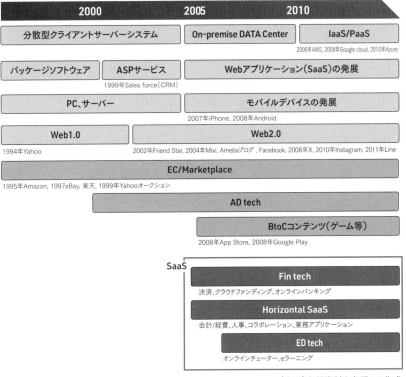

図35　IT、インターネット業界での変化（1990年代後半から2010年代中頃）

（出所）各種資料を参照して作成

　また、スマートフォンの普及に伴い拡大したコンテンツマーケット（App Store、Google Play）に合わせ、コンテンツ開発および配信（ゲームなど）のビジネスが発展しました。

　2000年代中盤から2000年代前半のASPサービスの展開を経て、クラウドコンピューティングの進展に合わせ、SaaSビジネスが拡大しました。SaaSの初期発展では、市場規模が大きいと考えられるFin tech、ED tech、Horizontal SaaS（会計・経費、人事、コラボレーション）が登場しました。こうして産声をあげたSaaSは、その後大きな発展を遂げることになりました。

189

## 3）SaaS 普及の背景、要因

　図 36 は、SaaS 普及の背景と要因をまとめたものです。

　2000 年代後半以降、通信環境がインターネットおよび移動体通信ともに高速化・安定化する中で、クラウドシステムが普及し、モバイルデバイスにも対応できるようになりました。これにより Web アプリケーションの安定運用が可能になり、通信がつながっていれば利用場所の制限がなくなりました。このような要因により、SaaS の適用範囲が拡大しました。また SaaS を開発するための環境、開発言語、クラウドセキュリティが整備されたことにより、SaaS の普及を後押ししました。さらに API 経由で SaaS 間の連携および既存システムとの連携が可能になったことも、多様なシステム構成を実現しました。その結果 SaaS は適用する業界が拡大し、さまざまな業務をカバーできるようになりました。

　SaaS は利用者にとって大きなメリットがあります。初期費用、ランニングコスト、切替コストが、個別サーバーやデータセンターにソフトウェアを導入して運用する場合に比べて格段に低減できることが多いためです。デメリットとしては、個別カスタマイズやセキュリティ対応、障害やメンテナンス対応が挙げられます。しかし、標準化された機能により低コストで高品質なサービスが提供できるというメリットもあり、特に個別カスタマイズの必要性が低い分野から普及が進みました。それは業種を問わない Horizontal SaaS（ホリゾンタルサース）の業務アプリケーションで、Fin tech（会計、経費精算）、Enterprise tech、HR tech などの分野でした。

　サービス提供側はローンチまでの開発費用が多額にのぼり、PMF（プロダクトマーケットフィット）を迎え回収が実現するまで時間がかかるリスクを負います。しかしローンチ後は個別カスタマイズソフトウェア開発に比べて開発・バージョンアップが効率化でき、料金プランも多様

第3章 世界および日本における環境的要因（インフラ）と技術的要因の変遷

### 図36 SaaS普及の背景、要因

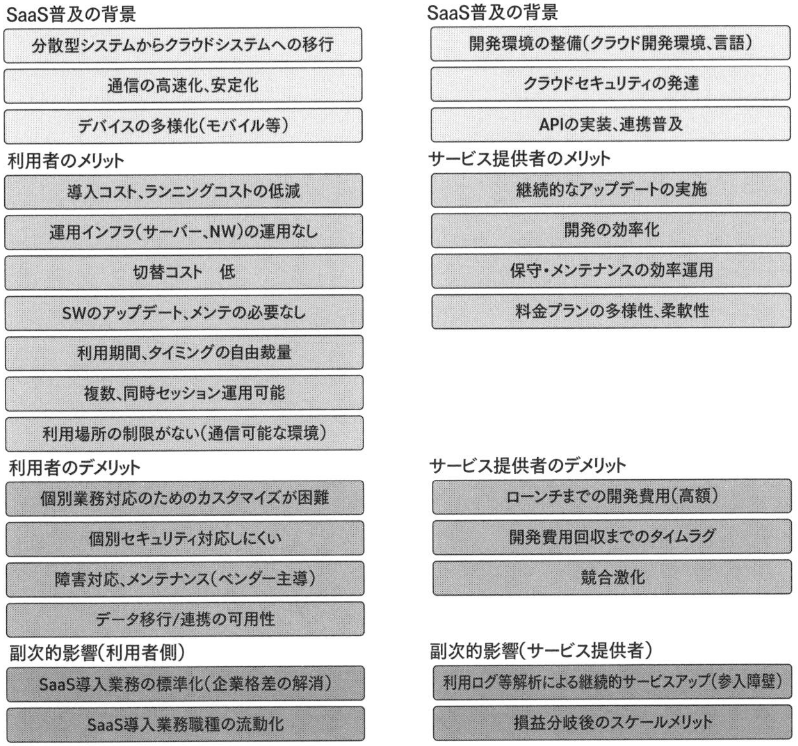

**SaaS普及の背景**
- 分散型システムからクラウドシステムへの移行
- 通信の高速化、安定化
- デバイスの多様化(モバイル等)

**利用者のメリット**
- 導入コスト、ランニングコストの低減
- 運用インフラ(サーバー、NW)の運用なし
- 切替コスト　低
- SWのアップデート、メンテの必要なし
- 利用期間、タイミングの自由裁量
- 複数、同時セッション運用可能
- 利用場所の制限がない(通信可能な環境)

**利用者のデメリット**
- 個別業務対応のためのカスタマイズが困難
- 個別セキュリティ対応しにくい
- 障害対応、メンテナンス(ベンダー主導)
- データ移行/連携の可用性

**副次的影響(利用者側)**
- SaaS導入業務の標準化(企業格差の解消)
- SaaS導入業務職種の流動化

**SaaS普及の背景**
- 開発環境の整備(クラウド開発環境、言語)
- クラウドセキュリティの発達
- APIの実装、連携普及

**サービス提供者のメリット**
- 継続的なアップデートの実施
- 開発の効率化
- 保守・メンテナンスの効率運用
- 料金プランの多様性、柔軟性

**サービス提供者のデメリット**
- ローンチまでの開発費用(高額)
- 開発費用回収までのタイムラグ
- 競合激化

**副次的影響(サービス提供者)**
- 利用ログ等解析による継続的サービスアップ(参入障壁)
- 損益分岐後のスケールメリット

(出所)各種資料を参照して作成

化できるメリットがあります。さらに顧客からのフィードバックや利用ログを分析することにより、継続的なアップデートが可能です。このようなメリットから、SaaSは事業モデルとして損益分岐後にスケールメリットが効きやすい特徴があります。したがって先行者優位を活かして一定のシェアを確保できれば、その後安定的に成長しやすいと言えます。長期的にはSaaSの対象業務が標準化され、さらに開発・バージョンアップ効率や導入側の初期導入対応の低減という副次効果も期待できます。

このようなSaaSの特徴は、ベンチャーキャピタルの投資対象として

非常に魅力的です。今後の SaaS の課題の一つは AI 関連技術をどのように効果的に実装するかであり、一部実装事例はあるもののまだ十分とはいえません。

**4）IT、インターネット業界での変化（2010 年代初頭から現在まで）**

　図 37 は、2010 年以降のテクノロジーの変遷をまとめたものです。

　技術的背景としては、2000 年代前半から続く① CPU/GPU の継続的な高性能化、② HDD 価格の低下と SSD の普及によるストレージ技術の多様化、③ 5G や光ファイバーなどの普及による通信環境の多様化・高速化、④モバイルデバイス（スマホ等）の普及、⑤クラウドサービスの普及、⑥センサー技術の多様化・高度化に加え、2010 年代に入り⑦ AI（ML/DL）技術の進展、⑧ Web3 技術の進展、⑨ AR/VR 技術の進展が挙げられます。

　これにより、資金流入分野や欧州については以下のような動きが起きました。EC 分野では、2000 年代に主に北米で成功した EC およびマーケットプレイスのモデルが世界に波及しました。しかし、各地域市場の特性に合わせたローカライズやモバイルファーストといった新たなトレンドも出現しています。EC の分野では、マルチカテゴリー EC、OTA（Online Travel Agent）、マーケットプレイス分野では、フードデリバリー、ライドシェア、クラウドソーシングが誕生し成長しました。同じ期間、北米、欧州だけでなく、中国やアジアでもニッチな商品（ファッション、家電、食品・食料品など）を取り扱う専門的 EC や D2C が多く出てきています。

　Fin tech の分野では、銀行、証券、保険、運用、融資などのオンラインサービスが成長し、世界に波及しました。特に決済サービスは、成長規模が大きくかつ世界的波及範囲も広く、大きな資金流入分野となっています。クラウドファンディングは北米、欧州、中国で成長していま

第3章 世界および日本における環境的要因（インフラ）と技術的要因の変遷

## 図37 IT／インターネット業界での変化（2010年代初頭から現在まで）

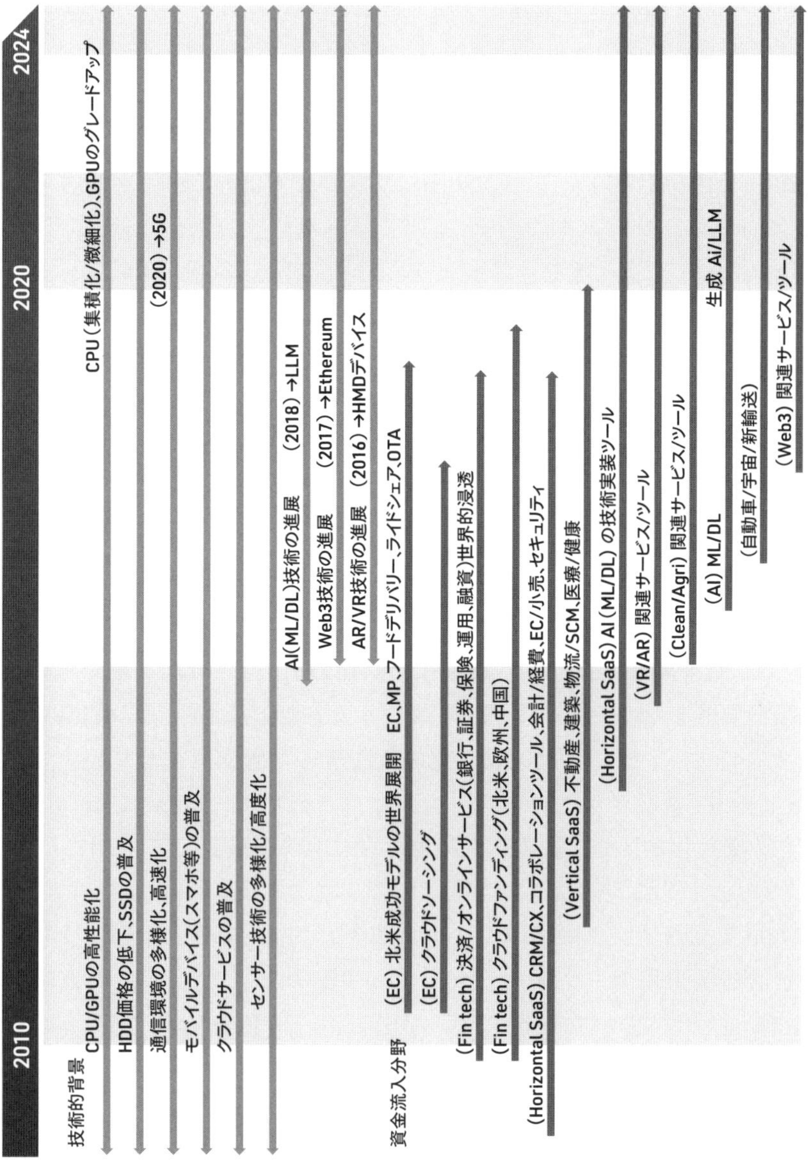

```
                2010                              2020           2024
技術的背景
  CPU/GPUの高性能化 ─────────────────── CPU（集積化/微細化）,GPUのグレードアップ →
  HDD価格の低下,SSDの普及 ────────────────────────────────→
  通信環境の多様化,高速化 ──────────── (2020) →5G ─────────→
  モバイルデバイス（スマホ等）の普及 ──────────────────────→
  クラウドサービスの普及 ────────────────────────────→
  センサー技術の多様化/高度化 ──────────────────────────→
                        AI(ML/DL)技術の進展    (2018) →LLM ──→
                         Web3技術の進展  (2017) →Ethereum ──→
                         AR/VR技術の進展 (2016) →HMDデバイス →

資金流入分野
  (EC) 北米成功モデルの世界展開  EC,MP,フードデリバリー,ライドシェア,OTA
  (EC) クラウドソーシング
  (Fin tech) 決済/オンラインサービス(銀行,証券,保険,運用,融資)世界的浸透
  (Fin tech) クラウドファンディング(北米,欧州,中国)
  (Horizontal SaaS) CRM/CX,コラボレーションツール,会計/経費,EC/小売,セキュリティ
            (Vertical SaaS) 不動産,建築,運用,物流/SCM,医療/健康
                     (Horizontal SaaS) AI(ML/DL)の技術実装ツール
                          (VR/AR) 関連サービス/ツール
                          (Clean/Agri) 関連サービス/ツール
                                    (AI) ML/DL
                                          生成 Ai/LLM
                                       (自動車/宇宙/新輸送)
                                       (Web3) 関連サービス/ツール
```

（出所）各種資料を参照して作成

す。

　Horizontal SaaS の分野も、会計・経費、企業業務アプリケーション、コラボレーションツール、CRM/マーケティング、人事、セキュリティ等の分野が世界的に成長しました。

　2010 年代初旬以降から、Vertical SaaS が世界的に成長しています。Vertical SaaS の代表的な分野としては、不動産（Prop tech）、建築（Con tech）、医療・健康（Digital Health）、物流・SCM（Logi tech）、農畜産業（Agri tech）、自動車関連（Auto tech）といった分野があります。これらのテクノロジーは、その分野の市場規模が大きいことが要因となって成長しました。一方、Vertical SaaS には製造業関連、交通・輸送業関連、旅行・宿泊業関連などがありますが、市場規模が比較的小さいため、成長はある程度に留まっています。

　2010 年代中頃からは、VR/AR 分野や AI 分野の事業が登場し始め、成長を遂げています。特に AI 分野は大きな資金流入分野となっています。また Clean tech では、蓄電池、水素技術、再生可能エネルギー、脱酸素技術などのテクノロジーが成長しました。Auto tech（自動車テクノロジー）では、自動運転、運転者支援の分野が成長しています。Agri tech（農業テクノロジー）の分野も、センサー技術の発展により大きく成長しました。Web3 は 2020 年代に入り急成長しています。

　2000 年代はインターネット分野の事業で BtoC 分野および AD tech が資金流入分野として主力となっていましたが、2010 年からは SaaS（Horizontal SaaS、Vertical SaaS）が本格的な成長を遂げ、2010 年中盤以降新テクノロジー分野（AI、VR/AR、Web3、Clean tech、自動車／宇宙／新輸送）が誕生・拡大し、資金流入分野は多様化しています。

## 3-5 環境的要因（インフラ）および技術的要因の変遷を把握する重要性

　テクノロジーは常に進化しており、その進化は社会や経済に大きな影響を与えるため、世界および日本における環境的要因（インフラ）および技術的要因の変遷を把握することは、次の革新的テクノロジーを想定し、競争優位性を持つビジネスを企画するために必要不可欠です。

　本書で解説した環境的要因（インフラ）および技術的要因に加え、各テクノロジー分野や業界特有の要因が存在する可能性があります。職務経験を通じて得られるこうした特別な情報がある場合、ビジネスを企画する上でさらに有効であり、差別化を図りやすくなります。そのため、ベンチャーで新しいビジネスを企画し、立ち上げようとする際には、基本的な技術動向の把握と理解に加えて、特別な技術情報を広い視点で収集・分析することが必要となります。

　このように、環境的要因や技術的要因の変遷を把握することで、以下のメリットが生まれます。

①将来のトレンドを予測
　環境的要因や技術的要因の変遷を把握することで、将来のテクノロジーや資金動向を予測できます。

②新たなビジネスチャンスを発見
　新たなテクノロジーによって生まれるビジネスチャンスを発見し、競争優位性を築くことができます。

③既存ビジネスの改善
　既存のビジネスモデルを新たなテクノロジーに合わせて改善し、競争力を維持することができます。

④投資機会の発見
　有望なテクノロジー分野に投資することで、高いリターンを得ることができます。

⑤リスク回避：
　テクノロジーの変化によるリスクを予測し、回避することができます。

　ベンチャーキャピタルとの交渉においても、環境的要因や技術的要因の変遷を把握しておくことは大きな強みとなります。

①説得力のあるプレゼン
　テクノロジーの今後を踏まえた将来のビジョンを明確に示すことで、事業の長期的な戦略の解像度が上がり、その結果ベンチャーキャピタルやステークホルダーに事業を深く理解してもらえる可能性が高まります。

②交渉力の強化
　ベンチャーキャピタルとの交渉において、テクノロジーの将来性とそのテクノロジーを活かしたビジネスの将来性について合意形成を図ることは、交渉を円滑に進め、有利な条件（時価総額、契約内容）を引き出す可能性を高めます。
　ベンチャーキャピタルは環境的要因や技術的要因、資金調達の動向をモニタリングし、分析した上で投資戦略を決定しています。ベンチャー側の事業戦略が同様のモニタリングと分析に基づいて構築されていれば、ベンチャーキャピタルの投資戦略の一部をベンチャーの事業戦略が担える可能性が高まります。さらに、ベンチャーが事業戦略を実現するための特別な技術情報を持っていれば、ベンチャーキャピタルによるその事業戦略の評価が高まるでしょう。

# 第4章

## データで読み解くテクノロジー分野ごとの動向と見通し

ここからは表16の分類に基づいて、表31に示すサンプル数に含まれるベンチャーを調査した結果を解説していきます。

上場会社は2010年以降に上場し、上場を維持している会社です（上場廃止会社は含まず）。未上場会社は、世界ではユニコーン（時価総額10億ドル以上）、日本では時価総額10億円以上のベンチャーを中心に、重要事例も加えて調査しました。重要事例としては、創業から数年以内で急成長している企業や、社会的にインパクトの大きい事業を展開している企業などを選定しました。買収事例では、2010年以降の世界で買収時の時価総額10億ドル以上、日本で買収時の時価総額10億円以上のベンチャーを中心に、重要事例も加えて調査しました。重要事例としては、買収時に大きな話題となった企業や、買収後に事業が大きく成長した企業などを選定しました。なお、調査対象の選定には一定の偏りがあり、全てを網羅しているわけではありません。また、未上場企業については情報公開が限定的で、企業規模や事業内容の正確な把握が困難な場合がありますので、ご了承ください。

表16で定義した各分野について、具体的にどのようなビジネスが行われているのかを詳しく見ていきます。また、それぞれのビジネスごとに世界および日本での上場企業数、未上場企業数、被買収企業数を示します。

ベンチャーの事業計画を作成する上で、対象事業の分野の状況、類似ビジネスの状況を把握することは非常に重要です。特にベンチャーで資金調達を実施したい人は、各競合企業や類似企業の情報を詳細に把握しておく必要があります。なぜならベンチャーキャピタルも投資先を検討する際に、国内外の競合や類似ベンチャーとの比較検討を行うからです。今回の調査結果は各テクノロジー分野の全体像をつかむのに役立つとともに、ベンチャーが自社の事業計画策定や資金調達戦略立案時に、競合企業や類似企業の情報を参考にすることができます。これを参考に、さ

**表31** 独自調査におけるサンプル数

|  | 世界 | 日本 |
|---|---:|---:|
| 上場会社 | 656 | 278 |
| 未上場会社 | 1104 | 643 |
| 買収事例 | 340 | 272 |
| 計 | 2,100 | 1,193 |

| 未上場会社条件 | ユニコーン、重要ベンチャー | 時価総額10億円以上、重要ベンチャー |
|---|---|---|
| 買収事例条件 | 時価総額10億ドル以上、重要ベンチャー | 時価総額10億円以上、重要ベンチャー |

（出所）筆者にて作成

らに深く調査・研究を進めていただければ幸いです。

　各ベンチャーの情報は、各ベンチャーのホームページ、ニュースリリース、メディア記事、各情報データベース（Crunchbase、CB Insights、Dealroom、Pitchbook、Traxcn、Initial、Startup DB）を参照して作成しました。これらの各情報データベースでは、ベンチャーの事業内容、ファイナンスの情報（時価総額、資金調達額など）、経営陣の情報などが閲覧できます。

　情報の集計は、2024年3月から8月にかけて行いました。時価総額や資金調達額など時間とともに変動する項目については、本調査がベンチャーの最新の状況を反映していない可能性があります。あらかじめご了承ください。

## 4-1

# Fin tech

　Fin tech（フィンテック）とは、Finance（金融）とTechnology（技術）を掛け合わせた造語で、金融サービスに革新をもたらすさまざまなテクノロジーを指します。Horizontal SaaS（ホリゾンタルサース）の1分野となります。

　Fin techを構成するビジネスとして、以下の代表的な以下の3つが挙げられます。

**①オンライン金融サービス（主要4サービス）**
　①-1　オンライン決済代行サービス
　　　　（例：Stripe、PayPal、Checkout.com、Rapyd）
　①-2　オンラインバンキング
　　　　（例：Revolut、Chime、Toss、Upgrade、Monzo）
　①-3　クラウドファンディング
　　　　（例：LendingClub、Funding Circle、Forge Global、Jiedaibao）
　①-4　オンライン証券、資産運用サービス
　　　　（例：Robinhood、Wealthfront）
**②経理・財務関連業務アプリケーション**
**③金融業向け業務アプリケーション**

　Fin techは、SaaSの発展の初期段階（2000年代後半）から成長を続けてきました。そして今もなおベンチャーの資金調達分野の中で、大きな存在感を示しています。その背景としては、Fin techの分野が元々DXが進行しやすい分野であったことと、市場が大きいこと（特に金融サービス）が挙げられます。また、技術的要因の進展と相まって、インターネット上でさまざまなサービスが提供されるようになりました。

表32は、Fin tech分野の事業内容の分類と上場、未上場、買収の区分別企業数表です。表32を見ると、世界で大きな成長を見せているビジネスとして、オンライン決済代行サービス（Payment processor）、オンラインバンキング（Online Banking）、クラウドファンディング（Cloud Funding）が挙げられます。

オンライン決済代行サービスは、Eコマースサイトなどで行われる決済を代行することで、手数料を得るビジネスモデルです。
オンライン決済代行サービスでは、世界で上場企業16社、未上場企業33社、買収事例は8社です。日本では、上場企業7社、未上場企業4社、買収事例は10社です。
オンライン決済代行サービスの成長は、EC（Eコマース）が世界的な成長を遂げたことや、各決済サービス（クレジットカードなど）のAPI整備が進んだこと、スマートフォンの普及、セキュリティ技術の向上などが大きな要因として考えられます。

世界各国への広がりとしては、上場企業16社が8カ国（米国8、英国2、カナダ、オーストラリア、オランダ、インド、中国、ウルグアイ）、未上場企業33社が17カ国（米国6、英国5、フランス、アイルランド、イタリア2、スウェーデン、オーストラリア、オランダ、インド4、中国、インドネシア、ブラジル2、サウジアラビア、南アフリカ、シンガポール2、ナイジェリア、メキシコ）、買収事例8社が5カ国（米国4、オーストラリア、オランダ、スウェーデン、イスラエル）で確認できます。国名の横に数字が記載されている場合、該当企業が記載数分存在すること示します。ここでわかるのは、北米、欧州で先行していたものが、世界各国に広がっているということです。日本でも、上場企業7社、未上場企業4社、買収事例は10社です。日本でも大きなビジネス分野に成長しています。

2021年に決済代行サービスのSquare（米国）が、Afterpay（オース

トラリア）を290億ドルで買収しました。日本でも、2021年にPayPal（米国）がPaidy（日本）を3,000億円で買収しました。決済代行サービスは規模の経済が働きやすいビジネスであるため（統合コストが低く、地理的制約が少ないなど）、先行して大きな資金調達を行い成長している上場企業やベンチャーが買い手となり、今後M&Aが増加していくものと考えられます。

オンラインバンキングは、インターネット上で銀行取引を提供することで、手数料収入や預貸金利鞘などで収益を得るビジネスモデルです。

オンラインバンキングでは、世界で上場企業5社、未上場企業19社が確認されました。オンラインバンキングの成長は、モバイルデバイスや通信インフラの世界的な普及に加え、規制緩和や顧客ニーズの変化なども大きな要因として考えられます。日本ではオンラインバンキングの成長が限定的で、買収事例のジャパンネット銀行（現PayPay銀行）とイーバンク銀行（現楽天銀行）の2社にとどまっています。この背景として、既存の大手銀行や大企業との競争が激しく、新規参入が難しい状況が続いていることが挙げられます。

世界各国への広がりとしては、上場企業5社が4カ国（米国2、英国、ブラジル、インド）、未上場企業19社が14カ国（米国4、英国3、フランス、オランダ、スイス、デンマーク、トルコ、ギリシャ、ナイジェリア、ブラジル、アルゼンチン、韓国、中国、シンガポール）が確認できます。世界中に広がっている状況となっています。

クラウドファンディングは、インターネットを通じて不特定多数の人々から資金を調達する方法です。近年、新しい資金調達手段として注目を集めており、資金調達の目的や方法によって、いくつかの種類に分類することができます。

① 寄付型

　寄付型クラウドファンディングは、返礼品なしで資金提供を募るタイプです。社会貢献性の高いプロジェクトに多く利用されます。資金提供者へのリターンは、金銭的なものではなく、感謝の気持ちやプロジェクトへの参加意識など、非金銭的なものが中心です。プロジェクトの成功に対する共感や、社会貢献への意欲を持つ人々から支援を集めやすいという特徴があります。

　（主なプラットフォーム）JustGiving、READYFOR、CAMPFIRE

② 購入型

　購入型クラウドファンディングは、返礼品（商品やサービス）と引き換えに資金提供を募るタイプです。新製品開発やイベント開催などに利用されます。資金提供者は、プロジェクトの成果物やサービスを先行して入手することができます。新製品やサービスの開発資金を調達するだけでなく、市場の反応を測ったり、初期顧客を獲得したりするためにも利用されます。

　（主なプラットフォーム）Kickstarter、Indiegogo、Makuake

③ 株式投資型

　株式投資型クラウドファンディングは、未上場企業の株式と引き換えに資金提供を募るタイプです。資金提供者は、企業の成長に伴う株式価値の上昇や配当によるリターンを期待することができます。従来、一部の富裕層や機関投資家に限定されていた未上場企業への投資が、一般の個人投資家にも可能になります。成長性の高いベンチャーにとって、新たな資金調達手段として注目されています。

　（主なプラットフォーム）Forge Global、Seedrs、FUNDINNO

④ ファンド型

　ファンド型クラウドファンディングは、複数の投資家から資金を集め、不動産、美術品、コンテンツなどに投資を行うタイプです。資金提供者

は、ファンドの運用成果に応じてリターンを得ることができます。
（主なプラットフォーム）GA Technologies、OwnersBook

⑤融資型
　融資型クラウドファンディングは、個人や企業に資金を貸し、金利と元本を返済してもらうタイプです。資金提供者は、貸付金利によるリターンを得ることができます。銀行融資を受けにくい個人や中小企業にとって、新たな資金調達手段として注目されています。資金提供者は、比較的高い金利で運用することができます。
（主なプラットフォーム）LendingClub、Funding Circle、Jiedaibao、maneo

　クラウドファンディングでは、世界で上場企業 7 社、未上場企業 14 社です。日本では、上場企業 3 社、未上場企業 13 社、買収事例は 5 社です。世界各国への広がりとしては、上場企業で 4 カ国（米国 3、英国、ドイツ、中国 2）、未上場企業で 3 カ国（米国 5、英国 4、中国 4）が確認できます。日本買収事例では、金融、不動産関係情報サービス会社（ZUU、JIA、WealthPark、日本エスコン）が買い手となっています。

　経理・財務関連業務アプリケーションでは、世界で上場企業 14 社、未上場企業 27 社、買収事例は 9 社です。日本では、上場企業 6 社、未上場企業 11 社、買収事例は 5 社です。世界各国への広がりとしては、上場企業で 4 カ国（米国 10、ドイツ、ベルギー、ニュージーランド 2）、未上場企業で 9 カ国（米国 14、英国 3、カナダ、オランダ、デンマーク、イスラエル、インド 3、中国 3、メキシコ）、買収事例で 1 カ国（米国）が確認できます。世界の買収事例では、大手ソフトウェア会社（Oracle、SAP、Hg、Certify）、大手上場 Fin tech（BILL）、バイアウトファンドが買い手となっています。日本買収事例では、大手上場 Fin tech（freee、Money Forward、弥生）が買い手となっています。

第4章 データで読み解くテクノロジー分野ごとの動向と見通し

### 表32 Fintech 分野の事業内容の分類と上場、未上場、買収事例の区分別企業数

単位：企業数

| 業種 | カテゴリ1 | カテゴリ2 | カテゴリ3 | 世界 上場 | 世界 未上場 | 世界 買収 | 日本 上場 | 日本 未上場 | 日本 買収 |
|---|---|---|---|---|---|---|---|---|---|
| 決済サービス (Payment) | オンライン決済代行 (Payment processor) | EC | | 14 | 28 | 8 | 8 | 4 | 10 |
| | | 店舗 | POS | | | | | | |
| | 後払決済サービス (BNPL) (Buy Now, Pay Later) | EC | | 3 | 3 | 1 | 1 | | 1 |
| | | 店舗 | POS | | | | | | |
| | BtoB 決済 | | | 2 | 2 | | | | |
| マーケットプレイス (MarketPlace) | クラウドファンディング (Clound Funding) | 寄付型 | | | 1 | | | 4 | |
| | | 購入型 | サブスク型 | | 5 | | 1 | | |
| | | 株式投資型 | | 2 | 1 | | | 3 | 3 |
| | | ファンド型 | 不動産 | | | | | 2 | 2 |
| | | | その他 | | | | | 2 | |
| | | 融資型 | 中小企業向け | 2 | 7 | | | 4 | |
| | | | 個人向け (PtoP) | 3 | | | | | |
| オンラインサービス (Onkine Service) | オンラインバンク | | | 6 | 19 | | | | 2 |
| | オンライン保険 | オンライン生命／健康保険 | | 4 | 1 | | | | |
| | | オンライン損害保険 | | 1 | 8 | | | | |
| | オンライン証券 | 証券 | | 8 | 7 | 1 | | | 2 |
| | | FX | | | | | | | 2 |
| | 総合金融アプリ | | | | 6 | | | | |
| | プリペイド型電子通貨 | | | | | | | | 2 |
| | クレジットカード | | | 1 | | | | | |
| | デジタルウォレット | モバイルウォレット | | | 5 | | | 2 | 1 |
| | パーソナルトレーニング（金融、運用) | | | | | | | 1 | |
| | 外貨の電子マネー交換サービス | | | | | | | 1 | |
| | オンラインクーポン | | | 2 | | 1 | | | |
| | 資産運用サービス | 資産運用 | ロボットアドバイザー | | 2 | 3 | 1 | 7 | |
| | | 企業型確定拠出年金 (401k) | | | 2 | | | 1 | |
| | 融資サービス | 企業向け融資 | 有担保融資 | 3 | 4 | | | 4 | |
| | | | ファクタリング | | 3 | | | 2 | |
| | | 個人向け融資（消費者金融） | | 5 | 9 | 2 | | 4 | |
| | 信託サービス | 家族信託 | | | | | | 2 | |
| | PMF（個人財務管理） | レシート管理 | | 1 | 5 | 2 | | 2 | 1 |
| | マッチング PF | 融資仲介、マッチング | | 2 | 1 | | | 1 | |
| | | 投資仲介、マッチング | | | 1 | | | | |
| | | 保険仲介、マッチング | | 2 | 1 | | | | |
| | | FP マッチング | | | 1 | | 1 | 2 | |
| | 金融情報サービス | 金融／企業情報提供サービス | | 1 | | 2 | 3 | | |
| | | 投資分析サービス、ツール | | 1 | 1 | | | | |
| | | 与信判断サービス | | | | | 1 | | |
| 業務管理アプリケーション Horizontal SaaS | 会計管理 | | | 1 | 4 | | 3 | | 1 |
| | 経費清算 | ビジネス用クレジットカード | | 3 | 8 | 4 | 2 | 5 | |
| | 財務管理 | 発注／買掛金、支払 | | 6 | 10 | 1 | 1 | 4 | 4 |
| | | 受注／売掛金管理、請求書作成 | | | | | | | |
| | 決算管理 | | | 1 | 2 | | | | |
| | 予算業績管理 | | | 1 | | 2 | | | 1 |
| | 税務業務運用管理 | | | | | | 1 | | |
| | 与信管理 | | | | 1 | | 1 | | |
| | 監査業務管理 | | | 2 | 2 | 1 | | | |
| 金融業務アプリケーション Vertical SaaS | 銀行業向け業務運用管理 | 業務運用管理 | サービス運用管理 | 13 | 9 | 3 | | 2 | |
| | 証券業向け業務運用管理 | 業務運用管理 | サービス運用管理 | 1 | | | 1 | 2 | |
| | 保険業向け業務運用管理 | 業務運用管理 | サービス運用管理 | 2 | 1 | | 1 | | |
| | 資産運用業向け業務運用管理 | 業務運用管理 | サービス運用管理 | 6 | 1 | 7 | | 2 | |
| | その他金融業務向け業務運用管理 | 業務運用管理 | サービス運用管理 | 1 | 4 | 1 | | | |
| | | | 合計 | 100 | 164 | 41 | 26 | 64 | 35 |

（出所）各種資料を元に作成

205

金融業向け業務アプリケーションは、世界で上場企業23社、未上場企業14社、買収事例は12社です。日本では、上場企業1社、未上場企業8社、買収事例は1社確認されました。世界各国への広がりとしては、上場企業で8カ国（米国、カナダ、フランス、スイス、イスラエル、シンガポール、中国、インド）、未上場企業で7カ国（米国、英国、ドイツ、オランダ、イスラエル、インド、ブラジル）、買収事例で5カ国（米国8、英国、デンマーク、スウェーデン、ブラジル）です。世界の買収事例では、証券取引所（Nasdaq、ドイツ証券取引所）、大手クレジットカード会社（Visa）、大手システム開発会社（NEC、SS&C Technologies）、大手上場Fin tech企業（SoFi）、バイアウトファンドが買い手となっています。日本の買収事例では、大手金融情報サービス企業（ミンカブ・ジ・インフォノイド）が買い手となっています。

　Fin techで全体的に見て取れるのは、世界でも日本でもすでに多くのビジネスが展開されているということです。事実上、レッドオーシャン化しているといって良いでしょう。そのため新規事業企画を立てる際には競合分析を精緻に実施した上で、差別化できるサービスを開発していく必要があります。Fin techはネットワーク効果や顧客基盤の拡大により規模の経済が働きやすいビジネスモデルであるため、差別化に成功すれば大企業にユニコーンよる市場統合の動きの中でM&AによるExitを比較的狙いやすい分野でもあります。ただし、レッドオーシャン化が進む中で新規参入のハードルが高い点も理解しておくことが重要です。

## 4-2

# EC（Electronic Commerce）

　ECとは、Electronic Commerce（エレクトロニック・コマース）の略で、日本語では「電子商取引」を意味し、インターネットを通じて商品やサービスを売買することです。Horizontal SaaS（ホリゾンタルサース）の1分野となります。

　ECを構成する主要なビジネスモデルとしては、以下の3つが挙げられます。

**①マーケットプレイス（MarketPlace）**
　出品者がプラットフォームに商品を登録し、商品が販売された場合に、プラットフォーム運営者へ販売手数料が発生するモデルです。
　（例）Alibaba（中国）、Allegro（ポーランド）、メルカリ、MonotaRO（日本）

**②Eコマース（E-Commerce）**
　運営者が自社製品や仕入れた商品を、自社のオンラインストアで販売するモデルです。
　（例）Pinduoduo（中国）、Amazon、ContextLogic（米国）

**③マッチングPF（Matching Platform）**
　サービスの購入や予約を目的とし、サービス提供者と利用者を結びつけるための検索やマッチング機能を提供するプラットフォームです。ライドシェア、旅行、宿泊予約サービス（OTA）などが該当します。

　ECは2000年頃から一般化し始め、その後継続的に成長を続けてきたビジネス分野です。2000年から2010年にかけては主に北米や欧州で

発展し、インターネットの普及とともに 2010 年代以降は世界的に急速に拡大しました。EC は、通信インフラと物流サービスが整備されていれば、巨大な市場規模を背景に、各国のベンチャーが積極的に参入しやすい分野と言えるでしょう。近年では、スマートフォンやタブレット端末を利用したモバイルコマースが EC 市場において大きな割合を占めており、AI や VR/AR 技術の活用、パーソナライズ化なども進んでいます。

表 33 は、マーケットプレイス分野の事業内容の分類と、上場企業数、未上場企業数、買収事例数を示したものです。この表から、専門マーケットプレイスが世界各国、特に北米、欧州、中国、インドなどの巨大市場において、多様なジャンルで展開されていることがわかります。例えば、ファッション、家具、不動産、中古品など、さまざまな分野に特化したマーケットプレイスが存在します。

フードデリバリーとは、調理済み食品の配達事業を指します。この事業は、2010 年以降世界的な広がりを見せています。フードデリバリーは、世界で上場企業 8 社、未上場企業 9 社、買収事例は 4 社確認されました。日本では、上場企業 1 社、未上場企業 1 社となっています。代表企業例としては、DoorDash（米国）、Delivery Hero（ドイツ）、Deliveroo（英国）、Just Eat Takeaway（オランダ）、Meituan（中国）、Zomato（インド）、出前館、menu（日本）などがあります。

世界各国への広がりとしては、上場会社で 7 カ国（米国 2、英国、ドイツ、オランダ、インド、中国、サウジアラビア）未上場企業で 7 カ国（米国 3、インド、ブラジル、スペイン、コロンビア、UAE、タイ）、買収事例で 3 カ国（米国 2、中国、フィンランド）が確認できます。買収事例が一定数確認されており、市場統合の動きが見られることから、今後も M&A が活発化すると予想されます。

世界の買収事例では、買収元として DoorDash、Just Eat Takeaway、Alibaba（Ele.me など）などの既存のフードデリバリー事業者が挙げられます。これらの企業は、M&A を通じてサービス提供地域を拡大し、

市場シェアの獲得を目指していると考えられます。

　クラウドソーシングは日本では盛り上がりを見せていますが、世界的にはまだそれほど各企業数は増えていません。世界では上場企業4社、未上場企業5社となっています。日本では、上場企業3社、未上場企業6社、買収事例は6社となっています。代表企業例としては、Upwork（米国）、Fiverr（イスラエル）、クラウドワークス、ランサーズ（日

**表33** マーケットプレイス分野の事業内容の分類と上場、未上場、買収事例の区分別企業数

単位：企業数

| 業種 | カテゴリ1 | カテゴリ2 | カテゴリ3 | 世界 上場 | 世界 未上場 | 世界 買収 | 日本 上場 | 日本 未上場 | 日本 買収 |
|---|---|---|---|---|---|---|---|---|---|
| マーケットプレイス (Market Place) | マルチカテゴリー | | | 8 | 3 | 3 | | | |
| | BtoB 企業間取引 | マルチカテゴリー | | 3 | 3 | | | | 1 |
| | | MRO | | 1 | 1 | | 1 | | |
| | | 材料 | | 1 | 1 | | 1 | | |
| | | アパレル | | | | | | 1 | |
| | CtoC マーケットプレイス | | | | 2 | | 1 | 1 | 2 |
| | クラウドソーシング | 総合型 | | 2 | 2 | | 2 | | |
| | | IT 業務 | | | | | 1 | 2 | 2 |
| | | 軽作業 | | 2 | 2 | | | 4 | |
| | | その他 | | | 1 | | | | 3 |
| | 専門Eマーケットプレイス | 自動車 | 新車 | 4 | | | | | |
| | | | 中古車 | 2 | 6 | | | 1 | |
| | | 食料品、食材、日用品 | | 1 | 4 | | 2 | 1 | |
| | | フードデリバリー | | 8 | 9 | 4 | 1 | 1 | |
| | | 旅行者向け空き部屋 | | | 1 | | | | |
| | | 音楽ストリーミング配信 | | 1 | | | 1 | | |
| | | ゲームコンテンツ配信 | | 1 | | | | | |
| | | 動画ストリーミング配信 | | 3 | | | 1 | | |
| | | 電子書籍 | | | 2 | | 1 | 1 | 2 |
| | | ファッション、衣料品 | 新品 | | 1 | | | 2 | |
| | | | 古着 | 1 | 1 | | | | |
| | | 医薬品、ヘルスケア | | 1 | | | | | |
| | | 化粧品、美容品 | | 1 | 1 | | | | |
| | | 家電、電化製品 | | 1 | | | | | |
| | | 保険、融資商品 | | 1 | | | | | |
| | | 美術品、アート | | | | | | 1 | |
| | | ハンドメイド商品 | | | | | 1 | | |
| | | 業務用アプリケーション (SaaS) | | | 4 | | | | |
| | | チケット | | 1 | 1 | | | | 1 |
| | | クーポン | | 1 | 1 | | | | |
| | | 空き部屋 | | 1 | 1 | | | | |
| | | 駐車場 | | | | | | 2 | |
| | | ふるさと納税 | | | | | | 1 | 1 |
| | | 大麻 | | 1 | | | | | |
| | | 知的財産権 | | | 1 | | | | |
| | | | 合計 | 46 | 43 | 15 | 12 | 19 | 13 |

（出所）各種資料を元に作成

本）などがあります。

　世界各国への広がりとしては、上場会社4カ国（米国、オーストラリア2、イスラエル）、未上場会社4カ国（米国2、インド、中国2）が確認できます。日本の買収事例では、クラウドワークスやココナラなどの上場企業、実業之日本社などの出版社が買い手となっています。クラウドソーシングは先行者利益が大きいビジネスモデルと考えられ、先行して上場した企業が市場シェアを拡大しているようです。

　表34は、Eコマース分野の事業内容の分類と、上場企業数、未上場企業数、買収事例数を示したものです。ここでも、マーケットプレイス分野と同様に、専門Eコマースが世界各国、そして日本でも多様なジャンルで展開されていることがわかります。個別のビジネスで比較的企業数が多いのは、多様な商品カテゴリーを扱うEコマース、食品、食料品、日用品、ファッションです。

　多様な商品カテゴリー（マルチカテゴリー）を扱うEコマースとは、幅広いジャンルの商品を販売するEコマースを指します。世界で上場企業1社、未上場企業5社、買収事例は6社確認されました。世界での広がりを見ると、上場企業で1カ国（アルゼンチン）、未上場企業で4カ国（中国2、インド、インドネシア、トルコ）、買収事例で5カ国（米国2、インド、フランス、UAE、シンガポール）です。上場企業、未上場企業は、市場規模が大きく、既存の巨大企業の影響が比較的少ない国で展開されていることがわかります。買収事例では、Amazon、Walmart、Alibaba、楽天などのEC大手がM&Aを展開しています。

　専門Eコマースは、特定のカテゴリーに特化したEコマースです。例えばファッション以外にも、家具、家電、コスメなど、さまざまな分野に特化したEコマースが存在します。専門Eコマースのファッションでは、世界で上場企業14社、未上場企業10社、買収事例は2社確認されました。日本でも、上場企業5社、買収事例は8社確認されました。世

第4章　データで読み解くテクノロジー分野ごとの動向と見通し

界での広がりを見ると、上場企業で6カ国（米国7、英国、ドイツ、ルクセンブルグ、オーストラリア、中国）、未上場企業で4カ国（米国5、

**表34** E-コマース分野の事業内容の分類と上場、未上場、買収事例の区分別企業数

単位：企業数

| 業種 | カテゴリ1 | カテゴリ2 | カテゴリ3 | 世界 上場 | 世界 未上場 | 世界 買収 | 日本 上場 | 日本 未上場 | 日本 買収 |
|---|---|---|---|---|---|---|---|---|---|
| Eコマース (E-Commerce) | マルチカテゴリー | マルチカテゴリー |  | 1 | 5 | 6 |  |  | 2 |
|  |  | 会員制Eコマース |  | 1 |  |  |  |  |  |
|  |  | 共同購買 |  | 2 |  |  |  |  | 1 |
|  |  | ライブコマース |  |  | 1 |  |  |  |  |
|  | 専門Eコマース | 中古自動車 |  | 3 |  |  |  |  |  |
|  |  | バイク |  | 1 |  |  |  |  |  |
|  |  | 食品、食料品、日用品 |  | 4 | 13 | 1 | 3 | 3 | 4 |
|  |  | 雑貨 |  |  |  |  | 2 |  |  |
|  |  | 書籍 |  |  |  |  |  |  | 1 |
|  |  | 飲料、酒類 |  |  | 1 |  |  |  |  |
|  |  | 化粧品 | D2C | 3 | 2 |  | 1 |  | 2 |
|  |  | 医薬品、ヘルスケア |  | 1 | 3 | 1 |  |  | 3 |
|  |  | PC関連商品、家電 | 新品 | 1 | 2 | 1 |  |  |  |
|  |  |  | リユース品（整備済み） |  |  |  | 1 |  |  |
|  |  | 文房具、オフィス用品 |  |  |  |  |  |  | 1 |
|  |  | メガネ、サングラス |  | 2 | 1 |  |  | 1 |  |
|  |  | 家具、インテリア |  | 2 | 2 |  | 1 |  |  |
|  |  |  | D2C |  |  |  | 1 |  | 1 |
|  |  | ファッション、衣料品 | 新品 | 14 | 5 | 2 | 5 |  | 8 |
|  |  |  | リユース品（整備済み） |  | 1 |  |  |  |  |
|  |  |  | D2C |  | 4 |  |  |  | 2 |
|  |  | リユース品 |  |  |  |  | 2 |  |  |
|  |  | 下着 |  |  |  |  | 1 |  |  |
|  |  | 靴、スニーカー |  |  | 1 | 1 |  |  |  |
|  |  | ベビー用品 |  |  | 1 | 1 |  |  |  |
|  |  | スポーツ用品 |  |  | 2 | 1 |  |  |  |
|  |  | ペット用品 |  | 1 | 2 |  | 1 |  |  |
|  |  | ホーム用品 |  | 1 |  |  |  |  |  |
|  |  | 美術品 |  | 1 |  |  |  |  |  |
|  |  | 漫画 |  |  |  |  | 1 |  |  |
|  |  | オンライン印刷 |  |  | 1 |  | 1 |  |  |
|  |  | 写真素材 |  | 1 |  |  |  |  |  |
|  |  | ギフト |  |  |  |  | 1 | 1 |  |
|  |  | 業務用機器 |  |  |  |  | 2 |  |  |
|  |  | 業務用材料、部品 |  |  |  |  | 3 |  |  |
|  |  | オンライン宝くじ |  | 1 |  |  |  |  |  |
|  |  | オンラインスポーツベッティング |  | 5 |  |  |  |  |  |
|  | 越境Eコマース | 総合型 |  |  |  |  | 2 | 2 |  |
|  |  | 専門型 |  |  |  |  |  |  |  |
|  | レンタルサービス |  |  |  |  |  | 2 | 1 | 2 | 1 |
|  | サブスクリプションEコマース |  |  | 8 | 10 |  | 6 |  |  |
| 合計 |  |  |  | 53 | 57 | 18 | 27 | 15 | 28 |

（出所）各種資料を元に作成

211

フランス 2、香港、中国 2)、買収事例で 2 カ国（米国、トルコ）です。ファッションでは、米国、欧州などの先進国地域で専門 E コマースとしての需要が高いことを背景に、多くのベンチャーが生まれているようです。

世界の買収事例では、Amazon や Alibaba が買い手となっています。日本の買収事例では、大手上場 EC 企業（Yahoo Japan、楽天、ロコンド）、大手上場ゲーム会社（Mixi）が買い手となっています。

食品、食料品、日用品では、世界で上場企業 4 社、未上場企業 13 社、買収事例は 1 社確認されました。日本でも、上場企業 3 社、未上場企業 3 社、買収事例は 4 社確認されました。世界での広がりを見ると、上場企業で 4 カ国（米国、英国、中国、ナイジェリア）、未上場企業で 7 カ国（米国 2、中国 3、インド 4、トルコ、ドイツ、チェコ、韓国）、買収事例で 1 カ国（ドイツ）です。食品、食料品、日用品は、市場規模が一定以上大きい国で成長しているようです。

買収事例では、世界では大手フードデリバリー企業（Getir）、日本では大手上場 EC 企業（楽天）、大手上場食材 E コマース企業（オイシックス・ラ・大地）が買い手となっています。

近年では製造業者が自社で EC サイトを運営し、消費者へ直接商品を販売する D2C（Direct to Consumer）ブランドが注目されています。また定期的に商品を届けるサブスクリプション型 E コマースも、E コマース分野において重要な位置を占めています。

E コマース市場は消費のオンライン化や技術進化を背景に、今後も成長を続けると予想されます。しかし配送遅延やコスト上昇といった物流問題や返品率の高さに伴う顧客対応の負担など、E コマースが抱える課題も存在します。AI 需要予測による在庫の最適化やパーソナライズ化の活用、OMO（Online Merges with Offline）戦略など、新たな技術や戦略を導入することで、物流の効率化や顧客満足度の向上といった課題を克服し、消費者にとってより便利で魅力的な市場へと進化していくで

第4章　データで読み解くテクノロジー分野ごとの動向と見通し

しょう。さらに中国を中心に普及しているライブコマースは、近年日本でも若年層を中心に注目されており、今後のEコマース市場において売上拡大や新たな購買体験の提供といった重要な役割を果たすと考えられます。このトレンドは、ソーシャルメディアとECの融合が進むグローバルな動きとも連動しています。

　表35は、マッチングPF分野の事業内容の分類と、上場企業数、未上場企業数、買収事例数を示したものです。世界では、旅行・宿泊予約サービス（OTA）とライドシェアで、上場企業数と未上場企業数の合計が他のジャンルと比較して多くなっています。

　旅行・宿泊予約サービス（OTA = Online Travel Agent）は、世界で上場企業13社、未上場企業7社確認されました。日本でも、上場企業1社、未上場企業3社、買収事例は7社確認されました。
　世界での広がりを見ると、上場企業で6カ国（米国5、中国2、イン

**表35** マッチングPF分野の事業内容の分類と上場、未上場、買収事例の区分別企業数数

単位：企業数

| 業種 | カテゴリ1 | カテゴリ2 | 世界 上場 | 世界 未上場 | 世界 買収 | 日本 上場 | 日本 未上場 | 日本 買収 |
|---|---|---|---|---|---|---|---|---|
| マッチングPF (Maching) | ライドシェア | | 6 | 10 | 1 | | 1 | |
| | タクシー配車 | | | 1 | 1 | | 3 | |
| | 自動車シェアリング | | 1 | | | | | |
| | 自転車シェアリング | | 1 | | 1 | | 3 | 1 |
| | 旅行、宿泊予約サービス（OTA） | | 13 | 7 | | 1 | 3 | 7 |
| | 施設予約 | レジャー施設 | 1 | | | | 1 | 1 |
| | | 会議室 | | | | 2 | 1 | |
| | | 音楽スタジオ | | | | | | 1 |
| | | レストラン予約 | | | | | | 1 |
| | | レンタルオフィス／シェアオフィス | | | | | | 1 |
| | | 空きスペース | | | | | | 1 |
| | | ゴルフ場 | | | | 1 | | |
| | イベント予約 | | | | | | 4 | |
| | ナレッジ | | | | | 2 | | |
| | 印刷、運送 | | | | | 1 | | |
| | ベビーシッター派遣 | | | | | 1 | | |
| | 各種役務仲介 | | | 5 | | | 4 | 2 |
| | 合計 | | 22 | 23 | 3 | 8 | 20 | 15 |

（出所）各種資料を元に作成

ド3、ドイツ、オーストラリア、アルゼンチン)、未上場企業で6カ国(中国2、インド、インドネシア、カナダ、韓国、香港)です。旅行・宿泊予約サービス(OTA)は、先進国を中心に市場規模の大きい国で広まっているようです。

　日本の買収事例では、大手上場インターネットサービス企業(Yahoo Japan、楽天、じげん)、大手通販会社(ジャパネットたかた)が買い手となっています。

　ライドシェアは、世界で上場企業6社、未上場企業10社、買収事例は1社確認されました。代表企業例としては、Uber、Lyft(米国)、Grab(シンガポール)、DIDI(中国)、GoTo Group(インドネシア)、Bolt(エストニア)などがあります。

　世界での広がりを見ると、上場企業で5カ国(米国2、中国、インドネシア、シンガポール、UAE)、未上場企業で8カ国(中国3、インド、フランス、ドイツ、エストニア、イスラエル、シンガポール、ロシア)、買収事例で1カ国(UAE)です。

　世界の買収事例では、大手上場ライドシェア企業(Uber)が買い手となっています。ライドシェアは、人口が多く都市化が進んだ市場規模の比較的大きい国に順次広がってきたことがわかります。一方、日本では、タクシー業界との競合、安全面への懸念、関連規制などの複数の要因が影響し、未上場企業1社(newmo)が確認されるにとどまっています。

　これまで、ECにおける世界および日本の状況を見てきました。2010年以降の傾向として、先進国地域で先行して普及したECが世界に広がり、専門マーケットプレイス、Eコマース、マッチングPFなど、さまざまなジャンルで多様なサービスが展開されてきました。EC市場はオンライン消費の拡大やグローバル化を背景に今後も成長を続けると予想されますが、同時に競争も激化していくと考えられます。

今後は先行する上場大手企業を中心に、例えばAmazonやAlibabaによる買収事例のように、世界的なM&Aによる業界再編が加速する可能性があります。資金力やブランド力を持つ大手企業が中小企業や新興企業を買収することで、市場シェアを拡大し競争力を高めていくでしょう。日本でもECにおけるM&Aは引き続き活発であり、業界構造の変化が加速していくと考えられます。

このような状況下で新規事業企画を立てる際には、Fin techと同様に競争が激しいレッドオーシャンの中で、しっかりと差別化された事業を構築していく必要があります。既存のECサービスとの違いを明確化し、独自の価値を提供することで、顧客を獲得し競争に打ち勝つことが重要になります。

差別化を図るための戦略としては、以下のようなものが考えられます。

### ①ニッチ市場への特化
特定のニーズを持つ顧客層に特化したサービスを提供することで、競合との差別化を図ります。

### ②顧客体験の向上
顧客満足度を高めるための施策を積極的に導入し、顧客ロイヤリティの向上を目指します。

### ③テクノロジーの活用
AIやVR/ARなどの最新技術を活用し、顧客に新たな価値を提供します。

### ④OMO戦略
オンラインとオフラインを融合させたOMO戦略により、顧客接点を拡大します。

差別化に成功すれば、M&AによるExitを十分に狙える可能性が出てきます。大手企業にとって魅力的なビジネスモデルや会員資産を持つ企業は、買収の対象となり得ます。新規事業を立ち上げる際には、Exit戦略も視野に入れ、事業計画を策定することが重要です。

## 4-3

# Enterprise tech

　Enterprise techとは、Enterprise（企業）とTechnology（技術）を組み合わせた造語です。Horizontal SaaS（ホリゾンタルサース）の一分野です。

　Enterprise techを構成するビジネスとして、以下の3つが確認されました。
　① **Horizontal SaaSの別分野に属さない企業向け業務アプリケーション**
　② **Horizontal SaaSの別分野に属さない企業向けオンラインサービス**
　③ **Vertical SaaS（バーチカルSaaS）で資金調達金額規模が少ない分野**

　表36は、企業向け業務アプリケーション分野の事業内容の分類と、上場企業数、未上場企業数、買収事例数を示したものです。

　Enterprise techの業務アプリケーション分野は、大きく業務運用管理、コラボレーション、マーケティング、セールス、コンタクトセンター運用で構成されています。

　世界ではEnterprise tech全体で、上場企業58社、未上場企業75社、買収事例は45社です。

① **業務運用管理**
　業務運用管理分野では、上場企業が25社、未上場企業が22社、買収事例が22社と、最も多くの企業が活動しています。
　代表企業例としては、ServiceNow（米国）、Atlassian（オーストラリア）、Monday.com（イスラエル）などがあります。

**表36** 業務アプリケーション分野の事業内容の分類と上場、未上場、買収事例の区分別企業数

単位：企業数

| ビジネスモデル | カテゴリ1 | カテゴリ2 | カテゴリ3 | 世界 上場 | 世界 未上場 | 世界 買収 | 日本 上場 | 日本 未上場 | 日本 買収 |
|---|---|---|---|---|---|---|---|---|---|
| 業務アプリケーション Horizontal SaaS | 業務運用管理 | ビジネス運用管理 | ERP | | 1 | 4 | 2 | | |
| | | | BI、データ分析／管理 | 5 | 2 | 5 | 4 | | 1 |
| | | | RPA（プロセス自動化） | 3 | 2 | 1 | 1 | 2 | 1 |
| | | | ワークフロー | 2 | | | 2 | | |
| | | | プロジェクト管理 | 4 | | 1 | 1 | 1 | 2 |
| | | | デジタルアダプション | 1 | 1 | | | | |
| | | | リソースプランニング | | | 3 | | | |
| | | | スケジュール管理 | | 1 | | 2 | | |
| | | | 調達業務運用管理 | | 3 | | | | |
| | | | フィールドサービス運用管理 | | | 2 | | | |
| | | | 作業員の安全監視、管理 | | 1 | | | | |
| | | | SaaS運用／ベンダー管理 | | 1 | | 1 | | |
| | | | オフィス空間運用管理、人流管理 | | 1 | | | | |
| | | | オープンイノベーション業務運用管理 | | | | | | 1 |
| | | | デジタルチケット運用管理 | | | | | 1 | |
| | | | リスクマネジメント | 1 | 1 | | | | |
| | | Webサイト開発、運用管理 | Webサイト開発、運用管理 | | 3 | 1 | 2 | 1 | 1 |
| | | | Webサイトアクセス管理 | 3 | | | 1 | | |
| | | | Webマーケティングツール | 3 | | | | | |
| | | | Web UI検証ツール | | | | | | 1 |
| | | | 動画、画像作成／配信、管理 | 3 | 3 | 4 | 1 | 2 | |
| | | コンテンツ作成／管理 | コンテンツ管理 | | 2 | 1 | | 1 | 1 |
| | | | 文書管理 | | | | 1 | | |
| | | | Web帳票システム | | | | | | 1 |
| | | | マニュアル作成、運用管理 | | | | | 1 | |
| | | | OCRツール | | | | | 1 | |
| | コラボレーション | グループウェア | | | | | 1 | | |
| | | オンライン会議 | | 4 | | 4 | 1 | | |
| | | コラボレーションツール | コラボレーションツール | | 4 | 4 | | 1 | 2 |
| | | | ホワイトボード | 1 | 2 | | | | |
| | | | デジタルワークプレイス | 1 | 2 | | | | |
| | マーケティング、セールス | 顧客管理 | CRM | 3 | 4 | 2 | | 1 | 2 |
| | | | 顧客データ管理、分析 | 3 | 4 | | 2 | 2 | 2 |
| | | | 顧客エンゲージメント管理 | | 2 | 1 | | | 1 |
| | | | 顧客エクスペリエンス（CX） | | 6 | 3 | 2 | | |
| | | | 顧客コミュニケーション | | 4 | | 5 | 3 | 2 |
| | | 営業運用管理 | SFA | | | 2 | 3 | 1 | 1 |
| | | | 需要／販売予測分析 | 1 | 1 | | 1 | | |
| | | | セールスイネーブルメント | | 4 | | | 1 | |
| | | | 代理店営業運用管理 | | | | | 1 | |
| | | | 営業リベート管理 | | 1 | | | | |
| | | | セールスコミッション管理 | | 1 | | | | |
| | | マーケティング管理 | マーケティング分析 | | | | 1 | | |
| | | | ロイヤリティープログラム運用管理 | 2 | 1 | | | | |
| | | | イベント運用管理 | | | | | 1 | 1 |
| | | | ウェビナー運用管理 | | | | 1 | | |
| | | | マーケティングオートメーション | | | 1 | | | |
| | | | メール配信 | 1 | | 3 | 1 | 1 | 1 |
| | | | オンライン調査／分析 | | | 1 | | | 2 |
| | | | 企業SNS運用管理、分析 | | 1 | 1 | 1 | 1 | |
| | | | オンラインサロン運用管理 | | 1 | | | | |
| | | | 製品開発支援 | | 1 | | | | |
| | コンタクトセンター | コールセンター／ヘルプデスク | コールセンター／ヘルプデスク | | | | 3 | 1 | |
| | | | チャットボットツール | | 3 | | | 1 | |
| | | | クラウド通話システム | | 1 | 1 | 1 | | |
| | カメラ／センサー監視システム | | | 1 | | | 2 | | |
| | 業務用3Dプリンタ運用管理 | 開発ツール | | 3 | 3 | | | | |
| | 各業界向け業務運用管理 | | | 13 | 8 | | 4 | | 7 |
| | | | 合計 | 58 | 75 | 45 | 47 | 23 | 35 |

（出所）各種資料を元に作成

218

## ②コラボレーション

コラボレーション分野では、上場企業が6社、未上場企業8社、買収事例が8社となっています。

代表企業例としては、Zoom、Tableau、Dropbox（米国）などがあります。

## ③マーケティング、セールス

マーケティング、セールス分野では、上場企業が10社、未上場企業が30社、買収事例が14社と、2番目に大きな市場を形成しています。

代表企業例としては、HubSpot、Medallia、Sprout、Semrush（米国）などがあります。

## ④コンタクトセンター運用

コンタクトセンター運用分野では、未上場企業が4社、買収事例が1社となっています。

代表企業例としては、Zendesk、Anaplan、Five9（米国）などがあります。

一方、日本ではEnterprise全体で、上場企業47社、未上場企業23社、買収事例は35社です。

## ①業務運用管理

業務運用管理分野では、上場企業が19社、未上場企業が10社、買収事例が9社と、2番目に大きな市場を形成しています。

代表企業例としては、Sansan、オロなどがあります。

## ②コラボレーション

コラボレーション分野では、上場企業が2社、未上場企業1社、買収事例が3社となっています。

代表企業例としては、kubell、Chatwork、トヨクモなどがあります。

### ③マーケティング、セールス

　マーケティング、セールス分野では、上場企業が 16 社、未上場企業が 12 社、買収事例が 14 社と、最も多くの企業が活動しています。

　代表企業例としては、Appier、ホットリンクなどがあります。

### ④コンタクトセンター運用

　コンタクトセンター運用分野では、上場企業が 4 社、買収事例が 1 社となっています。

　代表企業例としては、シンカ、モビルス、コラボスなどがあります。

　世界でも日本でも、各カテゴリーで多くのビジネスが展開されており、Enterprise tech が大きく成長してきたことがわかります。

　世界での広がりを見ると、上場企業で 15 カ国（米国 37、ドイツ、フランス、カナダ、オランダ、ベルギー、イスラエル 4、オーストラリア 2、ルーマニア、ノルウェー、インド 2、中国、ブラジル）、未上場会社で 15 カ国（米国 50、英国 3、ドイツ、フランス、オランダ 2、スペイン、スイス、カナダ 2、オーストラリア、ベルギー、イスラエル、インド 2、中国 4、クロアチア、コロンビア）、買収事例で 5 カ国（米国 39、英国 3、オランダ、スウェーデン、ルクセンブルグ）となっています。北米、欧州を中心とした先進国地域の企業数が多く、上場企業で約 93％、未上場企業で約 89％、買収事例で 100％を占めています。特に米国の割合が高く、上場企業で約 64％、未上場企業で約 67％、買収事例で約 87％となっています。このような傾向は、Enterprise tech の業務アプリケーションが米国で急速に成長し、上場してグローバル展開を行っていることが大きく影響していると考えられます。そのようなグローバル展開を行っている代表例として、Zoom、Slack、Dropbox などが挙げられます。一方、先進国地域以外では、未上場企業で中国やインドの台頭が見られます。

　先に述べた資金調達規模が小さい例外的 Virtical SaaS としては、交

通・輸送業（例：Pros）、製造業（例：Altair、設計向け）、旅行・宿泊業（例：SiteMinde）向け業務アプリケーションが挙げられます。一方で、複数の業界の Virtical SaaS を展開しているベンチャー（例：Topicus）も存在します。

表37は、企業向けオンラインサービス分野の事業内容の分類と、上場企業数、未上場企業数、買収事例数を示したものです。

世界および日本でも、情報データベース（DB）、情報提供サービスを中心に成長してきました。世界では、上場企業4社、未上場企業6社です。日本では、上場企業5社、未上場企業16社、買収事例は3社です。世界での広がりを見ると、上場企業で2カ国（米国3、UAE）、未上場会社で1カ国（米国6）となっています。

Enterprise tech は、M&A の動きも活発です。大手ソフトウェア企

**表37 企業向けオンラインサービス分野の事業内容の分類と上場、未上場、買収事例の区分別企業数**

単位：企業数

| ビジネスモデル | カテゴリ1 | カテゴリ2 | カテゴリ3 | 世界 上場 | 世界 未上場 | 世界 買収 | 日本 上場 | 日本 未上場 | 日本 買収 |
|---|---|---|---|---|---|---|---|---|---|
| オンラインサービス | 各種データベース | 総合データベース（政治/経済/消費者等） | | | 2 | | | | |
| | | 専門情報データベース | 企業情報データベース | | 1 | | | 1 | |
| | | | ベンチャー/スタートアップDB | 1 | | | 1 | 1 | |
| | | | 取引先信用判断サービス | | 1 | | | | |
| | | | POS | | | | 1 | 2 | |
| | | | その他 | | | | | 1 | |
| | | 地理情報データサービス | 3D 地理情報データサービス | 2 | | | | | |
| | | Web サイト検索サービス | | | 1 | | | | |
| | 位置情報分析サービス | | | | 1 | | | 1 | |
| | 点検、測量サービス（ドローン） | 地形測量サービス（ドローン） | 3D 測量システム | | | | | 5 | |
| | | 建物、設備検査（ドローン） | | | | | | 2 | |
| | カメラによる交通量調査、分析 | | | | | | | 1 | |
| | 調査サービス | | | | | | | | 1 |
| | 電子透かし | | | | 1 | | | | |
| | 見守りサービス運用管理(OEM) | | | | | | | 1 | |
| | 登記簿謄本・印鑑証明書取得 | | | | | | | 1 | |
| | 補助金・助成金情報サイト | | | | | | | 2 | |
| | 翻訳サービス | | | | | | | | 1 |
| | プレスリリース配信 | | | | | | | 2 | |
| | | | 合計 | 4 | 6 | 0 | 5 | 16 | 3 |

（出所）各種資料を元に作成

業（Microsoft、Oracle、SAP、Adobe）、大手 SaaS 企業（Salesforce）、バイアウトファンドが主な買い手となっています。米国では多くの Enterprise tech ベンチャーに資金が流入し、それらを大手ソフトウェア、SaaS 企業が M&A によって買収することで、Exit が実現されてきました。このような好循環が、この分野の成長を大きく促進してきました。

　日本では 2018 年以降、M&A の数が増加傾向にあります。買い手は、さまざまな業界にわたっています。日本では米国のような好循環はまだ確立されていませんが、今後の進展が期待されます。

　Enterprise tech 市場は、今後も AI や IoT などの技術革新を背景に、更なる成長が見込まれます。特に業務プロセスの自動化や効率化、データ活用による意思決定支援、顧客とのコミュニケーション強化などを実現するソリューションが注目されると考えられます。またリモートワークの普及や働き方改革の進展に伴い、コラボレーションツールやオンラインコミュニケーションサービスの需要も拡大していくでしょう。Enterprise tech は企業の競争力強化に欠かせない要素となっており、今後も多様なサービスやビジネスモデルが登場することが期待されます。

## 4-4

# Retail tech

　Retail techとは、Retail（小売）とTechnology（技術）を組み合わせた造語です。Horizontal SaaS（ホリゾンタルサース）の一分野です。

　Retail techを構成するビジネスとして、以下の2つが確認されました。
① EC向け業務アプリケーション
②小売、サービス、飲食業向け業務アプリケーション

　表38は、Retail tech分野の事業内容の分類と、上場企業数、未上場企業数、買収事例数を示したものです。

　これを見ると、EC向け業務アプリケーションが大きく成長してきたことがわかります。このことは、世界的なECの成長と連動しています。

　EC向け業務アプリケーションは、世界で上場企業6社、未上場企業13社、買収事例4社です。日本では、上場企業9社、未上場企業2社、買収事例は3社です。代表企業例としては、Shopify、SPS Commerce（米国）、Global-e（英国）などがあります。
　世界各国の広がりでは、上場企業で5カ国（米国2、英国、ドイツ、ポルトガル、中国）、未上場企業で4カ国（米国9、英国、ドイツ、ブラジル）、買収事例で1カ国（米国）です。

　EC向け業務アプリケーションの成長は、世界的なEC市場の拡大と連動しています。EC市場の拡大に伴い、大手ECプラットフォームとの連携を強化するアプリケーションや、物流、在庫管理、マーケティングオートメーションなどを効率化するアプリケーションが成長しています。

### 表38 Retail tech 分野の事業内容の分類と上場、未上場、買収事例の区分別企業数

単位：企業数

| ビジネスモデル | カテゴリ1 | カテゴリ2 | カテゴリ3 | 世界 上場 | 世界 未上場 | 世界 買収 | 日本 上場 | 日本 未上場 | 日本 買収 |
|---|---|---|---|---|---|---|---|---|---|
| 業務管理アプリケーション Horizontal SaaS | EC業務運用管理 | EC業務運用管理 | | 6 | 11 | 4 | 7 | 2 | 2 |
| | | EC運用分析 | | | | | | | |
| | | サブスクリプション管理 | | | 2 | | 1 | | |
| | | SCM | | | 1 | | | | |
| | | レコメンドエンジン | | | | | 1 | | |
| | | ライブコマース運用管理 | | | | | | | 1 |
| | | ECサイト向けオンライン試着ツール | | | | | | 1 | |
| | | チャットコマース | | | | | | 1 | |
| | マーケットプレイス運営管理 | | | | 1 | | | | |
| | オムニチャネル運用管理 | 業務運用管理 | | 2 | 2 | | | | |
| | | 顧客エンゲージメント管理 | | | | 1 | | | |
| | | CRM | | | | 1 | | | 1 |
| | | 店舗/HP/EC/SNS等の情報一括管理 | | 1 | | | | 1 | 1 |
| | 小売業向け業務運用管理 | 業務運用管理 | | 1 | 3 | | 1 | | |
| | | POSレジシステム | セルフレジ | | 2 | | | | |
| | | SCM | | | 1 | | | | |
| | | 顧客データ分析 | 顧客データ分析 | | | | | 1 | |
| | | | 販売データ分析 | | | | | 1 | |
| | | インバウンド集客、決済 | | | | | | 1 | |
| | | 店舗内顧客移動分析 | | | 1 | | | | |
| | | ポイントプログラム運用管理 | | | | | | 1 | |
| | | 電子レシートシステム | | | | | | 1 | |
| | | 口コミサイト可視化、分析 | | | | | | 1 | |
| | サービス業向け業務運用管理 | 業務運用管理 | | 1 | | | | | 1 |
| | | 予約管理 | | | | | | | 2 |
| | | 非常勤シフト管理 | | | | | | | 1 |
| | 飲食業向け業務運用管理 | 業務運用管理 | | 1 | 1 | | | | |
| | | マーケティングツール | | | | | 1 | | |
| | | 予約管理 | | | | | | 2 | 1 |
| | | オンラインオーダーシステム | | 1 | 1 | | | 2 | 1 |
| | | デリバリー業務運用管理 | | | | | | 2 | 1 |
| | 小売業向けサービス | 小売業向け市場測定サービス | | | 1 | | | | |
| | | 生鮮食品のサプライチェーンサービス | | | 1 | | | | |
| | | 飲食店の仕込み外注サービス | | | | | | 1 | |
| | | | 合計 | 13 | 28 | 7 | 11 | 18 | 12 |

（出所）各種資料を元に作成

　小売、サービス、飲食業向け業務アプリケーションは、世界で上場企業4社、未上場企業6社、買収事例は1社です。日本では、上場企業2社、未上場企業12社、買収事例7社が確認されており、実店舗向けサービスの需要が買収を後押ししている可能性があります。代表企業例としては、Toast、EverCommerce（米国）、Lightspeed（カナダ）などがあります。

　世界各国の広がりでは、上場企業で2カ国（米国、カナダ）、未上場企業で5カ国（米国6、アイルランド、フィンランド、シンガポール、

224

中国 3)、買収事例で 1 カ国（米国）です。

買収事例は、上場企業や未上場企業の数と比較しても多いです。世界では、Enterprise tech と同様に、大手ソフトウェア、SaaS 企業による買収事例が多くなっています（Salesforce、Oracle、SAP、Adobe、IBM）。

小売、サービス、飲食業向け業務アプリケーションは、POS システム、在庫管理システム、顧客管理システムなど、実店舗の運営を効率化するアプリケーションが中心となっています。近年では、AI や IoT を活用した顧客行動分析、需要予測、店舗レイアウト最適化などのソリューションも登場しています。

EC 市場の拡大と競争の激化に伴い、大手ソフトウェア、SaaS 企業が Retail tech ベンチャーを買収することで、自社の SaaS ラインナップを強化したり、新たな技術やサービスを獲得したりする動きが加速しています。

日本では Enterprise tech と同様に、さまざまな業種の企業が買い手となっています。

Retail tech 市場は、今後も EC 市場の拡大やテクノロジーの進化を背景に、今後もさらなる成長が見込まれます。具体的には、以下の要因がその成長を後押しすると考えられます。

① OMO（Online Merges with Offline）や、AI、IoT などの技術が Retail tech に与える影響は大きく、オンラインとオフラインの垣根を越えたシームレスな顧客体験を提供するソリューションが求められるでしょう。

② また、消費者ニーズの多様化やパーソナライズ化に対応するために、データ分析や AI を活用した顧客一人ひとりに最適化されたサービスを提供する Retail tech が重要性を増していくと考えられます。

# 4-5 Legal tech

Legal techとは、Legal（法律）とTechnology（技術）を組み合わせた造語です。Horizontal SaaS（ホリゾンタルサース）の一分野です。法律業務の効率化、自動化、高度化を支援する技術やサービスを指します。

Legal techを構成するビジネスとして、以下の2つが確認されました。
①法律事務所および法務業務アプリケーション
②法務関連オンラインサービス

表39は、Legal tech分野の事業内容の分類と、上場企業数、未上場企業数、買収事例数を示したものです。世界と日本ともに、業務アプリケーションは契約ライフサイクル管理（例：Icertis、Ironclad）、電子契約（例：Docusigh）など多くのジャンルに派生して展開されています。

**表39** Legal tech分野の事業内容の分類と上場、未上場、買収事例の区分別企業数

単位：企業数

| ビジネスモデル | カテゴリ1 | カテゴリ2 | 世界 上場 | 世界 未上場 | 世界 買収 | 日本 上場 | 日本 未上場 | 日本 買収 |
|---|---|---|---|---|---|---|---|---|
| 業務アプリケーション Horizontal SaaS | 電子契約、電子署名 | 電子契約 | 2 | 1 | | 1 | | 1 |
| | 契約管理 | 契約ライフサイクル管理 | | 2 | | | | |
| | | 契約文書分析 | | 1 | | | | |
| | | 契約審査、レビュー | 1 | | | | 4 | |
| | 特許管理 | 特許管理 | | | 1 | | | |
| | | 特許審査 | | | | | 1 | |
| | リサーチ | デジタルフォレンジック | | | | 1 | | |
| | | 反社コンプライアンスチェック | | | | | 1 | |
| | 業務運用管理 | 法務業務運用管理 | | | | | 4 | |
| | | コンプライアンス業務運用管理 | | 1 | | | | |
| | | 法律事務所業務運用管理 | 1 | 1 | | 1 | | |
| マッチングPF | 弁護士、法律事務所 | | 1 | | | 1 | | |
| オンラインサービス | 電子署名証明書 | | 1 | | | | | |
| | 法務関連DBサービス | 法制度や規制、訴訟関連DB | | | | | | |
| | 判例データベース | | | | | | | 1 |
| | オンライン公証サービス | | 1 | | | | | |
| | | 合計 | 7 | 7 | 3 | 3 | 12 | 2 |

（出所）各種資料を元に作成

Legal tech は、世界で上場企業 7 社、未上場企業 7 社、買収事例は 3 社です。日本でも、上場企業 3 社、未上場企業 12 社、買収事例は 2 社です。代表企業例としては、Docusigh、New Relic（米国）、弁護士ドットコム（日本）などがあります。

　世界での広がりを見ると、上場企業で 2 カ国（米国 6、インド）、未上場会社で 4 カ国（米国 3、カナダ、インド、中国 2）となっています。買収事例は、米国のみです。特に上場会社ではほとんどが米国の企業となっています。

　世界の買収事例では、バイアウトファンドが買い手となっています。日本の買収事例では、大手上場 Legal tech 企業（弁護士ドットコム）、大手上場 Fin tech 企業（freee）が買い手となっています。

　Legal tech で米国ベンチャーの存在感が大きいのは、「訴訟大国」である米国の法務サービス市場が巨大であることが要因と考えられます。具体的には、米国市場では Legal tech ベンチャーへの投資が活発化しており、これが企業の成長と M&A を促進しています。また、巨大な法務サービス市場は Legal tech ベンチャーにとって魅力的なビジネスチャンスを提供しており、多くのベンチャーを生みだしています。

　Legal tech 市場は、法務サービスへのアクセス改善、コスト削減、業務効率化を実現するソリューションに対する世界的な需要の高まりを背景に、AI やブロックチェーンなどの技術革新によって、さらなる成長が見込まれるでしょう。

① AI の活用
　AI を活用した契約書のレビュー・分析、法令調査、訴訟予測などの自動化・効率化が進むと考えられます。

② ブロックチェーンの活用
　ブロックチェーン技術を用いた契約管理、証拠保全、知的財産管理な

どのセキュリティ強化、透明性向上も期待されます。

　特に日本においては、法務サービスのデジタル化が遅れていることから、Legal tech の導入による業務効率化、生産性向上の余地は大きく、今後の市場拡大が期待されます。

## 4-6

# HR tech

　HR techとは、Human Resource Management（人事）とTechnology（技術）を組み合わせた造語です。Horizontal SaaS（ホリゾンタルサース）の一分野です。人事関連業務の効率化、自動化、高度化を支援する技術やサービスを指します。

　HR techを構成するビジネスとして、以下の3つが確認されました。
**①人事関連マッチングサービス**
**②人事関連オンラインサービス**
**③人事関連業務アプリケーション**

　表40は、HR tech分野の事業内容の分類と、上場企業数、未上場企業数、買収事例数を示したものです。

　HR techでは、人事関連業務アプリケーションが主力となって成長してきたことがわかります。人事関連業務アプリケーションは、HCM（Human Capital Management、人事管理）、採用業務運用管理（タレントアクイジション）、従業員管理（タレントマネジメント）の3つのセグメントが中心的な役割を担っています。

### ① HCM（= Human Capital Management、人事管理）

　給与計算、勤怠管理、従業員データ管理などの機能を備え、従業員を管理するための業務アプリケーションです。
　①-1　世界では、上場企業9社、未上場企業14社、買収事例は9社です。
　①-2　日本では、上場企業3社、未上場企業7社、買収事例は3社です。

**表40** HR tech 分野の事業内容の分類と上場、未上場、買収事例の区分別企業数

単位：企業数

| ビジネスモデル | カテゴリ1 | カテゴリ2 | カテゴリ3 | 世界 上場 | 世界 未上場 | 世界 買収 | 日本 上場 | 日本 未上場 | 日本 買収 |
|---|---|---|---|---|---|---|---|---|---|
| マッチング PF (Maching) | 求職者むけ求人 | 求人検索サービス | 正規従業員 | 2 | 3 | | 1 | 1 | |
| | | | 不定期雇用 | | 1 | | | | |
| | | IT 人材 | | | | | | | 1 |
| | | 技術系学生の企業実習 | | | 1 | | | | |
| | | アルバイト | | | | | 1 | 2 | |
| | | 外国人 | | | | | | 1 | |
| | | 就労困難者 | | | | | | 1 | |
| | | 会員制転職サービス | | | | | | 1 | |
| | 企業向け求職者／紹介会社 | 求職者 | | | 1 | | | 2 | |
| | | 紹介会社 | | | | | | 1 | |
| オンラインサービス (Onlineservise) | HR メディア | | | | 1 | | | | |
| | 市場価値判定データベース | | | | 1 | | | | |
| | キャリアカウンセリング | | | | | | | | 1 |
| 業務管理アプリケーション Horizontal SaaS | HCM（人事管理）、コア HR | HCM（人的資本管理） | | 9 | 11 | 7 | | 5 | 2 |
| | | 給与計算 | | 3 | | | | | |
| | | 勤怠管理 | | | | | 2 | | |
| | | 従業員データ管理 | | | | | 1 | 1 | |
| | | 非正規雇用、業務委託管理 | | | 2 | | | | |
| | | アルムナイ（企業 OB／OG）管理 | | | | | | | |
| | | デジタル社員証 | | | | | | 1 | |
| | 採用業務運用管理（タレントアクイジション） | 採用業務運用管理（タレントアクイジション） | | 1 | 4 | 2 | | 1 | 1 |
| | | Candidate Experience(CX) | | | | | | | |
| | | Candidate Relationship Management (CRM) | | | | | | | |
| | | EOR（Employer of Record）サービス | | | 1 | | | | |
| | | 面接運用管理 | | | 1 | | | | 1 |
| | | 採用プロセス管理 | | | 4 | 5 | | | |
| | | 採用分析、評価 | | | | | | | |
| | | 採用者バックグラウンドチェック | | 1 | 1 | | | | |
| | | 適性検査運用管理 | | | | | | | |
| | | オンライン面接ツール（動画） | | | 1 | 1 | | | |
| | | AI 面接ツール | | | | | | 1 | |
| | | オンライン求人投稿サービス | | 1 | 1 | | | | |
| | | コミュニケーションツール | | | | | | | 1 |
| | | タレント検索 | | | | | | 1 | |
| | 従業員管理（タレントマネジメント） | 従業員管理（タレントマネジメント） | | 1 | 6 | 4 | 1 | 1 | |
| | | Employee engagement（従業員エンゲージメント） | | | 1 | 2 | | | |
| | | Paformence managemant（評価、能力管理） | | | | | 1 | 2 | 1 |
| | | Workforce Management（人材活用／配置管理） | | | 1 | | | | |
| | | チーム、チームビルディング管理 | | | | | | 1 | 1 |
| | | コーチング | | | 1 | | | | |
| | | 報酬、給与管理 | | | 1 | | | | |
| | | ストレスチェック | | | | | | | 1 |
| | | 企業文化管理 | | | | 1 | | | |
| | 従業員向けプログラム | 従業員むけ金融サービス | | | 2 | | | 2 | |
| | | 福利厚生管理、プログラム | | 1 | 2 | 3 | | | |
| | | 401K 運用管理 | | | 1 | | | | |
| | 人材派遣／紹介業向け業務管理 | | | | | | 1 | 1 | |
| | HR SaaS 連携サービス | | | | | | | 1 | |
| | | 合計 | | 14 | 47 | 33 | 9 | 29 | 12 |

（出所）各種資料を元に作成

代表企業例としては、Workday、Ceridian（米国）、SmartHR（日

本）などがあります。

## ②採用業務運用管理（タレントアクイジション）

採用プロセス管理、採用候補者の管理、面接運用管理、採用候補者のバックグラウンドチェックなどの機能を備え、企業の採用業務を運用管理するための業務アプリケーションです。

②-1　世界では、上場企業3社、未上場企業13社、買収事例は8社です。

②-2　日本では、未上場企業6社、買収事例は3社です。

## ③従業員管理（タレントマネジメント）

従業員の評価、能力管理、従業員の活用や配置管理、従業員エンゲージメント管理などの機能を備えた業務アプリケーションです。

③-1　世界では、上場企業1社、未上場企業10社、買収事例は7社です。

③-2　日本では、上場企業2社、未上場企業4社、買収事例は3社です。

代表企業例としては、Alight、Cornerstone（米国）、カオナビ（日本）などがあります。

世界での広がりを見ると、上場企業で3カ国（米国12、中国、ギリシャ）、未上場会社で11カ国（米国34、英国2、ドイツ、フランス、アイルランド、スペイン、オーストラリア、イスラエル2、インド2、中国2、チリ）となっています。買収事例は米国のみです。特に上場会社ではほとんどが米国の企業となっています。

HR techは、買収事例が多く発生している人気の分野です。世界の買い手は、大手ソフトウェア、SaaS企業（Oracle、SAP、IBM）、大手人事関連サービス企業（Recruit、Edenred）、バイアウトファンドです。日本でも、大手人事関連サービス企業（パーソル）、HR techの上場企

業(カオナビ)、他業種の企業が買い手となっています。

　HR tech は企業の人材マネジメントを効率化し、従業員の能力開発、エンゲージメント向上、働きがいのある職場づくりに貢献する重要な役割を担っています。今後もテクノロジーの進化と社会の変化に合わせて、HR tech は多様化し、発展していくと考えられます。しかし一方で、HR tech においては、レッドオーシャン化が進んでいます。今後は M&A がさらに加速し、業界再編が進むと考えられます。そのため、参入が難しい分野と言えるでしょう。

## 4-7

# ED tech

　ED tech とは、Education（教育）と Technology（技術）を組み合わせた造語です。Horizontal SaaS（ホリゾンタルサース）の一分野です。教育分野における情報技術の活用を指し、学習効果の向上、教育の効率化、個別最適化などを目的としています。

　ED tech を構成するビジネスとして、以下の3つが確認されました。
**①教育関連オンラインサービス**
**②教育関連マーケットプレイス**
**③教育関連業務アプリケーション**

　表41は、ED tech 分野の事業内容の分類と、上場企業数、未上場企業数、買収事例数を示したものです。

　教育オンラインラーニングサービスは、米国を中心として先進国地域と中国、インドで発展しています。その中でも、Eラーニングサービス（社会人および学生向け）が中心となっています。世界では、上場企業10社、未上場企業28社、買収事例は8社です。日本では、上場企業6社、未上場企業13社、買収事例は11社となっています。

**①Eラーニングサービス（社会人向け）**
　①-1　社会人向けでは、ビジネススキル向上のためのオンライン講座、語学学習、国家試験・資格試験、プログラミング学習などのサービスが提供されています。また、世界のユニコーンにエグゼクティブ向けEラーニングを提供しているベンチャーも見られます。
　①-2　世界では、上場企業2社、未上場企業13社、買収事例は3社です。

①-3　日本では、上場企業5社、未上場企業9社、買収事例は6社です。
　　代表企業例としては、Udemy（米国）、Schoo（日本）などがあります。

**② E ラーニングサービス（幼児～学生向け）**
　②-1　学生向けでは、各教科学習、語学学習、オンラインチューター（家庭教師）、プログラミング学習などのサービスが提供されています。
　②-2　世界では、上場企業7社、未上場企業11社、買収事例は5社です。
　②-3　日本では、上場企業1社、未上場企業3社、買収事例は3社です。
　　代表企業例としては、Duolingo（米国）、BYJU's、Yuanfudao（中国）などがあります。

　教育関連業務アプリケーションでは、教育機関向け業務運用管理アプリケーションと企業研修運用管理アプリケーションを中心に構成され、教育機関・企業向け Learning Management System（LMS）を中心に成長してきました。LMS は、オンライン学習コンテンツの配信、学習進捗管理、成績評価、コミュニケーション機能などを備えたシステムです。

**①教育機関向け業務運用管理アプリケーション**
　Learning Management System（LMS）、教育機関の業務運用管理、授業運用管理、保護者とのコミュニケーションツールなどがあります。
　①-1　世界では、上場企業2社、未上場企業13社、買収事例は3社です。
　①-2　日本では、上場企業5社、未上場企業9社、買収事例は6社です。

代表企業例としては、PowerSchool、Instructure（米国）、システムディ（日本）などがあります。

### ②企業研修運用管理アプリケーション

Learning Management System（LMS）、企業研修の業務運用管理、語学、ITスキルの講座運用などがあります。

 ②-1 世界では、上場企業2社、未上場企業10社、買収事例は6社です。

 ②-2 日本では、上場企業4社、未上場企業2社、買収事例は1社です。

代表企業例としては、Guild、Articulate（米国）、インソース（日本）などがあります。

世界での広がりを見ると、上場企業で4カ国（米国12、中国4、カナダ2、オーストラリア2）、未上場会社で11カ国（米国15、フランス、カナダ3、ギリシャ、オーストラリア2、イスラエル、インド6、中国11、シンガポール）、買収事例で5カ国（米国11、ドイツ、ノルウェー、インド3、台湾）となっています。人口規模の大きい北米（米国、カナダ）、インド、中国で成長していることがわかります。

世界の買収事例では、ED techベンチャー（BYJU'S、2U、Kahoot!、UpGrad、Eruditus）、教育関連サービス企業（Stride）、バイアウトファンドが買い手となっています。大手ED techベンチャーによる競合企業の買収や、新たな技術・サービスの獲得のための買収が目立ちます。

日本の買収事例では、教育関連サービス企業（日本入試センター、駿台グループ）、他業種の企業が買収元となっているケースが多いようです。教育業界の既存企業がED techベンチャーを買収することで、デジタル化を推進し、新たな教育サービスを提供する動きが見られます。

ED techもベンチャー数と比較して買収事例が多く、買収意欲が高い

### 表41 ED tech 分野の事業内容の分類と上場、未上場、買収事例の区分別企業数

単位：企業数

| ビジネスモデル | カテゴリ1 | カテゴリ2 | カテゴリ3 | 世界 上場 | 世界 未上場 | 世界 買収 | 日本 上場 | 日本 未上場 | 日本 買収 |
|---|---|---|---|---|---|---|---|---|---|
| オンラインサービス (Onlineservice) | Eラーニングサービス (社会人向け) | 総合教育／学習 | | 2 | 3 | 1 | | 2 | |
| | | 語学学習 | | | 4 | 1 | 3 | 3 | 2 |
| | | 語学学習（コーチング） | | | | | | 1 | |
| | | 国家試験、資格試験 | | | 2 | | 1 | | |
| | | オンラインコンテンツ（STEAM） | | | 1 | | | | |
| | | プログラミング | | | | | | 2 | 3 |
| | | ML、DL | | | | 1 | 1 | 1 | |
| | | ITエンジニア向け教育 | | | | | | | 1 |
| | | エグゼクティブ向けeラーニング | | | 3 | | | | |
| | Eラーニングサービス (幼児～大学) | 学習 | | 3 | 1 | 3 | 1 | | 2 |
| | | 語学学習 | | 1 | | | | 1 | |
| | | オンラインチューター（家庭教師） | | 1 | 7 | | | 1 | |
| | | 自主学習運用管理 | | 1 | | | | | |
| | | プログラミング | | | 1 | | | | |
| | | ゲーミフィケーション／クイズ | | | 1 | 1 | | | |
| | | オンラインコンテンツ（STEAM） | | | | | | 1 | |
| | | 幼児教育 | | 1 | 1 | | | | |
| | 教育／学習コンテンツ作成、配信 | | | 1 | 1 | | | | |
| | 個人むけ学習管理 | | | | | | | 1 | |
| | 講義／授業／ノート共有サービス | | | | 1 | | | | 1 |
| | 留学支援サービス | | | | 1 | | | | |
| | 留学生支援サービス | | | | 1 | | | | |
| マーケットプレイス (Market Place) | 教育コンテンツ | 教育コンテンツ | | 1 | | | | | |
| | | 教育コンテンツ（子供向け） | | | 1 | | | | |
| | | 教育用ゲーム | | | | 1 | | | |
| 業務管理アプリケーション SaaS Horizontal | 教育機関向け業務運用管理 | 業務運用管理 | | 1 | | | 1 | | |
| | | Learning Management System (LMS) | LMS | 4 | 1 | | 1 | 3 | 1 |
| | | | ライブ学習運用 | 1 | | | | | |
| | | | 数学教育運用 | 1 | | | | | |
| | | 学校業務運用管理 | | | | | | 2 | |
| | | 授業運用管理 | | | | | | 1 | |
| | | 探究学習運用管理 | | | | | | 2 | |
| | | Tech Learning (IT／プログラム) | | | | 2 | | | |
| | | 保護者とのコミュニケーションツール | | 1 | 1 | | | | |
| | 保育施設向け業務管理 | | | | | | | 2 | |
| | 企業研修運用管理 | Learning Management System (LMS) | | 1 | 6 | 2 | 3 | | |
| | | 教育動画配信運用管理 | | | | | | | 1 |
| | | 企業研修、スキルアップ | | | 2 | | | | |
| | | Tech Learning (IT／プログラム) | | 1 | 1 | 2 | | | |
| | | ソフトウェア開発言語資格試験 | | | 1 | | | | |
| | | サイバーセキュリティー教育 | | | | | | 1 | |
| | | ITスキル管理ツール | | | 1 | | | | |
| | | 英語能力テスト運用管理 | | | | | | 1 | |
| | | 小売業／飲食業向け現場動画教育 | | | | | | 1 | |
| | | 医療業界向け学習運用管理（LLM） | | | 1 | | | | |
| | | 合計 | | 21 | 41 | 17 | 14 | 23 | 13 |

（出所）各種資料を元に作成

分野となっています。

ED tech 市場は、今後もテクノロジーの進化や教育ニーズの多様化を背景に、さらなる成長が見込まれます。具体的には、AI、VR/AR、ブロックチェーンなどの技術を活用した、より効果的で個別最適化された学習体験を提供するサービスが求められるでしょう。さらにグローバル化、オンライン教育の普及、生涯学習の重要性が高まる中で、ED tech は教育のあり方を革新し、人々により多くの学習機会を提供すると考えられます。一方で米国を中心とした先進国地域では、大手 ED tech 企業や教育関連サービス企業による M&A が加速し、業界再編が進むと考えられます。

## 4-8

# Cloud System

　Cloud Systemとは、本書で定義するIaaS（Infrastructure as a Service）およびPaaS（Platform as a Service）の総称です。SaaSを支える基盤となるサービスです。Horizontal SaaS（ホリゾンタルサース）の一分野です。

　表42は、Cloud System分野の事業内容の分類と、上場企業数、未上場企業数、買収事例数を示したものです。

**① IaaS**
　クラウドコンピューティングサービスの一種で、サーバー、ストレージ、ネットワークなどのITインフラストラクチャをインターネット経由で利用者に提供するものです。従来のオンプレミスでは企業が自前でサーバーやネットワーク機器などを用意・管理する必要がありましたが、IaaSを利用することでそれらをクラウド事業者からサービスとして利用できます。
　　①-1　世界では、上場企業7社、未上場企業6社、買収事例は4社です。
　　①-2　日本では、上場企業6社、未上場企業1社、買収事例は2社です。
　代表企業例としては、Pure Storage、GoDaddy、NEXTDC（米国）などがあります。

　IaaSは、2000年代後半にパブリッククラウドサービス（Amazon Web Services（AWS）、Microsoft Azure、Google Cloud Platform（GCP））が登場し、システムのクラウド化の流れの中で大きく成長を遂げました。PaaSはオンプレミス型データセンター活用の時代を経て、

2010年代に入り本格的な成長を見せ、SaaSの成長を支えました。

## ② PaaS

クラウドコンピューティングサービスの一種で、アプリケーションを開発、実行、管理するためのプラットフォームをインターネット経由で提供するものです。開発者はPaaSを利用することで、サーバーやOSなどのインフラストラクチャを意識することなく、アプリケーションの開発に集中できます。

- ②-1　世界では、上場企業25社、未上場企業54社、買収事例は22社です。
- ②-2　日本では、上場企業11社、未上場企業14社、買収事例は6社です。

代表企業例としては、Cloudflare、Snowflake（米国）SHIFT、JIG-SAW（日本）などがあります。

世界での広がりを見ると、上場企業で8カ国（米国21、ドイツ2、フランス、スペイン、フィンランド2、オーストラリア3、インド、アルゼンチン）、未上場会社で11カ国（米国46、英国、フランス、スイス、スペイン2、フィンランド、アイルランド、イスラエル2、インド3、中国、韓国）、買収事例で3カ国（米国24、英国、スイス）となっています。米国及び欧州で成長していることがわかります。特に米国の割合が高く、上場企業で約38％、未上場企業で約80％、買収事例で約92％となっています。

PaaSを構成する主なサービスとして、以下の7つがあります。

## ① OS（オペレーションシステム）

OSは、コンピュータのハードウェアとソフトウェアを管理し、アプリケーションの実行環境を提供する基本ソフトウェアです。クラウドOSは、クラウド環境で動作するように設計されたOSで、仮想化、自

動化、セキュリティなどの機能を備えています。

②**クラウドデータベース**

　クラウドデータベースは、クラウド環境で提供されるデータベースサービスです。データの保存、管理、アクセスなどをクラウド事業者が提供するインフラストラクチャ上で行うことができます。

③**クラウドミドルウェア**

　クラウドミドルウェアは、クラウド環境でアプリケーションを開発、実行するためのソフトウェア基盤です。アプリケーションサーバー、メッセージキュー、Web サーバーなど、さまざまなミドルウェアがクラウドサービスとして提供されています。

④**マルチ、ハイブリッドクラウド運用管理**

　マルチクラウド運用管理は、複数のクラウドサービスを組み合わせて利用する際に、それらを統合的に管理するサービスです。ハイブリッドクラウド運用管理は、オンプレミス環境とクラウド環境を連携させて利用する際に、両方の環境を統合的に管理するサービスです。

⑤**ネットワーク運用管理**

　ネットワーク運用管理は、クラウド環境におけるネットワークの監視、制御、構成などを自動化するサービスです。ネットワークの可用性、パフォーマンス、セキュリティなどを維持するために、さまざまな機能を提供します。

⑥**IT システム運用管理**

　IT システム運用管理は、クラウド環境における IT システム全体の監視、運用、保守などを自動化するサービスです。システムの可用性、パフォーマンス、セキュリティなどを維持するために、さまざまな機能を提供します。

## ⑦ソフトウェア（アプリケーション）開発環境（IDE）

IDE は、Integrated Development Environment の略で、ソフトウェア開発に必要なツールを統合した開発環境です。クラウド IDE は、クラウド環境で提供される IDE で、開発者はインターネットに接続されたデバイスから、いつでもどこでもソフトウェア開発を行うことができます。

PaaS を構成する主なサービスの中で、マルチクラウドおよびハイブリッドクラウド運用管理とソフトウェア（アプリケーション）開発環境（IDE）が大きく成長してきました。特に、ソフトウェア（アプリケーション）開発環境は、2010 年代に入り大きく成長しました。これにより、企業はマルチクラウドおよびハイブリッドクラウド運用する上で、独自運用アプリケーションを付加することで、運用効率をさらに向上させることができるようになりました。

Cloud System は、分類した各区分でバリエーションを広げつつ成長してきています。そのサービスの網羅性は非常に高いと言えるでしょう。しかしながら世界各国の広がりはあまりなく、90％以上が米国のベンチャーで構成されています。その他は、欧州の企業で構成されています。つまり米国のベンチャーによって寡占化され、レッドオーシャン化していると言えるでしょう。

分散型システムの時代は、サーバー OS やミドルウェアを米国のソフトウェア企業が寡占していました。分散型システムとは複数のコンピュータがネットワークで接続され、それぞれが独立して動作するシステムのことです。クラウドコンピューティングの時代でも、同様の状況になっていると言えるでしょう。米国以外の国では、システムインテグレータ（SIer）が、米国の PaaS および SaaS の導入サービスを行っています。SIer は顧客のニーズに合わせて、クラウドサービスの選定、導入、システム構築、運用保守などを支援する役割を担っています。ま

### 表42 Cloud system 分野の事業内容の分類と上場、未上場、買収事例の区分別企業数

単位：企業数

| ビジネスモデル | カテゴリ1 | カテゴリ2 | カテゴリ3 | 世界 上場 | 世界 未上場 | 世界 買収 | 日本 上場 | 日本 未上場 | 日本 買収 |
|---|---|---|---|---|---|---|---|---|---|
| IaaS | データセンター | | | 4 | 3 | 2 | 6 | | 1 |
| | レンタルサーバー | | | 1 | | | | | 1 |
| | ストレージ | ストレージ | | 2 | 2 | 1 | | 1 | |
| | | 非構造化データ | | | 1 | | | | |
| | | オブジェクトストレージ | | | | 1 | | | |
| PaaS | クラウドDB | SQL DB | | | 2 | | | | |
| | | RDBMS | | 2 | | | | | |
| | | データウェアハウス | | | 1 | | | | |
| | | 分散型 NoSQL ドキュメント指向 DB | | 1 | 1 | | | | |
| | | グラフデータベース | | | 1 | | | | |
| | | リアルタイムデータベース | | | 2 | | | | 1 |
| | クラウドOS | データセンターマネジメント OS | | | | | | 2 | |
| | マルチ、ハイブリッドクラウド運用管理 | 運用管理 | | 3 | 2 | 3 | 1 | 1 | 1 |
| | | データ管理 | データ統合、連携、移行 | 3 | 3 | 4 | | | |
| | | | データストリーミング運用管理 | 1 | 1 | | | | |
| | | | Data management platform (DMP) | 1 | | | | | |
| | | | データベース管理システム | | 3 | | | | |
| | | | データ保護 | | 1 | | | | |
| | | | データバックアップ、リカバリ | | 2 | 1 | | 1 | |
| | | | データ変換ツール | | 1 | | | | |
| | | | データ ELT ツール | | 1 | | | | |
| | | | データ収集、加工、転送 | | 6 | | | | |
| | | | データモニタリング | | 1 | | | | |
| | | データ分析 | データ分析 | 1 | | | | | |
| | | | 非構造化データ検索／分析 | 1 | | | | | |
| | | | データ ELT ツール | | 1 | | | | |
| | | 監視、可観測性ツール | | | | | 1 | | |
| | | ソフトウェアサプライチェーン管理 | | 1 | | | | | |
| | | アプリケーション運用管理 | アプリケーションパフォーマンス管理 | | 2 | 3 | | | |
| | | | アプリケーションデリバリー管理 | 1 | | | | | |
| | | | 複数アプリケーション自動運用 | 1 | | | | | |
| | | | RPA ツール運用管理 | | | | | | 1 |
| | コンテンツ運用 | Communications Platform as a Service (CPaaS) | | 1 | | | | | |
| | | コンテンツデリバリーネットワーク (CDN) | | 1 | | | | | |
| | ネットワーク運用管理 | クラウドネットワークシステム (DNOS) | | | 1 | | | | |
| | | 完全仮想型モバイルネットワーク | モバイルネットワーク | | | 1 | | | |
| | | | クラウド SIM サービス | | | | | 1 | |
| | | ネットワーク監視 | | | 1 | | | | |
| | | アプリケーションアクセラレーション | | | 1 | | | | |
| | エッジクラウド運用管理 | エッジクラウドプラットフォーム | | 1 | | | | | |
| | IT システム運用管理 | ITSM (IT Service Management) | ITSMS (IT Service Management System) | 1 | 2 | 1 | | | |
| | | Technology Business Management (TBM) | | | 1 | | | | |
| | | IT リソース運用管理 | IT リソース運用管理 | | | | | 1 | |
| | | | IoT 管理システム開発、運用管理 | | | | | 7 | 1 |
| | | | エンドデバイス管理 | 1 | | | | | |
| | | | モバイルデバイス管理 | | | 1 | 2 | | |
| | ソフトウェア開発環境 | IDE (Integrated Development Environment) | IDE | 3 | 2 | 1 | | | |
| | | | ソフトウェアデリバリー管理 | | 1 | | | | |
| | | | ソフトウェアテスト | | 1 | | 1 | 3 | 1 |
| | | | フィーチャーフラグ管理 | | 1 | | | | |
| | | | コード品質管理、アナライザー | | 1 | | | | |
| | | アプリ開発運用管理 | アプリ開発運用管理 | | | 2 | 2 | | |
| | | | ローコード開発ツール | 1 | 2 | | | | |
| | | | ノーコード開発ツール | | 1 | 1 | | | |
| | | | 開発フレームワーク | | 1 | | | | |
| | | | 開発ワークフロー | | 1 | | | | |
| | | | コンテナ仮想化による開発環境 | | 1 | | | | |
| | | | Web アプリ開発運用管理 | | 3 | | | | |
| | | | Salesforce アプリ開発 | | 1 | | | | |
| | | | SaaS 連携アプリ開発／運用／管理 | | | | | | 1 |
| | | | API 開発運用管理 | | 1 | 1 | | | |
| | | | API 実装運用管理 | | 4 | | | | |
| | | | コード検索、コード管理 | | 1 | | | | |
| | | | 合計 | 32 | 60 | 26 | 17 | 15 | 8 |

（出所）各種資料を元に作成

た、そのような導入サービスをビジネスにしているベンチャーも多く見られました。日本もそのような状況にあり、Cloud System 分野のベンチャー数はあまり多くありません。

世界の買収事例も多く出ています。買い手は、大手ソフトウェア、SaaS 企業（IBM、Microsoft、Salesforce、VMWare）、大手ネットワーク機器会社（Cisco）、バイアウトファンドです。さらに、比較的大きな時価総額での買収事例が多いのが特徴です。今後は、M&A がさらに加速し、業界再編が進むと考えられます。参入が難しい分野と言えるでしょう。

Cloud System 市場は今後もテクノロジーの進化や企業のニーズの多様化を背景に、さらなる成長が見込まれます。エッジコンピューティング、サーバーレスコンピューティング、AI プラットフォームなどの技術革新が、Cloud System の進化を加速させるでしょう。また、セキュリティ、信頼性、コスト効率などの面で、より高度なサービスが求められるようになると考えられます。Cloud System は企業のデジタルトランスフォーメーションを支える重要な基盤として、今後も発展を続けていくでしょう。

## 4-9

# Security

　Securityとは、マルチクラウドおよびハイブリッドクラウドで運用される企業システムのセキュリティ運用を実施するためのクラウドサービスです。これは、サイバーセキュリティ（Cyber Security）とも呼ばれています。Horizontal SaaS（ホリゾンタルサース）の一分野です。

　表43は、Security分野の事業内容の分類と、上場企業数、未上場企業数、買収事例数を示したものです。

　世界ではSecurity全体で、上場企業38社、未上場企業64社、買収事例は36社です。日本では、上場企業9社、未上場企業11社、買収事例は4社です。代表企業例としては、Palo Alto Networks、Crowdstrike、Fortinet、Datadog（米国）などがあります。

　世界での広がりを見ると、上場企業で9カ国（米国24、英国2、ドイツ2、フランス、オランダ、スイス、イスラエル5、インド、中国）、未上場会社で7カ国（米国50、カナダ2、スイス、ポーランド、リヒテンシュタイン、エストニア、イスラエル7）、買収事例で3カ国（米国34、英国、イスラエル）となっています。米国および欧州で成長していることがわかります。ほとんどが、米国、欧州の企業となっています。特に米国の割合が高く、上場企業で約63％、未上場企業で約78％、買収事例で約94％となっています。

　Securityは先に見たCloud Systemと同様に、企業システムのクラウド化の進展を後押ししました。そしてSecurity自体も大きな成長を遂げました。さらにマルチクラウドおよびハイブリッドクラウド運用やリモートアクセス運用の増加により、システム運用資産は分散しました。

第4章 データで読み解くテクノロジー分野ごとの動向と見通し

### 表43 Security 分野の事業内容の分類と上場、未上場、買収事例の区分別企業数

単位：企業数

| ビジネスモデル | カテゴリ1 | カテゴリ2 | 世界 上場 | 世界 未上場 | 世界 買収 | 日本 上場 | 日本 未上場 | 日本 買収 |
|---|---|---|---|---|---|---|---|---|
| 業務管理アプリケーション Horizontal SaaS | サイバーセキュリティー | サイバーセキュリティー（統合パッケージ） | 4 | 1 | | | | |
| | アイデンティティー (ID) 管理 (CIAM) | アイデンティティー (ID) 管理 (CIAM) | 7 | 13 | 5 | 3 | 2 | |
| | | データ暗号化 | 1 | | | | 1 | |
| | | セキュリティ情報およびイベント管理 (SIEM) | 1 | | | | | |
| | エンドポイントセキュリティー | EPP (Endpoint Protection Platform) | 1 | 2 | 4 | | 1 | |
| | | 自律型エンドポイント管理 | | 1 | | | | |
| | | EDR (Endpoint Detection and Response) | | | 1 | | | |
| | 脅威インテリジェンス (Threat Intelligence) | 脅威インテリジェンス | 2 | | 2 | | | |
| | | インシデント対応／管理 | 2 | 1 | 1 | | | |
| | | TDIR (Threat Detection and Incident Response) | | 3 | 1 | | | |
| | | MDR (Managed Detection and Response) | | 3 | | | | |
| | | サイバー攻撃対象領域管理 (CAASM) | | 1 | | | | |
| | ネットワークセキュリティー | ネットワークセキュリティー | 2 | 2 | 3 | 1 | | |
| | | ゲートウェイセキュリティ | 1 | | | | | |
| | | Web Application Firewal (WAF) | | | 1 | 1 | | 1 |
| | | E メール・セキュリティー | 1 | 2 | 3 | | | |
| | 監視／分析ツール | 監視／分析ツール | 3 | 1 | | | | |
| | | オブザーバビリティ (Observability) | | 2 | 1 | | | |
| | | NDR(Network Detection and Response) | 1 | | 1 | | | |
| | | 遠隔監視および管理 (RMM) | 1 | 1 | 2 | | | |
| | | 不正取引監視／検知ツール | 1 | 3 | | 1 | | |
| | | 不正アクセス検知 | | 1 | | 2 | | |
| | データ保護／リカバリー／バックアップ | データ保護／リカバリー／バックアップ | 3 | 2 | 1 | | | |
| | | DSPM (Data Security Posture Management) | | 1 | | | | |
| | | CSPM (Cloud Security Posture Management) | | 2 | | | | |
| | | CASB (Cloud Access Security Broker) | | | 2 | | | |
| | 評価／検証ツール | 脆弱性評価ツール | 4 | 2 | | | 3 | 2 |
| | | BAS (Breach and Attack Simulation) | | 1 | | | | |
| | | 自動検証 (Automated Security Validation) | | 1 | | | | |
| | | サイバーリスクスコアリング | | 2 | | | | |
| | | SAST (Static Application Security Testing) | | | 1 | | | |
| | 情報セキュリティリスク管理 (ISRM) | ISRM | | | 1 | | | |
| | | CNAPP (Cloud Native Application Protection Platform) | | 2 | | | | |
| | セキュリティ運用自動化 | SOAR (Security Orchestration, Automation, and Response) | | 1 | | | | |
| | | セキュリティ／コンプライアンス自動化 | | 2 | | | | |
| | セキュリティサービスエッジ (SSE) | SSE | | 1 | 1 | | | |
| | | SASE (Secure Access Service Edge) | | 1 | | | | |
| | セキュリティ・オペレーション・センター (SOC) | 自律型 SOC | 1 | 1 | | | | |
| | 統合マネージドセキュリティ (MXDR) | | 1 | 1 | | | | |
| | マネージド・セキュリティ・サービス (MSS) | | | | 1 | | | |
| | 企業向けセキュリティー運用 | 企業向けセキュリティ対応ブラウザ | | 1 | | | | |
| | | リモート／仮想デスクトップ | | 2 | 1 | | | |
| | | リモートアクセスツール | 1 | | | | | |
| | | データクリーンルーム (DCR) | | | | | 1 | |
| | | セキュリティ認証運用管理 | | | | | 1 | |
| | | デジタルコンテンツの著作権管理技術 (DRM) | | | | | | 1 |
| | | デジタルインフラ／資産管理 | | 1 | | | | |
| | | データ収集／分析 | | 1 | | | | |
| | IoT システムのサイバーセキュリティ | | | 2 | 1 | | | |
| | API セキュリティー | | | 1 | | | | |
| オンラインサービス | 個人むけセキュリティアプリ | | | 1 | | | | |
| | | 合計 | 38 | 64 | 36 | 9 | 11 | 4 |

（出所）各種資料を元に作成

245

これにより、サイバー攻撃の対象が増加しました。このことも相まってSecurityはさらに重要性を増し、成長を続けています。

　Securityの機能、サービスは、大きく7つに分けられます。

① ID 管理
　ID 管理は、ユーザーのアカウントやアクセス権限を管理する機能です。ユーザー認証、アクセス制御、パスワード管理、シングルサインオンなど、さまざまな機能が含まれます。ID 管理を適切に行うことで、不正アクセスや情報漏洩のリスクを軽減することができます。

②脅威インテリジェンス
　脅威インテリジェンスは、サイバー攻撃に関する情報を収集、分析し、セキュリティ対策に役立てるための技術です。最新の脅威情報や攻撃手法を把握することで、より効果的なセキュリティ対策を講じることができます。

③エンドポイントセキュリティ
　エンドポイントセキュリティは、パソコン、スマートフォン、タブレットなどの端末をサイバー攻撃から保護するためのセキュリティ対策です。ウイルス対策ソフト、ファイアウォール、侵入検知システムなど、さまざまなセキュリティソフトやツールが利用されます。

④ネットワークセキュリティ
　ネットワークセキュリティは、ネットワークをサイバー攻撃から保護するためのセキュリティ対策です。ファイアウォール、侵入検知システム、VPNなど、さまざまなセキュリティ機器や技術が利用されます。

⑤監視／分析ツール
　監視／分析ツールは、システムやネットワークのセキュリティ状況を

監視し、サイバー攻撃の兆候を検知するためのツールです。ログ分析、セキュリティ情報イベント管理（SIEM）、脆弱性スキャナーなど、さまざまなツールがあります。

#### ⑥データ保護／リカバリー

　データ保護／リカバリーは、データの漏洩、紛失、破損などを防ぎ、万が一の事態が発生した場合でも、データを復旧できるようにするための対策です。データバックアップ、暗号化、アクセス制御など、さまざまな技術やツールが利用されます。

#### ⑦評価／検証ツール

　評価／検証ツールは、システムやアプリケーションのセキュリティレベルを評価、検証するためのツールです。脆弱性診断ツール、ペネトレーションテストツールなど、さまざまなツールがあります。

　これらの7つの機能は、それぞれ順調に成長していることがわかります。また、セキュリティ運用自動化や企業向けセキュリティツールの多様化も進んでいます。SecurityはCloud Systemと同様に、サービス全体の網羅性が非常に高いと言えるでしょう。

　Securityは世界各国の広がりはあまりなく、90％以上が米国のベンチャーで構成されています。その他は、欧州やイスラエルの企業で構成されています。日本ではCloud Systemと同様に、Securityベンチャーの厚みは形成されていません。世界のシステムインテグレータ（SIer）が、Securityの各サービスを導入するサービスを展開しているケースが多く見られます。Cloud Systemと同様に、米国のベンチャーによって寡占化され、レッドオーシャン化していると言えるでしょう。

　買収事例も非常に多く出ています。買い手は、大手ソフトウェア／SaaS企業（IBM、Microsoft、VMWare）、大手インターネットサービ

ス企業（Google）、大手半導体会社（Intel）、大手ネットワーク機器会社（Cisco）、大手ハードウェアメーカー（HP）、大手サイバーセキュリティ会社（Gen Digital、Okta、Kaseya、CyberArk、Accuvant）、バイアウトファンドです。さらに、比較的大きな時価総額での買収事例が多いのが特徴です。Cloud Systemと同様に、今後はM&Aがさらに加速し、業界再編が進むと考えられます。参入が難しい分野と言えるでしょう。

　Security市場は今後もサイバー攻撃の巧妙化・増加、企業システムのクラウド化・複雑化などを背景に、さらなる成長が見込まれます。AI、機械学習などの技術を活用した、より高度な脅威検知・防御システムの開発が進むと考えられます。また、ゼロトラストセキュリティ、セキュリティ運用自動化などのセキュリティ対策の重要性が増していくでしょう。ゼロトラストセキュリティとはエンドポイントとサーバ間の通信を暗号化するとともに、すべてのユーザーやデバイス、接続元のロケーションを"信頼できない"ものとして捉え、重要な情報資産やシステムへのアクセス時にはその正当性や安全性を検証することで、マルウェアの感染や情報資産への脅威を防ぐ新しいセキュリティの考え方です。

## 4-10

# Digital Health

　Digital Health とは、医療、製薬、保険、ヘルスケアでインターネットを活用して展開されるサービスを指します。Vertical SaaS（バーチカルサース）の一分野です。医療現場の DX（デジタルトランスフォーメーション）を推進する重要な役割を担っています。

　Digital Health を構成するビジネスとして、以下の4つが確認されました。
　**①医療、製薬、保険、ヘルスケア関連の業務アプリケーション**
　**②医療、製薬、保険、ヘルスケア関連オンラインサービス**
　**③医療ヘルスケア関連デバイス**
　**④医療、製薬、保険、ヘルスケア関連マッチング PF**

　Digital Health に近い分野にバイオテクノロジーがありますが、インターネットテクノロジーを使ったテクノロジーという意味では遠い分野なので、今回は分析対象から外しました。

　表44は、Digital Health 分野で業務アプリケーションの事業内容の分類と、上場企業数、未上場企業数、買収事例数を示したものです。

　世界では、上場企業26社、未上場企業36社、買収事例は14社です。日本でも、上場企業8社、未上場企業32社、買収事例は9社です。
　世界での広がりを見ると、上場企業で5カ国（米国20、英国3、カナダ、スイス、中国）、未上場会社で7カ国（米国30、英国、フランス、インド2、中国2）、買収事例で2カ国（米国13、インド）となっています。ほとんどが、米国、欧州の企業となっており、他はインドと中国に分布しています。特に米国の割合が高く、上場企業で約77％、未上

場企業で約 83％、買収事例で約 93％となっています。

### ①製薬会社向け業務運用管理アプリケーション

業務運用管理アプリケーション、収益管理アプリケーション、AI 創薬、データ分析ツール、臨床試験管理システムなどです。製薬会社の業務効率化、分析・管理、創薬の効率化に貢献するアプリケーションが開発されています。

①-1 世界では、上場企業 10 社、未上場企業 8 社、買収事例は 1 社です。

①-2 日本では、上場企業 2 社、未上場企業 1 社です。

代表企業例としては、Veeva、Certara、Benchling、Reify Health（米国）などがあります。

### ②医療機関向け業務運用管理アプリケーション

業務運用管理アプリケーション、電子カルテシステム、病院情報システム、医療画像管理システム、予約・受付・支払管理システム、手術用ロボットシステムなどです。医療現場の業務効率化、情報共有、医療の質向上に貢献するアプリケーションが開発されています。

②-1 世界では、上場企業 11 社、未上場企業 14 社、買収事例は 3 社です。

②-2 日本では、上場企業 2 社、未上場企業 20 社、買収事例は 5 社です。

代表企業例としては、Waystar、Tempus、R1 RCM（米国）、GENOVA（日本）などがあります。

### ③従業員の健康管理アプリケーション

健康管理アプリケーション、ヘルスケア・メンタルヘルスケア管理アプリケーションなどです。従業員の健康管理アプリケーションは、企業が従業員の健康状態を管理し、健康増進を支援するためのツールです。従業員の健康データを収集・分析し、健康リスクの把握、健康増進施策

の実施、健康相談などのサービスを提供します。
　③-1　世界では、上場企業1社、未上場企業6社、買収事例は1社です。
　③-2　日本では、上場企業1社、未上場企業4社です。
　代表企業例としては、Progyny、Lyra、Wellhub（米国）、メンタルヘルステクノロジーズ（日本）などがあります。

　業務アプリケーションは多様なサービスが提供されており、全体の網羅性が高まっていることがわかります。しかし、産業としての広がりと深さを考えると、まだまだ成長の余地があると考えられます。

　世界の買収事例では、大手製薬会社（Roche）、大手ヘルスケア会社（UnitedHealth、Teladoc Health）、大手ソフトウェア／SaaS企業（IBM、Oracle）、大手保険会社（Prudential）、大手EC企業（Amazon、Alibaba）、バイアウトファンドが買い手となっています。買収時価総額は比較的高く、今後もM&Aが増加すると考えられます。
　日本でも、多くの業種の企業が買い手となり、M&Aが進んでいます。日本でも同様に、M&Aが増加すると考えられます。

　表45は、Digital Health分野でのオンラインサービス、デバイス、マッチングPFの事業内容の分類と、上場企業数、未上場企業数、買収事例数を示したものです。

　これらのサービスは、世界では上場企業25社、未上場企業42社、買収事例は8社です。日本でも、上場企業10社、未上場企業21社、買収事例は14社です。
　世界各国の広がりでは、上場企業で6カ国（米国、英国、ドイツ、オーストラリア、シンガポール、中国）、未上場企業で6カ国（米国、フランス、スイス、スウェーデン、イスラエル、中国）、買収事例で2カ国（米国6、中国）です。ほとんどが、米国、欧州の企業となってお

り、他は中国、オーストラリアに分布しています。特に米国の割合が高く、上場企業で約67％、未上場企業で約76％、買収事例で約86％となっています。

Digital Health 分野のオンラインサービスで主なものには、以下の6つがあります。

**①遠隔医療サービス**
遠隔医療サービスとは、情報通信技術（ICT）を用いて、医師と患者が離れた場所にいても診察や治療、健康相談などを行うことができる医療サービスです。
　①-1　世界では、上場企業5社、未上場企業7社、買収事例は1社です。
　①-2　日本では、上場企業2社、未上場企業7社、買収事例は1社です。
代表企業例としては、Teladoc Health、Ro、WeDoctor（米国）、メドレー（日本）などがあります。

**②遠隔ヘルスケア・メンタルヘルスケアサービス**
遠隔ヘルスケア・メンタルヘルスケアサービスとは、情報通信技術（ICT）を用いて、医療従事者と利用者が離れた場所にいても、健康増進、疾病予防、医療ケアなどのサービスを提供するものです。
　②-1　世界では、上場企業5社、未上場企業12社、買収事例は2社です。
　②-2　日本では、未上場企業3社です。
代表企業例としては、Hims & Hers Health、LifeStance Health、Cityblock Health（米国）などがあります。

**③疾患管理サービス**
疾患管理サービスは、情報通信技術（ICT）を活用して、特定の疾患

### 表44 Digital Health 分野の事業内容の分類と上場、未上場、買収事例の区分別企業数

単位：企業数

| ビジネスモデル | カテゴリ1 | カテゴリ2 | 世界 上場 | 世界 未上場 | 世界 買収 | 日本 上場 | 日本 未上場 | 日本 買収 |
|---|---|---|---|---|---|---|---|---|
| 業務管理アプリケーション Vertical SaaS | 製薬会社向け業務運用管理 | 業務運用管理 | 1 |  | 1 | 1 |  |  |
|  |  | 電子医療記録（HER）マーケティングツール | 1 |  |  |  |  |  |
|  |  | 収益管理 |  | 1 |  |  |  |  |
|  |  | 治験プロセス管理 |  | 2 |  |  |  |  |
|  |  | AIによる創薬 | 8 | 1 |  |  | 1 |  |
|  |  | データ分析ツール |  | 2 |  |  |  |  |
|  |  | 研究運用管理 |  | 1 |  |  |  |  |
|  |  | 臨床試験管理 |  | 1 | 1 | 1 |  |  |
|  | 医療機関向け業務運用管理 | 業務運用管理 | 2 | 3 | 1 |  |  |  |
|  |  | リソース管理システム |  | 1 |  |  |  |  |
|  |  | 遠隔医療システム | 1 |  |  |  | 4 |  |
|  |  | 遠隔心臓リハビリシステム |  |  |  |  |  | 1 |
|  |  | 問診票システム |  |  |  |  | 1 |  |
|  |  | 予約／受付／支払管理 | 2 | 1 | 1 | 1 |  |  |
|  |  | 入退院運用管理 |  |  |  |  |  | 1 |
|  |  | 患者データ管理／分析 |  | 1 |  |  |  |  |
|  |  | 患者の健康管理（モニタリング） |  |  | 2 |  | 1 |  |
|  |  | データ分析／管理、パフォーマンス管理 |  | 1 |  |  |  |  |
|  |  | 電子カルテ | 1 | 1 | 2 | 2 | 1 | 1 |
|  |  | 画像診断システム | 2 | 2 | 1 |  |  |  |
|  |  | 病理診断システム |  |  |  |  | 1 |  |
|  |  | 疾患治療ソフト／アプリ |  |  |  |  | 2 |  |
|  |  | DICOMデータ保管／共有 |  |  |  |  | 1 |  |
|  |  | AI精密医療テクノロジー | 1 | 1 |  |  |  |  |
|  |  | 手術科ロボットシステム | 2 | 2 |  |  | 1 |  |
|  |  | 分子・免疫プロファイリング |  | 2 |  |  |  |  |
|  |  | VRリハビリ用訓練装置 |  |  |  |  | 2 |  |
|  |  | 認知機能の経過測定システム |  |  |  |  |  |  |
|  |  | インフルエンザ検査 |  |  |  |  | 1 |  |
|  |  | IoT型胎児モニター |  |  |  |  | 1 |  |
|  |  | 看護師業務運用管理 |  |  |  |  |  | 1 |
|  |  | 訪問医療業務運用管理 |  |  |  |  |  |  |
|  |  | 救急外来業務運用管理 |  |  |  |  |  |  |
|  | ヘルスケア事業者向け業務管理 | 業務運用管理 |  | 1 |  |  |  |  |
|  |  | データ分析 |  | 2 |  |  |  |  |
|  | 介護業者向け業務運用管理 | 長期介護施設業務運用管理 |  | 1 |  | 1 | 2 |  |
|  |  | 見守りシステム |  |  |  | 1 |  |  |
|  | 歯科医院向け業務運用管理 | CRM |  |  |  |  | 1 |  |
|  | 調剤薬局向け業務運用管理 | 業務運用管理 |  | 1 |  |  | 1 |  |
|  |  | 発注、在庫管理システム |  |  |  |  |  |  |
|  | 保険業向け業務運用管理 | 業務運用管理 | 1 |  |  |  |  |  |
|  |  | 保険引受業向けリスク／データ分析 | 1 | 1 |  |  |  |  |
|  | 健康組合むけ業務運用管理 |  |  |  |  |  |  | 1 |
|  | 医療関係情報サービス | 医療情報データDB、検索／分析サービス | 2 | 5 |  |  | 1 | 2 |
|  | 従業員の健康管理 | 健康管理 |  | 3 | 1 |  | 1 |  |
|  |  | 不妊治療給付管理 | 1 |  |  | 1 |  |  |
|  |  | ヘルスケア管理 |  |  |  |  |  |  |
|  |  | メンタルヘルスケア管理 |  | 3 |  |  |  |  |
|  |  | 睡眠健康度測定サービス |  |  |  |  | 1 |  |
|  |  | 合計 | 26 | 36 | 14 | 8 | 32 | 9 |

（出所）各種資料を元に作成

表45 Digital Health 分野の事業内容の分類と上場、未上場、買収事例の区分別企業数 2

単位：企業数

| ビジネスモデル | カテゴリ1 | カテゴリ2 | 世界 上場 | 世界 未上場 | 世界 買収 | 日本 上場 | 日本 未上場 | 日本 買収 |
|---|---|---|---|---|---|---|---|---|
| デバイス (Device) | ウェアラブルデバイス | ウェアラブルデバイス（各種） | 1 | | | | 1 | |
| | | ウェアラブルデバイス（時計型） | | 1 | | | | |
| | | ウェアラブルデバイス（脳波計） | | | | | 1 | |
| | | スマートリング | | | | | 1 | |
| | | 視覚障害者向けウェアラブルデバイス | | 1 | | | | |
| オンラインサービス (Onlineservice) | 遠隔医療サービス | 遠隔医療サービス | 5 | 7 | 1 | 2 | 5 | |
| | | 遠隔心臓リハビリサービス | | | | | 1 | |
| | | 遠隔てんかん診療サービス | | | | | 1 | 1 |
| | 遠隔ヘルスケアサービス | ヘルスケア | 2 | 6 | 1 | | 2 | |
| | | メンタルヘルスケアサービス | 2 | 2 | | | | |
| | | フィットネスサービス | 1 | 4 | 1 | | | |
| | 疾患管理 | 慢性疾患管理 | | | 1 | | | |
| | | がん予防、検診プログラム | | 1 | | | | |
| | | 神経疾患の予防、診療、治療、モニタリング | | 1 | | | | |
| | | 筋骨格系（MSK）疾患の予防、医療 | | 2 | | | | |
| | | 携帯型心電図（ECG）モニタリング | 1 | | | | | |
| | | 視覚障害者支援デバイス、アプリケーション | | 1 | | | | |
| | 健康管理（ヘルスケア） | 個人健康管理 | 2 | 3 | | | | 1 |
| | | 薬局給付管理（PBM） | | 1 | | | | 1 |
| | | ウェアラブルデバイスを使用した健康管理 | 3 | 1 | | | | |
| | | 睡眠解析アプリ | | | | | 1 | |
| | | 乳幼児モニタリングデバイス／システム | 1 | | | | | |
| | | 尿検査サービス | | | | | 1 | |
| | 個人PHR管理 | PHR管理 | | | | 1 | | 1 |
| | | 健康診断データ管理 | | | | | | 1 |
| | 分子プロファイリングツール（がん診療） | | | 1 | | | | |
| | 医師と医療従事者向けコミュニケーション | 医療従事者向け情報サイト | | | | 3 | | |
| | | 医師と医療従事者向け情報検索ツール | 1 | | | | | |
| | | 医師・医療従事者向けコミュニケーション | 1 | 1 | | | 1 | 3 |
| | | 医師／患者間のコミュニケーション | | 1 | | | | |
| | | 医療従事者と社会サービスコミュニケーション | | 1 | | | | |
| | 遺伝子(DeNA)シーケンシング | シーケリングサービス | 2 | 1 | | 1 | | |
| | | ナノポアシーケリング | 1 | | | | | |
| | 自己保険運用管理 | | 1 | | | | | |
| | 医療情報サイト（患者向け） | | | | | | 1 | 1 |
| | ピル処方 | | | | | | 1 | |
| マッチングPF (Maching) | 医療従事者 | 医療従事者 | | 1 | | | | |
| | | 医師、歯科医 | | 2 | | | | |
| | | 看護師 | | 1 | | | | |
| | | 介護士 | | 1 | | | | |
| | 医療サービス | メンタルヘルスケアプロバイダー | | 2 | | | | |
| | | 人間ドック／健康診断 | | | | 1 | | |
| | | 遠隔医療サービス予約 | | | | | 1 | |
| | | 歯科矯正 | | | | | 1 | |
| | 薬局、ドラッグストア | | | | | 1 | | |
| | 医療保険 | | | 1 | | | | |
| | 医療関係者転職 | | | | | 2 | 1 | 1 |
| | | 合計 | 24 | 41 | 7 | 10 | 21 | 14 |

（出所）各種資料を元に作成

254

を持つ患者の健康状態を継続的に管理し、治療効果の向上とQOL（生活の質）向上を目指すサービスです。

 ③-1 世界では、上場企業1社、未上場企業5社、買収事例は1社です。
 ③-2 日本では、該当社はありません。

代表企業例としては、Hinge Health、Color（米国）などがあります。

## ④健康管理（ヘルスケア）サービス

健康管理（ヘルスケア）サービスは、情報通信技術（ICT）を活用して、人々の健康増進、疾病予防、健康寿命の延伸を支援するアプリケーションサービスです。

 ④-1 世界では、上場企業6社、未上場企業5社です。
 ④-2 日本では、未上場企業1社、買収事例は3社です。

代表企業例としては、Sharecare（米国）、Alan（フランス）FiNC Technologies（日本）などがあります。

## ⑤医師と医療従事者向けコミュニケーション

医師と医療従事者向けコミュニケーションツールは、医療現場における情報共有、コミュニケーション、業務効率化を目的とした、医師や看護師などの医療従事者専用のコミュニケーションプラットフォームです。

 ⑤-1 世界では、上場企業2社、未上場企業3社です。
 ⑤-2 日本では、上場企業3社、未上場企業1社、買収事例は5社です。

代表企業例としては、Doximity、Miaoshou Doctor（米国）、アルム（日本）などがあります。

## ⑥遺伝子（DeNA）シーケンシング

遺伝子（DNA）シーケンシングは、生物のDNAを構成するヌクレオチドの塩基配列を決定する技術です。簡単に言うと、DNAの「文字」を読み取るサービスです。

⑥-1　世界では、上場企業3社、買収事例は1社です。
⑥-2　日本では、未上場企業1社です。
　代表企業例としては、10X Genomics（米国）、Rhelixa（日本）などがあります。

　世界の買収事例では、大手医療サービス会社（Teladoc Health、Abbott）、大手保険会社（Prudential）、大手EC企業（Amazon、Alibaba）、大手インターネットサービス会社（Google）が買い手となっているようです。買収時価総額も比較的高くなっています。
　日本の買収事例では、多くの業種の企業が買い手となっています。その中でも、大手インターネットサービス企業（DeNA）、大手医療データサービス企業（JMDC）がそれぞれ3件ずつM&Aを実施しており、今後の動向が注目されます。

　Digital Health分野のオンラインサービスは、先進国地域と中国で成長が続いていることがわかります。しかし、80％以上が米国のベンチャーです。このような中で、日本でも多くのサービスが生まれています。これらのサービスでもサービス産業の広さと深さを考えると、さらなる成長が見込まれます。

　Digital Health市場は高齢化、医療費増加、医療従事者不足などの社会課題を背景に、今後もさらなる成長が見込まれます。AI、IoT、ビッグデータなどの技術革新により、個別化医療、予防医療、遠隔医療などの分野で新たなサービスが創出されるでしょう。また健康意識の高まり、ヘルスケアサービスの需要拡大、医療情報のデジタル化などもDigital Health市場の成長を促進すると考えられます。

## 4-11

# Prop tech

　Prop tech とは、Property（不動産）と Technology（技術）を組み合わせた造語です。Vertical SaaS（バーチカルサース）の一分野です。

　Prop tech を構成するビジネスとして、以下の4つが確認されました。
①**不動産物件のマーケットプレイス**
②**不動産関連役務のマッチング PF**
③**不動産関連のオンラインサービス**
④**不動産関連業向け業務アプリケーション**

　表46は、Prop tech 分野の事業内容の分類と、上場企業数、未上場企業数、買収事例数を示したものです。

①**不動産物件のマーケットプレイス**
　マーケットプレイスは、不動産物件の売買および賃貸に関する情報提供、検索、取引などを支援するオンラインプラットフォームです。世界では、上場企業8社、未上場企業8社、買収事例は4社です。日本では、上場企業2社、未上場企業3社、買収事例は3社です。代表企業例としては、CoStar Group、Zillow、Redfin（米国）、KE Holdings（中国）などがあります。

　世界各国の広がりとしては、上場企業で5カ国（米国5、英国、ドイツ、オーストラリア、中国2）、未上場企業で8カ国（米国4、中国2、インド、ブラジル2、スペイン、韓国、コロンビア、UAE）、買収事例で1カ国（米国）です。先進国や中国のように不動産市場が大きく整備された国から始まり、上場企業が登場しました。その後、新興国で市場規模の大きい国に広がりを見せています。

### 表46 Prop tech 分野の事業内容の分類と上場、未上場、買収事例の区分別企業数

単位：企業数

| ビジネスモデル | カテゴリ1 | カテゴリ2 | 世界 上場 | 世界 未上場 | 世界 買収 | 日本 上場 | 日本 未上場 | 日本 買収 |
|---|---|---|---|---|---|---|---|---|
| マーケットプレイス (Market Place) | 住宅用不動産／商業用不動産 | 売買物件／賃貸物件 | 2 | 3 | | 1 | | |
| | 住宅用不動産 | 売買物件／賃貸物件 | 4 | 1 | 1 | | | |
| | | 売買物件 | 2 | 4 | | | | 1 |
| | | リノベーション　売買物件 | | | | 1 | 1 | |
| | | 賃貸物件 | 1 | 3 | 2 | | 1 | 2 |
| | | マンスリー賃貸 | | | | | 1 | |
| | 商業用不動産 | 売買物件／賃貸物件 | 1 | 1 | | 1 | | |
| | 別荘の共同所有権 | | | 1 | | | 1 | |
| | 貸し会議室 | | | | | 1 | | |
| | 遊休不動産のスペースレンタル | | | | | 1 | | |
| | 空き家、遊休地、山林、別荘 | | | | | | 2 | |
| マッチングPF (Maching) | 不動産仲介業者 | | | 2 | | 1 | | |
| | 不動産ローン | 住宅ローン | | 1 | | | | |
| | リフォーム／内装業者／インテリア業者 | | | 3 | | | 2 | |
| 業務管理アプリケーション Vertical SaaS | 不動産販売業者向け業務運用管理 | 業務運用管理 | 2 | | | 1 | | |
| | | SFA／CRM | | 1 | 1 | 1 | | 1 |
| | 不動産仲介業者向け業務運用管理 | 業務運用管理 | 2 | 2 | 1 | 3 | | 2 |
| | | SFA／CRM | | | | | | 2 |
| | | クロージング管理 | | 1 | | | | |
| | | 不動産物件評価／査定ツール | | | | | 1 | |
| | | 契約管理 | | | | | 1 | |
| | 不動産管理業者向け業務運用管理 | 業務運用管理 | 1 | | | 1 | 2 | |
| | | 賃貸管理システム | | | | | | 1 |
| | | 建物／施設管理／メンテナンス | 1 | 2 | 1 | | 2 | |
| | | 商業不動産セキュリティ、監視 | | 1 | | | | |
| | 不動産投資業者向け業務運用管理 含　運用代行業者 | 不動産投資分析／評価 | | 1 | | | 1 | |
| | | Property Management | 1 | 1 | | 1 | | |
| | | 投資案件運用管理 | | | | | 1 | |
| | | 不動産投資タスク管理 | | 1 | | | | |
| | 不動産設備業者向けアプリケーション | 業務運用管理 | 1 | | | | | |
| | バケーションレンタル別荘運用管理 | | | | | | 1 | |
| オンラインサービス (Onlineservice) | 不動産融資 | 不動産融資 | 1 | | | | | |
| | | 住宅ローン | 1 | 1 | 1 | | | |
| | | 不動産担保ローン | 3 | 2 | 1 | | | |
| | 中古住宅用不動産買取／販売 | | | | | 1 | 1 | |
| | リースバック | | | 1 | | | | |
| | 家賃保証／クレジットスコア | 家賃保証 | | | | 1 | | |
| | | 賃貸クレジットスコア | | 1 | | | | |
| | | 家賃ポイントプログラム | | 1 | | | | |
| | 不動産保険 | 住宅用不動産むけ保険 | 1 | | | | | |
| | 住宅ローン比較サービス | 住宅ローン審査 | | | | 1 | 2 | |
| | オンライン不動産契約運用 | | | 1 | | | | |
| | 不動産デジタルツイン作成 | | | 1 | | | | |
| | 不動産関連情報サイト | 建築、インテリア情報 | | 1 | | | | |
| | | 投資用不動産 | | | | 1 | | |
| | 不動産関連サービス | 不動産査定サービス | | | | 1 | | |
| | | 不動産物件VRコンテンツ制作 | | | | | 1 | |
| | | 相続不動産名義変更 | | | | | 1 | |
| | 不動産調査／データ分析 | 住宅用不動産 | | | | 1 | | |
| | | 商業用不動産 | | | | 1 | | |
| | | 合計 | 26 | 35 | 8 | 16 | 25 | 11 |

（出所）各種資料を元に作成

②不動産関連役務のマッチング PF、不動産関連のオンラインサービス、不動産関連業向け業務アプリケーション

　オンラインサービス、マッチング PF、業務アプリケーションは、このマーケットプレイスの発展と連動して成長しました。それぞれ多様なサービスが提供され、全体としての網羅性が高まっています。これらのサービスは、世界では上場企業 12 社、未上場企業 13 社、買収事例は 4 社です。日本でも、上場企業 12 社、未上場企業 19 社、買収事例は 8 社です。代表企業例としては、RealPage、AppFolio、Compass（米国）などがあります。

　世界各国の広がりとしては、上場企業で 4 カ国（米国 9、英国、オーストラリア、シンガポール）、未上場企業で 3 カ国（米国 20、中国、インド）、買収事例で 1 カ国（米国）です。先進国および新興国の市場規模の大きい国に広がっていると言えるでしょう。今後、マーケットプレイスの広がりに連動して、世界で展開されていくことが予想されます。

　世界の買収事例では、先行して上場した不動産マーケットプレイス企業（CoStar、Zillow、Redfin）、Fin tech 企業（nCino）が買い手となっています。現在、買収事例は米国のみですが、今後、世界的に M&A 取引が増加していくと考えられます。日本でも、上場 Fin tech 企業（GA technologies）、上場 Prop tech 企業（日本情報クリエイト）、Con tech ベンチャー（アンドパッド）、金融情報サービス企業（ミンカブ・ジ・インフォノイド）が買い手となっています。今後、日本でも Prop tech の M&A 取引が増加していくと考えられます。

　AI や VR/AR などの技術に加え、世界的な都市化の進行やテレワークの普及による不動産ニーズの変化を背景に、Prop tech 市場は今後も成長を続けると予想されます。特に、不動産取引のオンライン化、自動化が加速し、顧客体験の向上と業務効率化が進むと考えられます。ただし、データプライバシーの懸念や規制の緩和の遅れといった課題も浮上しており、これらを克服する必要があるでしょう。

## 4-12 Con tech

Con tech とは、Construction（建築）と Technology（技術）を組み合わせた造語です。Vertical SaaS（バーチカル SaaS）の一分野です。

Con tech を構成するビジネスとして、以下の5つが確認されました。

**①建築関連業向け業務アプリケーション**
建築関連業向け業務アプリケーションは、建設プロジェクトの計画、設計、施工、管理などのプロセスを効率化するためのソフトウェアです。プロジェクト管理、工程管理、コスト管理、品質管理、安全管理など、さまざまな機能を備えています。

**②機材・建材のマーケットプレイス**
機材・建材のマーケットプレイスは、建設機械や建築資材をオンラインで売買するためのプラットフォームです。

**③建築関連役務のマッチング PF**
建築関連役務のマッチング PF は、建築工事の発注者と受注者をマッチングするためのプラットフォームです。

**④新しい建築技術（3D プリンティング）**
3D プリンティングは、3D プリンターを用いて、設計データに基づいて立体物を造形する技術です。建築分野では、3D プリンターを用いて、住宅や橋などの構造物を造形する試みが進められています。

**⑤スマートホームシステム**
スマートホームシステムは、住宅内の家電製品や設備をネットワーク

に接続し、スマートフォンや音声で制御するシステムです。照明、空調、セキュリティなどを自動化することで、快適性や省エネルギー性を向上させることができます。

表47は、Con tech分野の事業内容の分類と、上場企業数、未上場企業数、買収事例数を示したものです。

Con techは、業務アプリケーションを中心に成長していることがわかります。世界では、上場企業3社、未上場企業10社、買収事例は6

**表47** Con tech分野の事業内容の分類と上場、未上場、買収事例の区分別企業数

単位：企業数

| ビジネスモデル | カテゴリ1 | カテゴリ2 | 世界 上場 | 世界 未上場 | 世界 買収 | 日本 上場 | 日本 未上場 | 日本 買収 |
|---|---|---|---|---|---|---|---|---|
| マーケットプレイス (Market Place) | マルチカテゴリー（機材、建材） |  |  | 1 |  |  |  |  |
|  | 建材 |  |  | 1 |  |  | 1 |  |
|  | 建築機材レンタル |  |  |  |  |  | 1 | 1 |
| マッチングPF (Maching) | 建築現場職人 |  |  |  |  |  | 1 |  |
|  | 建築会社／工務店 |  |  |  |  |  | 2 |  |
|  | 解体工事 |  |  |  |  |  | 1 |  |
|  | 建築士 |  |  |  |  |  | 1 |  |
| 業務管理アプリケーション Vertical SaaS | 建設プロジェクト管理アプリ | プロジェクト管理 | 1 | 1 |  |  | 2 |  |
|  |  | 文書作成／運用／管理 |  |  |  |  | 2 |  |
|  |  | 現場施工管理 |  |  |  | 2 | 3 |  |
|  |  | コラボレーション |  | 2 | 2 |  | 1 |  |
|  |  | SCM |  | 1 |  |  |  |  |
|  | 建築設計ツール | Building Information Modeling (BIM) | 1 | 2 |  |  |  |  |
|  |  | 3Dデザインツール（CAD） | 1 |  |  |  |  |  |
|  | 建設業向け業務運用管理 | 業務運用管理 |  |  |  |  | 2 |  |
|  |  | 取引先管理 |  |  |  |  | 1 |  |
|  |  | 融資管理 |  | 1 |  |  |  |  |
|  |  | 請求／支払管理 |  |  | 1 |  |  |  |
|  |  | 計画／見積／文書作成 |  |  | 1 |  | 2 |  |
|  |  | 建材／部材／資材調達運用管理 |  |  |  |  | 2 | 1 |
|  | 建築、設備測量／検査／点検／監視 | カメラ検査システム |  |  |  |  | 1 |  |
|  |  | 建築測量（3Dモデリング） |  | 1 |  |  | 3 |  |
|  |  | 点検 |  |  |  |  | 2 |  |
|  | 建築機材運用管理 | 自動運用 |  | 1 |  |  |  |  |
|  |  | 建築用ロボット |  | 1 |  |  |  |  |
| 建築業 (Building) | 3Dプリンティング |  | 1 | 1 |  | 1 | 1 |  |
|  | グリーンビルディング |  |  | 1 |  |  |  |  |
| システム (Equipment) | スマートホームシステム（スマートオフィスシステム） | スマートホームシステム | 3 | 2 |  |  | 5 |  |
|  |  | ホームセキュリティー |  |  |  |  | 1 |  |
|  |  | スマートロック | 1 |  |  | 1 | 2 |  |
|  |  | その他関連システム |  | 1 |  |  |  |  |
| 合計 |  |  | 8 | 16 | 7 | 4 | 36 | 2 |

（出所）各種資料を元に作成

社です。日本でも、上場企業2社、未上場企業21社、買収事例は1社です。代表企業例としては、Procore、OpenSpace（米国）、アンドパッド（日本）などがあります。

　世界での広がりを見ると、上場企業で1カ国（米国3）、未上場会社で2カ国（米国9、中国）、買収事例で2カ国（米国4、オーストラリア）となっています。ほとんどが、米国、企業となっています。米国の割合は、上場企業で100％、未上場企業で90％、買収事例で80％となっています。

　日本では、業務アプリケーションの成長が顕著です。世界と比較しても、その充実ぶりが際立っています。世界各国の広がりは限定的であり米国のベンチャーが中心となっていますが、日本では独自の進化を遂げており多くの企業が活躍しています。

　世界の買収事例では、大手上場 Con tech 企業（Autodesk、Procore）、大手建材メーカー（HILTI、機材・建材のマーケットプレイス運営）、大手測量機器メーカー（Trimble）、大手ソフトウェア、SaaS 企業（Oracle）、大手 EC 企業（Amazon）、大手インターネットサービス企業（Google）が買い手となっています。

　日本では近年、建設会社の倒産が増加しています。Con tech がさらに進展することで、特に中小建設会社を下支えすることが期待されます。また、東南アジアを中心とした世界展開の可能性もあると考えられます。

# 4-13

# Logi tech

　Logi tech とは、Logistics（物流）と Technology（技術）を組み合わせた造語です。Vertical SaaS（バーチカルサース）の一分野です。

　Logi tech を構成するビジネスとして、以下の4つが確認されました。
①物流関連業向け業務アプリケーション
②物流関連マーケットプレイス
③物流関連マッチング PF
④物流関連オンラインサービス

　表48は、Logi tech 分野の事業内容の分類と上場、未上場、買収事例の区分別企業数を示しています。

　物流関連オンラインサービスは、世界で上場企業3社、未上場企業23社、買収事例は2社です。日本では、未上場企業2社のみです。世界各国の広がりでは、上場企業で2カ国（中国2、インド）、未上場企業で10カ国（米国7、中国5、インド4、ブラジル、ドイツ2、メキシコ、タイ、シンガポール、香港）、買収事例で2カ国（米国、中国）です。各大陸の市場規模が大きい地域に広がっていることがわかります。

　インターネットを利用したオンライン物流サービスは、世界的な通信インフラの拡大、グローバル経済の進展、Eコマースの普及、そして物流業務アプリケーションの進化に支えられ、著しい成長を遂げてきました。現在では多様な物流サービスが提供されています。以下に、主なサービス例を挙げます。

### 表48 Logi tech 分野の事業内容の分類と上場、未上場、買収事例の区分別企業数

単位：企業数

| ビジネスモデル | カテゴリ1 | カテゴリ2 | カテゴリ3 | 世界 上場 | 世界 未上場 | 世界 買収 | 日本 上場 | 日本 未上場 | 日本 買収 |
|---|---|---|---|---|---|---|---|---|---|
| 業務管理アプリケーション Vertical SaaS | 物流業務運用管理 | 業務運用管理 | | 1 | 2 | | | | |
| | | 国際物流管理システム | | | 2 | | | | |
| | | 物流管理システム | | | 1 | 2 | | 1 | |
| | | 物流サービス管理 | | | 1 | | | | |
| | | 車両管理システム | | 2 | 3 | | 2 | 2 | |
| | | 配送計画 | | | | | | 3 | |
| | | データ分析（倉庫、物流） | | | 1 | | | | |
| | | 物流施設統合管理・最適化システム | | | | | | 1 | |
| | 在庫管理システム | 在庫管理システム | | | 1 | 1 | 1 | 2 | |
| | | 需要予測型の自動発注システム | | | | | 1 | | |
| | | RFIDタグを利用した在庫・物品管理 | | | | | | 1 | |
| | サプライチェーン | サプライチェーン管理（SCM） | | 2 | 1 | | | | |
| | | サプライチェーン可視化／分析ツール | | | 4 | 3 | | | |
| | 倉庫運用管理システム（WMS） | 倉庫、工場向け自律搬送ロボット（AMR） | | 1 | 6 | 1 | | 2 | |
| | | 棚搬送型ロボット（GTP） | | | 1 | | | | |
| | | 自動倉庫システム（ASRS） | | | 1 | | | 2 | |
| | | ケースハンドリングロボット（ACR） | | | 1 | | | | |
| | | 倉庫向けのロボットピッキングシステム | | | 2 | | | | |
| | | 自動フォークリフト | | | | | | 1 | |
| | | 産業用車両自律走行ソフトウェア | | 1 | | | | | |
| | EC／オムニチャンネル向け物流管理 | 物流管理 | | | 2 | | | | |
| | | 出荷管理 | | | 1 | | | | |
| | | 自動出荷システム | | | | | | 2 | |
| | 貿易業向け業務運用管理 | 業務運用管理 | | | | | | 1 | |
| | | 情報連携サービス | | | | | | 1 | |
| マーケットプレイス | 国際貨物サービス | | | 1 | | | | | |
| マッチング PF (Maching) | 輸送会社／配送業者 | | | 1 | 1 | | | | 1 |
| | 配達車（個人） | | | | | | | 1 | |
| | トラックドライバー | | | | 3 | | | | |
| | 倉庫スペース | | | | | | | 1 | |
| オンラインサービス (Onlineservice) | 物流サービス | 物流ネットワークサービス | | | 8 | | | | |
| | | オンデマンド物流サービス | | | 2 | | | | |
| | | 国際物流サービス | | | 2 | | | | |
| | | 宅配サービス | | 1 | | | | | |
| | | 海上コンテナ輸送 | | | 1 | | | | |
| | | ラストワンマイル物流 | | | 1 | | | 1 | |
| | | フルフィルメントサービス | | 1 | 2 | | | 2 | |
| | | | EC向け | | 5 | 1 | | | |
| | | 共同輸送サービス | | | 1 | | | | |
| | | ドローン配送サービス | | | 1 | | | | |
| | | AFN（Autonomous Freight Network） | | | | | | | |
| | 倉庫ロボットサブスクリプション | | | | | | | 1 | |
| | 倉庫保管サービス | | | | | | | 1 | |
| | スマートロッカー | | | | 1 | | 1 | | |
| | | | 合計 | 12 | 58 | 9 | 4 | 27 | 1 |

（出所）各種資料を元に作成

## ①物流ネットワークサービス

　世界各地に点在する倉庫や配送センターなどの物流拠点を結びつけ、効率的な物流システムを構築・運用するサービスです。サプライチェー

ン全体を最適化し、コスト削減やリードタイム短縮に貢献します。3PL（Third Party Logistics）事業者が代表的です。

**②オンデマンド物流サービス**

スマートフォンアプリなどを通じて、必要な時に必要な場所へ、必要な量の荷物を配送できるサービスです。リアルタイム配送状況確認や多様な配送オプションが特徴で、顧客の多様なニーズに対応できます。

**③国際物流サービス**

国際間の荷物輸送をサポートするサービスです。通関手続きや書類作成代行、複数の輸送手段（航空便、船便、陸送など）の組み合わせなど、複雑な国際輸送を円滑に進めるためのサービスを提供します。

**④海上コンテナ輸送**

コンテナ船を利用した海上輸送サービスです。大量の荷物を効率的に輸送でき、長距離輸送に適しています。比較的安価な輸送コストも特徴です。

**⑤ラストワンマイル物流**

顧客の玄関先まで荷物を届ける配送サービスです。EC市場の拡大に伴い重要性が増しており、配送効率向上やコスト削減が課題となっています。Amazon Logisticsや楽天物流などが注力しています。

**⑥フルフィルメントサービス**

ECサイトなどの商品の保管、梱包、発送、返品処理などを代行するサービスです。EC事業者は物流業務を外部委託することで、本業に集中できます。

**⑦共同輸送サービス**

複数の荷主の荷物をまとめて輸送するサービスです。トラックの積載

率向上や配送ルート効率化により、輸送コスト削減や環境負荷低減に貢献します。

⑧ AFN（Autonomous Freight Network）
　自動運転トラックによる輸送ネットワークです。人手不足解消や輸送コスト削減、24 時間 365 日稼働などが期待されています。

　Logi tech は、オンラインサービスとして各物流サービスが広がり、それに伴い物流関連業向け業務アプリケーションが中心となって成長してきました。物流関連業向け業務アプリケーションの中心は、物流業務アプリケーションと倉庫運用管理アプリケーションです。

①物流関連業向け業務アプリケーション
　①-1　物流業務アプリケーション
　　配送ルートの最適化、配達状況の追跡、輸送コストの管理など、荷物の輸送に関わる業務全般を効率化するアプリケーションです。
　①-1-1　世界では、上場企業 3 社、未上場企業 10 社、買収事例は
　　　　　2 社です。
　①-1-2　日本では、上場企業 2 社、未上場企業 7 社です。

　①-2　倉庫運用管理アプリケーション
　　倉庫内の在庫状況の把握、入出庫作業の効率化、保管スペースの最適化など、倉庫の運用効率を高めるアプリケーションです。
　①-2-1　世界では、上場企業 2 社、未上場企業 11 社、買収事例は
　　　　　1 社です。
　①-2-2　日本では、未上場企業 5 社です。

　物流関連業向け業務アプリケーションの世界各国の広がりは、上場企業で 5 カ国（米国 3、カナダ、オーストラリア、南アフリカ、インド）、未上場企業で 9 カ国（米国 12、英国、カナダ、フランス、オランダ、

ノルウェー、イスラエル2、中国7)、買収事例で3カ国（米国5、ドイツ、ブルガリア）です。先進国地域、中国、インドに広がっていることがわかります。

　世界の買収事例では、大手EC企業（Alibaba）、大手物流サービス会社（KUKA、Flexport）などが買い手となっています。今後、Logitech分野でも、M&Aの増加が見込まれます。

これまで見てきたように、このような物流サービスと物流関連業向け業務アプリケーションが、世界的なECの成長を後押ししています。
　EC市場の拡大や、AI、IoT、自動運転技術などの発展に伴い、Logitech市場は今後も成長を続けると期待されます。特に、物流の効率化、自動化、可視化が加速するでしょう。例えば、AIによる倉庫可視化やIoTでの配送追跡が進展しています。また、ラストワンマイル配送の課題解決やサプライチェーン全体の最適化も見込まれます。

## 4-14

# Auto tech

　Auto tech とは、Automobile（自動車）と Technology（技術）を組み合わせた造語です。Vertical SaaS（バーチカルサース）の一分野です。

　Auto tech を構成するビジネスとして、以下の4つが確認されました。
①自動車産業における新しい車両(Vehicle) = EV
②自動車関連部品、機器(Component)
③自動車関連システム
④自動関連業向け業務アプリケーション

　表49 は、Auto tech 分野の事業内容の分類と上場、未上場、買収事例の区分別企業数を示しています。Auto tech は、EV（Electric Vehicle）と自動運転システムを中心に成長してきたことがわかります。

### ① EV (Electric Vehicle)
　電気自動車のことを指します。ガソリンなどの化石燃料ではなく、電気を使ってモーターを回して走る自動車です。
- ①-1　世界では、上場企業5社、未上場企業17社、買収事例は1社です。
- ①-2　日本では、未上場企業4社です。
- ①-3　世界各国の広がりでは、上場企業で2カ国(米国、中国)、未上場企業で3カ国(中国、インド、クロアチア)、買収事例で1カ国(中国)です。

　米国では先行して上場した Tesla の成長が著しく、後に続くベンチャーはあまり出てきていないようです。未上場企業では17社中14社が中国のベンチャーであり、中国における EV への投資の過熱ぶりがう

**表49** Auto tech 分野の事業内容の分類と上場、未上場、買収事例の区分別企業数

単位：企業数

| ビジネスモデル | カテゴリ1 | カテゴリ2 | 世界 上場 | 世界 未上場 | 世界 買収 | 日本 上場 | 日本 未上場 | 日本 買収 |
|---|---|---|---|---|---|---|---|---|
| 自動車関連システム | 自動運転システム（Lv4-5） | 乗用車、タクシー | 1 | 10 | 3 | | 1 | |
| | | バス | | 1 | | | | |
| | | トラック | | 3 | 2 | | 1 | |
| | | 配送車 | | 2 | | | | |
| | 運転支援システム | ADAS（先進運転支援システム） | 2 | 3 | | 1 | 1 | |
| | 自動運転用車載システム | | 1 | | | | | |
| | 車載オペレーティングシステム | | | 1 | | | | |
| | 自動ナンバープレート認識 | | | 1 | | | | |
| | 自動運転オープンソースソフト | | | | | | 1 | |
| | 商用車向け電動駆動システム（トラック） | | | | | | | 1 |
| | MaaS | | | 1 | | | 3 | |
| 業務管理アプリケーション Vertical SaaS | 自動車メーカー向け業務運用管理 | 自動車開発ツール | | | | | 1 | |
| | | 自動運転車開発ツール | | 1 | | | | |
| | 自動車販売業向け業務運用管理 | 業務運用管理 | | 2 | | | | 1 |
| | | 中古車販売業向け業務運用管理 | | | | | 1 | |
| | | 自動車販売業向け分析ツール | 1 | | | | | |
| | 自動車整備業者向け業務運用管理 | 業務運用管理 | | 1 | | | 1 | |
| | | 車両検査システム（画像認識） | | | | | 1 | |
| | カーシェア事業者むけ業務運用管理 | | | | | | 1 | |
| | タクシー業界向け業務運用管理 | | | | | | 1 | |
| Vehicle | EV | 乗用車 | 5 | 17 | 1 | | 4 | |
| | 電動バイク、スクーター | | | 1 | | | 2 | |
| Component | 車載センサー | LiDAR | 4 | | | | | |
| | | 4D LiDAR | 2 | 1 | | | | |
| | インテリジェントコックピット | | | 1 | | | | |
| | 3D認識センサー（可視光カメラ＋赤外線） | | | 1 | | | | |
| | 車載AIアシスタント | | | 1 | | | | |
| | 携帯電話利用検知システム | | | 1 | | | | |
| | 自動車用半導体 | | | 1 | | | | |
| | | 合計 | 23 | 44 | 7 | 4 | 15 | 2 |

（出所）各種資料を元に作成

かがえます。今後はM&Aによる再編が予想され、その動向が注目されます。

②**自動運転システム**

　自動車が人間の運転操作なしに、周囲の状況を認識して、自動で走行するシステムです。センサー、カメラ、レーダーなどで周囲の環境を認識し、AI（人工知能）が状況を判断して、アクセル、ブレーキ、ハンドルなどを自動で制御します。

　自動運転には、レベル0からレベル5までの6段階のレベルがあり、レベルが上がるほど自動化の度合いが高くなります。

### 自動運転システムのレベル

レベル 0 〜 運転支援なし
レベル 1 〜 運転操作の一部を自動化（例：クルーズコントロール）
レベル 2 〜 複数の運転操作を自動化（例：自動ブレーキ、レーンキープアシスト）
レベル 3 〜 特定の条件下でシステムがすべての運転操作を実行
レベル 4 〜 特定の条件下でシステムが完全に運転を自動化
レベル 5 〜 すべての条件下でシステムが完全に運転を自動化

現在、実用化されているのはレベル2までの自動運転で、レベル3以上の自動運転の実現に向けて、世界中で開発走行実験が進められています。

②-1　世界では、上場企業1社、未上場会社16社、買収事例は5社です。

②-2　日本では、未上場会社2社です。

②-3　世界各国の広がりでは、上場企業で1カ国（イスラエル）、未上場企業で4カ国（米国4、英国2、スウェーデン、中国9）、買収事例で3カ国（米国3、英国、イスラエル、中国）です。

自動運転システムは、世界中で大型の資金調達が行われている分野です。その技術的難易度は高く、長期的に多額の開発費を必要とすることから、経営破綻するケースが出てきています。Argo AI（米国）、Ibeo Automotive Systems（ドイツ）、Sensible 4（フィンランド）、Roadstar.ai（中国）、Ghost Autonomy（米国）などの自動運転システム関連のベンチャーの破綻がありました。特に、2022年のフォードとフォルクスワーゲンの出資を受けたArgo AIの破綻は、業界に大きなインパクトを与えました。

自動運転システムは、今後も大きな資金調達が続く成長性の高い分野ですが、同時にM&Aや経営破綻などで淘汰が進む、ハイリスク・ハイリターンな事業と言えるでしょう。

世界の買収事例では、大手自動車メーカー（General Motors）、大手EC企業（Amazon）、大手通信会社（SoftBank）、大手自動車部品メーカー（Bosch）、大手EVメーカー（Apollo）、大手半導体メーカー（Intel）が買い手となっています。Auto techでは、今後もM&Aが続くと考えられます。

CASE（Connected、Autonomous、Shared & Services、Electric）と呼ばれる自動車業界の大きな変革期において、Auto techは今後も重要な役割を果たすと予想されます。EV、自動運転技術に加え、MaaS（Mobility as a Service）やコネクテッドカーなどの分野でも、技術革新と新たなビジネスモデルの創出が期待されています。

# 4-15 Agri tech

　Agri techとは、Agriculture（農業）とTechnology（技術）を組み合わせた造語です。Vertical SaaS（バーチカルサース）の一分野です。

　Agri techを構成するビジネスとして、以下の4つが確認されました。
①農畜産業向け業務アプリケーション
②農畜産業関連サービス
③農畜産業向け新素材開発
④農畜産業関連マッチングPF

　表50は、Agri tech分野の事業内容の分類と、上場企業数、未上場企業数、買収事例数を示したものです。Agri techは、農畜産業向け業務アプリケーションを中心に成長してきたことがわかります。

**表50** Agri tech分野の事業内容の分類と上場、未上場、買収事例の区分別企業数

単位：企業数

| ビジネスモデル | カテゴリ1 | カテゴリ2 | カテゴリ3 | 世界 上場 | 世界 未上場 | 世界 買収 | 日本 上場 | 日本 未上場 | 日本 買収 |
|---|---|---|---|---|---|---|---|---|---|
| 業務管理アプリケーション SaaS_Horizontal | 農産業務運用管理 | 農場運用管理 | 農場運用管理 |  | 4 | 2 |  | 3 |  |
|  |  |  | ハウス農場運用管理 |  |  |  |  | 1 |  |
|  |  |  | 屋内農業運用管理 |  | 4 |  |  | 3 |  |
|  |  |  | 灌漑制御システム |  |  |  |  | 1 |  |
|  |  |  | 農作物栽培管理 |  |  |  |  | 2 |  |
|  |  | 農業用ロボット運用 | 農業用ロボット運用 |  |  | 1 |  | 3 |  |
|  |  |  | 農薬散布用ドローン |  |  |  |  | 1 |  |
|  |  |  | 屋外作業用モビリティ |  |  |  |  | 3 |  |
|  |  |  | 灌水施肥ロボット |  |  |  |  |  | 1 |
|  |  | 農業経営管理 |  |  |  |  |  | 1 |  |
|  |  | 畜産業業務運用管理 |  |  | 1 |  |  | 4 |  |
|  |  | 農業監視、モニタリング |  |  |  |  |  | 1 |  |
|  | TNFD対応定量評価・分析ツール |  |  |  |  |  |  | 1 |  |
|  | 自治体向け耕作放棄地管理 |  |  |  |  |  |  | 1 |  |
| Material | 新農業関連素材開発 |  |  |  | 5 |  |  | 2 |  |
| Maching | 貸し農園 |  |  |  |  |  |  | 1 |  |
| Service | オフィス向け野菜提供サービス |  |  |  |  |  |  | 1 |  |
|  | 生鮮食料品の流通サービス |  |  |  |  |  |  |  | 1 |
| 合計 |  |  |  | 0 | 14 | 3 | 0 | 29 | 2 |

（出所）各種資料を元に作成

農畜産業向け業務アプリケーションは、世界で未上場企業9社、買収事例は3社です。日本では、未上場企業20社、買収事例は1社です。世界各国の広がりでは、未上場企業で4カ国（米国6、韓国、中国、インド）、買収事例で1カ国（米国）です。

日本では、農産業向け業務アプリケーションにおいて、多様なサービスが提供され、全体としての網羅性が高まっていることがわかります。今後の成長を通した日本の食料自給率の低さの解消や、東南アジアを中心とした世界展開の可能性に期待が集まっています。

## ①農畜産業向け業務アプリケーション

### ①-1 農場運用管理
圃場情報、作業計画、資材管理、収穫管理などを一元化し、農場経営を支援するシステムです。

### ①-2 ハウス農場運用管理
ハウス内の環境制御、作物の生育管理、病害虫管理などを最適化し、効率的なハウス栽培を支援します。

### ①-3 屋内農業運用管理
植物工場等の環境制御、生育管理、データ分析により、精密な屋内栽培を支援するシステムです。

### ①-4 灌漑制御システム
土壌水分や気象データに基づき、自動で適切な量の水を灌漑し、節水と効率的な栽培を支援します。

### ①-5 農作物栽培管理
品種管理、生育予測、品質管理、栽培履歴管理など、特定の農作物の栽培に特化した支援を行うシステムです。

②農業用ロボット運用アプリケーション
　②-1　農業用ロボット運用
　　複数の農業ロボットを統合管理し、作業指示、経路計画、遠隔監視、データ収集分析で効率的な作業を支援します。

　②-2　農薬散布用ドローン
　　自動飛行で広範囲に農薬を精密散布し、人手不足解消、作業効率向上、安全性確保に貢献します。

　②-3　屋外作業用モビリティ
　　圃場内を自律走行し、耕うん、播種、除草、収穫、運搬などさまざまな作業を代行する多機能ロボットです。

　②-4　潅水施肥ロボット
　　圃場内を移動しながら適切な量の水と肥料を散布し、省力化、均一散布、効率的な栽培を支援します。

　世界人口の増加に伴う食料需要の変化、気候変動などの課題を解決するために、Agri techは今後も重要な役割を果たすと予想されます。AI、IoT、バイオテクノロジーなどの技術革新により、農業の効率化、精密化、持続可能性が向上し、食料生産の安定化に貢献すると期待されています。特に日本では低い食料自給率を改善するために、日本のAgri techベンチャーのさらなる成長が求められるでしょう。

## 4-16

# Clean tech

　Clean techとは、Clean Energy（クリーンエネルギー）とTechnology（技術）を組み合わせた造語です。New Area Technology（新しい技術分野）の一分野です。別の言い方として、Climate tech（クライメートテック）やGreen Tech（グリーンテック）などがあります。Clean techは環境問題の解決に貢献する技術全般を指し、再生可能エネルギー技術だけでなく、脱炭素テック、水素関連技術、電池関連技術、エネルギー関連サービス・業務アプリケーションなども含まれます。

　Clean techを構成するビジネスとして、以下の5つが確認されました。
**①再生可能エネルギー事業**
**②エネルギー関連サービス・オンラインサービス・マーケットプレイス**
**③ Clean tech 関連の設備・機器**
**④エネルギー関連業向け業務アプリケーション**
**⑤企業向けエネルギー運用管理アプリケーション**

　表51は、Clean tech分野の再生可能エネルギー事業、エネルギー関連サービス・オンラインサービス・マーケットプレイスの事業内容の分類と、上場企業数、未上場企業数、買収事例数を示したものです。

**①再生可能エネルギー事業**
　1997年の京都議定書の制定、2015年のパリ協定を踏まえ、大きく成長してきました。再生可能エネルギー事業は、地球温暖化対策の切り札として、世界的に注目されています。太陽光発電、風力発電などの再生可能エネルギーは、二酸化炭素を排出しないクリーンなエネルギー源として、普及が進んでいます。

**表51** Clean tech 分野の事業内容の分類と上場、未上場、買収事例の区分別企業数

単位：企業数

| ビジネスモデル | カテゴリ1 | カテゴリ2 | カテゴリ3 | 世界 上場 | 世界 未上場 | 世界 買収 | 日本 上場 | 日本 未上場 | 日本 買収 |
|---|---|---|---|---|---|---|---|---|---|
| Energy | 再生可能エネルギー | 太陽光発電 | 太陽光発電 | 3 | 1 | | 4 | 1 | |
| | | | 太陽光発電、風力発電 | 7 | | 7 | | | 1 |
| | | | 太陽光発電、風力発電、水力発電、バイオマス発電 | 2 | | | 1 | 3 | |
| | | | 太陽光発電、風力発電、水力発電 | 1 | | | 1 | | |
| | | | 太陽光発電、風力発電、水力発電 | 1 | | | | | |
| | | | 太陽光発電、風力発電、バイオマス発電 | | | | 1 | | |
| | | 風力発電 | | 2 | | | | | |
| | | 地熱発電 | | 1 | | | | | |
| | | 水力発電 | | 1 | 1 | | | | |
| | | バイオマス発電 | | | | | 1 | | |
| | | バイオマス燃料 | | 1 | 1 | | | | |
| | | 量子水素エネルギー（QHe） | | | | | | 1 | |
| | | 再生可能天然ガス | | | 1 | 1 | | | |
| Service | リサイクルサービス | EV用バッテリーの交換サービス | | | 1 | | | | |
| | | リチウムイオンバッテリーリサイクル | | 1 | 1 | | | | |
| | | 衣類や繊維製品のリサイクルサービス | | | | | | | 1 |
| | エネルギー関連 | 太陽光発電関連サービス | 太陽光発電システムリース | | 1 | | | | |
| | | | 太陽光PPA／TPO | | | | | 3 | |
| | | 電力関連サービス | マンション一括受電サービス、管理ソフト | | | | 1 | | |
| | | | 電力会社／ガス会社切り替えサービス | | | | 1 | | |
| | | | 再生可能エネルギーを活用した電力供給事業 | | | | | | 1 |
| | カーボンクレジット関連 | カーボンクレジットコンサルティング | | | | | | | 1 |
| | | 農業カーボンクレジットの生成・販売 | | | | | | | 1 |
| | | 森林クレジット品質評価サービス | | | | | | | 1 |
| | その他 | 産業廃棄物を利用したデータセンター運営 | | | 1 | | | | |
| | | 再生可能エネルギー導入コンサル | | | | | | 1 | |
| | | エアコン、家電のIOT化サービス | | | | | | 1 | |
| Marketplace | エネルギーマーケットプレイス | エネルギーマーケットプレイス | | | 1 | | | 1 | |
| | | 環境商品取引所（カーボンクレジット等） | | | 1 | | | | |
| | | 仮想発電所（VPP） | | | | | | | |
| | | 再生エネルギー取引 | | | 1 | | | | |
| | | 電力オークション | | | 1 | | | | |
| | その他 | 太陽光発電システム機器 | | | | | 1 | 1 | |
| Onlineservice | サステナブル企業情報DB | | | | | | | 1 | |
| | 住宅用太陽光発電システム比較サイト | | | | | | | | 1 |
| | | | 合計 | 20 | 10 | 9 | 10 | 19 | 3 |

（出所）各種資料を元に作成

## ①-1　太陽光発電

　太陽光を電力に変換する技術です。設置コストの低下や発電効率の向上により、普及が進んでいます。

## ①-2　風力発電

　風の力を利用して発電する技術です。陸上風力発電に加え、洋上風

力発電の導入も進んでいます。

### ①-3　水力発電
水の力を利用して発電する技術です。古くから利用されている再生可能エネルギーですが、環境への影響が少ない小水力発電の開発も進められています。

### ①-4　地熱発電
地熱を利用して発電する技術です。日本は火山国なので地熱資源が豊富な国であり、地熱発電の導入拡大が期待されています。

### ①-5　バイオマス発電
バイオマスを燃料として利用する発電技術です。木質バイオマス、家畜糞尿、食品廃棄物など、さまざまなバイオマスが利用されています。

これらの再生可能エネルギーは、それぞれに特徴や課題があります。それぞれの地域や状況に合わせて、最適な再生可能エネルギーを導入していくことが重要です。

世界で上場企業19社、未上場企業3社、買収事例は9社です。日本では、上場企業8社、未上場企業5社、買収事例は1社です。世界各国の広がりでは、上場企業で11カ国（米国6、中国、インド2、ドイツ、フランス、スペイン2、デンマーク、ノルウェー、イスラエル、タイ、サウジアラビア）、未上場企業で2カ国（米国2、カナダ）、買収事例で4カ国（米国6、カナダ、ドイツ、ノルウェー）です。

世界の買収事例では、大手既存エネルギー会社（BP）、大手再生可能エネルギー会社などが買い手となっています。

表52は、Clean tech関連の設備、機器の事業内容の分類と上場、未

## 表52 Clean tech 分野の事業内容の分類と上場、未上場、買収事例の区分別企業数 2

単位：企業数

| ビジネスモデル | カテゴリ1 | カテゴリ2 | カテゴリ3 | 世界 上場 | 世界 未上場 | 世界 買収 | 日本 上場 | 日本 未上場 | 日本 買収 |
|---|---|---|---|---|---|---|---|---|---|
| Component | 再生エネルギー関連 | 太陽光発電関連 | 太陽光発電パネル | 2 | | | | | |
| | | | ペロブスカイト太陽電池 | | | | | 1 | |
| | | | 太陽光発電用ガラス | 1 | | | | | |
| | | | 太陽光マイクロインバータ | 1 | | | | | |
| | | 風力発電関連 | 複合材風力ブレード | 1 | | | | | |
| | 電池関連 | リチウムイオン電池 | リチウムイオン電池 | 8 | 6 | | | 3 | |
| | | | 個体リチウムイオン電池開発 | 1 | | | | | |
| | | | シリコン負極リチウムイオン電池 | 1 | 1 | | | | |
| | | | リチウム金属二次電池 | 1 | | | | | |
| | | | リン酸鉄リチウム (LFP) 電池 | | 1 | | | | |
| | | | ニッケル水素蓄電池 | | | | | 1 | |
| | | | 全個体電池 | 1 | 3 | | | 1 | |
| | | | 全樹脂電池 | | | | | 1 | |
| | | | プロトン電池 | | | | | 1 | |
| | | | 鉛+LIB ハイブリット蓄電池 | | | | | 1 | |
| | | | 電気自動車用バッテリーパック | | 1 | | | | |
| | | 燃料電池 | 水素燃料電池 | 1 | 1 | | | | |
| | | | 固体酸化物燃料電池 | 1 | | | | | |
| | | 鉄流電池 | | 1 | | | | | |
| | その他 | 水素エンジン | | | 1 | | | 1 | |
| Equipment | 水素テック | 水素製造技術 | 電解槽 | | 1 | | | | |
| | | | アルカリ水電解装置 (AWE) | 1 | | | | | |
| | | | グリーン水素製造用電解装置 | 1 | | | | | |
| | | | メタン熱分解による水素製造 | | 1 | | | | |
| | | | 水電解装置 | | 3 | | | | |
| | | 水素燃料供給ステーション | | 1 | | | | | |
| | | 水素チューブトレーラー | | 1 | | | | | |
| | 再生可能エネルギー運用システム | 太陽光発電システム | 商業用/住宅用太陽光発電システム | 4 | | 1 | | | |
| | | | 住宅用太陽光発電システム | 4 | | | | | |
| | | | 住宅用蓄電システム | 1 | | | | | |
| | | | 商業用太陽光発電システム | 1 | | | | 1 | |
| | | | 太陽光発電システム（スマートトラッカー） | 1 | | | | | |
| | | | 太陽光発電運用管理システム | 1 | | | | | |
| | | | バッテリーストレージシステム | | 1 | | | | |
| | | 風力発電システム | | | | | | 2 | |
| | | 地熱発電システム | | | 1 | | | | |
| | | 熱電発電モジュール | | | | | | 2 | |
| | | バイオ燃料精製システム | | | | | | 1 | |
| | 脱炭素テック | 核融合発電 | ヘリカル型核融合炉 | | | | | 1 | |
| | | | トカマク型核融合炉 | | 1 | | | | |
| | | | レーザー核融合商用炉 | | | | | 1 | |
| | | | 磁場反転配位 (FRC) 型 | | 1 | | | | |
| | | | フュージョンエネルギー炉 | | | | | 1 | |
| | | 次世代原子力技術 | 小型高速炉 | 1 | | | | | |
| | | | 小型原子炉 | 1 | | | | | |
| | | | 小型モジュール式原子炉 | 1 | | | | | |
| | | | ナトリウム冷却高速炉 | | 1 | | | | |
| | | | 高温ガス冷却ペブルベッド原子炉 | | 1 | | | | |
| | | その他発電システム | アンモニアを燃料とする発電 | | 1 | | | | |
| | | EV 充電システム | 小型 EV 充電システム | 1 | | 1 | | 2 | |
| | | | EV 充電ステーションネットワーク | 4 | 4 | | | 1 | |
| | | | EV 急速充電ネットワーク | 1 | | | | | |
| | | | 商業用/住宅用 EV 用充電システム | 5 | 1 | | | | |
| | | | Vehicle-To-Grid (V2G) | 1 | | | | | |
| | | カーボンキャプチャーシステム | | | 2 | 1 | | | |
| | | 大型バッテリーネットワーク | | | 1 | | | | |
| | | 廃棄物処理システム | | | | | | 1 | |
| | | スマートゴミ箱 | | | | | | 1 | |
| | エネルギー貯蔵（電池関連） | リチウムイオン電池関連システム | 精密放電装置（リチウムイオン電池検査） | 1 | | | | | |
| | | | リチウム抽出装置 | | 1 | | | | |
| | | 亜鉛ベースの蓄電システム | | 1 | | | | | |
| | | | 合計 | 53 | 33 | 4 | 1 | 24 | 0 |

（出所）各種資料を元に作成

上場、買収事例の区分別企業数を示したものです。

Clean tech 関連の設備・機器も 1997 年の京都議定書の制定、2015 年のパリ協定を踏まえ、大きく成長してきました。Cleant tech 関連の設備・機器は、電池関連（リチウムイオン電池等）、水素技術関連、再生可能エネルギー関連システム、脱炭素テック（核融合発電、次世代原子力、EV 充電システム、カーボンキャプチャー）の 4 つで構成されています。

Clean tech 関連の設備・機器は、世界的に見て成長市場であり、今後も多くの企業が参入してくることが予想されます。特に、電池関連、水素技術関連、脱炭素テックは、今後の Clean tech を牽引する重要な技術となるでしょう。

**①電池関連（リチウムイオン電池等）**
　電気自動車（EV）や再生可能エネルギーの普及に伴い、需要が急増しています。高性能・低コストな電池の開発が、Clean tech の普及を加速させる鍵となります。従来のガソリン車に搭載されている鉛蓄電池と比べ、より高効率、高容量、長寿命な電池が求められています。

　①-1　リチウムイオン電池
　　現在、最も普及している二次電池（充電して繰り返し使える電池）です。小型軽量でエネルギー密度が高く、スマートフォンやノートパソコン、電気自動車などに広く利用されています。課題としては、発火のリスクや、コバルトなどの希少金属の使用、リサイクルの難しさなどが挙げられます。

　①-2　ナトリウムイオン電池
　　リチウムの代わりに豊富で安価なナトリウムを用いることで、リチウムイオン電池の課題であるコストや資源の枯渇問題を解決する可能

性を秘めています。また、安全性も高く、リチウムイオン電池よりも低い温度で動作することができます。しかし、現時点ではエネルギー密度がリチウムイオン電池よりも低いため、更なる研究開発が必要です。

### ①-3　全固体電池

電解質に固体材料を用いることで、従来の液体電解質を用いた電池よりも安全性とエネルギー密度を向上させることが期待されています。また、高温や低温環境での動作にも優れており、EV や再生可能エネルギー貯蔵システムへの応用が期待されています。しかし、製造コストが高いことや、イオン伝導度が低いことが課題として挙げられます。

## ②水素技術関連

水素をエネルギー源として利用する技術です。水素は燃焼しても二酸化炭素を排出しないため、クリーンなエネルギーとして期待されています。水素の製造、貯蔵、輸送などの技術開発が世界で行われています。

## ③再生可能エネルギー関連システム

太陽光、風力などの再生可能エネルギーを利用して発電し、電力を供給するための機器やシステムです。太陽光関連システム、機器の代表的なものを以下に説明します。

### ③-1　商業用・住宅用太陽光発電システム

太陽光発電パネル、パワーコンディショナー、蓄電池などを組み合わせたシステムです。

### ③-2　太陽光発電パネル

太陽光を電力に変換する装置です。シリコン系太陽電池が主流ですが、近年では変換効率の高いペロブスカイト太陽電池などの開発も進んでいます。

### ③-3　ペロブスカイト太陽電池

ペロブスカイト太陽電池は、ペロブスカイト構造を持つ有機・無機ハイブリッド材料を使用した次世代の太陽電池です。安価で製造が簡単で薄くて軽く柔軟性があるため、従来のシリコン太陽電池とは異なる多様な用途が期待されます。近年、エネルギー変換効率が大きく向上しており、将来の再生可能エネルギー技術として注目を集めています。

### ③-4　太陽光発電システム（スマートトラッカー）

太陽の動きに合わせて太陽光パネルの角度を調整するシステムです。

### ③-5　太陽光発電運用管理システム

太陽光発電システムの発電量や稼働状況を監視・管理するシステムです。

## ④脱炭素テック

二酸化炭素の排出量を削減する技術です。核融合発電、次世代原子力、EV充電システム、カーボンキャプチャーなど、さまざまな技術があります。これらの技術の開発・実用化が、地球温暖化対策に大きく貢献すると期待されます。

### ④-1　核融合発電

太陽のエネルギー生成と同じ原理を利用した発電方法です。重水素や三重水素などの軽い原子核を融合させて、より重い原子核に変換する際に生じる莫大なエネルギーを利用します。二酸化炭素を排出せず、燃料となる重水素は海水中に豊富に存在するため、次世代のクリーンエネルギーとして期待されています。しかし技術的な課題が多く、実用化にはまだ時間がかかると予想されています。

④-2　次世代原子力

　従来の原子力発電の安全性や廃棄物処理の問題を改善した、新しい原子力発電技術です。高速増殖炉や小型モジュール炉など、さまざまなタイプの原子炉が開発されています。二酸化炭素の排出量が少ないという利点がありますが、安全性や核廃棄物の問題について依然として懸念が残ります。

④-3　EV 充電システム

　電気自動車（EV）を充電するためのシステムです。家庭用充電器、公共充電器、急速充電器などさまざまなタイプの充電器があります。EV の普及に伴い、充電インフラの整備が重要な課題となっています。

④-4　カーボンキャプチャー

　工場や発電所などから排出される二酸化炭素を回収・貯留する技術です。回収した二酸化炭素は地中や海底に貯留したり、化学製品の原料として利用したりすることができます。大気中の二酸化炭素濃度を削減するための有効な手段として期待されていますが、コストやエネルギー効率などの課題があります。

　世界で上場企業 53 社、未上場企業 33 社、買収事例は 4 社です。日本では、上場企業 1 社、未上場企業 24 社です。世界各国の広がりでは、上場企業で 12 カ国（米国 34、英国、中国 6、オーストラリア、ドイツ、フランス、スペイン、オランダ 2、ノルウェー、アイルランド、デンマーク、韓国）、未上場企業で 9 カ国（米国 13、中国 8、カナダ 3、ドイツ 2、スイス、スウェーデン、イスラエル 2、シンガポール 2、台湾）、買収事例で 3 カ国（米国 2、英国、スウェーデン）です。

　世界の買収事例では、大手既存エネルギー会社（Exxon Mobil）、大手再生可能エネルギー会社などが買い手となっています。

世界では今後さらにClean tech関連の設備・機器の成長が見込まれ、M&Aも進むと考えられます。日本はエネルギー自給率が低く、エネルギー資源の多くを輸入に頼っています。Clean tech関連の設備・機器の開発・製造を強化することで、エネルギー自給率の向上に貢献できる可能性があります。特に電池技術、核融合発電、ペロブスカイト太陽電池などの有望分野のベンチャーが成長しており、今後の展開が期待されています。

　Clean tech関連の設備・機器市場は、世界的な脱炭素化の流れを受けて、今後も大きく成長すると予想されます。特に電池関連、水素技術関連、脱炭素テックは、技術革新とコストダウンが進み、市場の拡大を加速させると考えられます。

　表53は、エネルギー関連事業者向け業務アプリケーションと企業向けエネルギー関連業務アプリケーションの事業内容の分類と、上場企業数、未上場企業数、買収事例数を示したものです。

**表53** Clean tech分野の事業内容の分類と上場、未上場、買収事例の区分別企業数3

単位：企業数

| ビジネスモデル | カテゴリ1 | カテゴリ2 | カテゴリ3 | 世界 上場 | 世界 未上場 | 世界 買収 | 日本 上場 | 日本 未上場 | 日本 買収 |
|---|---|---|---|---|---|---|---|---|---|
| 業務管理アプリケーション SaaS_Vertical | 再生可能エネルギー業向け運用管理 | 再生可能エネルギー業向け運用管理 | 再生可能エネルギー業向け運用管理 | 1 | | | | | |
| | | 太陽光発電／蓄電池の運用管理 | 太陽光発電／蓄電池の運用管理 | 1 | 1 | | | 1 | |
| | | | 太陽光発電／蓄電池の予測／監視 | | | | | | |
| | | | 太陽光発電設置プロジェクト評価ツール | | 1 | | | | |
| | エネルギー企業向け運用管理 | EV充電ステーションネットワーク運用管理 | | | | | | 1 | |
| | | 電力小売業向け業務運用管理 | | | | | | 1 | |
| | | 電力取引市場における自動入札システム | | | | | | 1 | |
| | | シミュレーション／モデリング | | | | 1 | | | |
| 業務管理アプリケーション SaaS_Horizontal | エネルギー運用管理 | エネルギー効率化、データ分析 | | | 3 | | | | |
| | | 分散型電力システム管理 | | | | | | 2 | |
| | | 分散型エネルギー管理 | | | | | | | |
| | ESG経営運用管理 | ESG経営運用管理 | | | | | | 1 | |
| | | 脱炭素計画運用管理 | | | | | | 1 | |
| | | サステナビリティ運用評価 | | | | | | | |
| | | 廃棄物、リサイクル管理 | | 1 | | | | 1 | |
| | | 二酸化炭素排出量管理 | | | 1 | | | 4 | |
| | | カーボンクレジット管理 | | | 1 | | | | |
| | | | 合計 | 4 | 7 | 3 | 0 | 13 | 0 |

（出所）各種資料を元に作成

283

エネルギー関連事業者向け業務アプリケーションと企業向けエネルギー関連業務アプリケーションは、Clean tech関連の設備・機器の成長と連動して成長しています。Clean tech関連の設備・機器の導入増加に伴い、エネルギー関連事業者や企業はこれらの設備・機器を効率的に運用・管理するためのシステムの需要が高まっています。そのためエネルギー関連業務アプリケーションの導入企業が増加し、市場が拡大しています。

　世界で上場企業4社、未上場企業7社、買収事例は3社です。日本では、未上場企業13社です。世界の買収事例では、上場Fin tech企業（Workiva）、Clean techベンチャー（Uplight）が買い手となっています。

　エネルギー関連事業者向け業務アプリケーションと企業向けエネルギー関連業務アプリケーションは、エネルギー業界のデジタルトランスフォーメーション（DX）を推進する上で重要な役割を担っています。これらのアプリケーションは、エネルギーの生産、供給、消費に関わるさまざまな業務を効率化し、コスト削減や環境負荷の低減に貢献します。

　具体的には、以下のような機能を持つアプリケーションがあります。

**①エネルギー生産管理**
　再生可能エネルギー発電所の発電量予測、設備の稼働状況管理、メンテナンス計画の立案などの機能があります。

**②エネルギー需給管理**
　電力会社やガス会社における需要予測、供給計画の最適化、顧客管理などの機能があります。

**③エネルギー消費管理**
　企業や家庭におけるエネルギー使用量の計測、分析、省エネ対策など

の機能があります。

　これらのアプリケーションの導入により、エネルギー業界はより効率的で持続可能な事業運営が可能になります。

　再生可能エネルギーの普及や電力自由化の進展、エネルギー効率化への意識の高まりなどを背景に、エネルギー関連業務アプリケーション市場は今後も成長を続けると予想されます。AI や IoT などの技術を活用した、より高度なエネルギー管理システムの開発が期待されています。

## 4-17 Web3

　Web3とは、ブロックチェーン技術を利用したアプリケーションやサービス、暗号資産の取引や関連サービスのことです。New Area Technology（新しい技術分野）の一分野です。

　Web3は、ブロックチェーン技術を基盤とした次世代のインターネットの概念です。Web2.0に続く次世代の技術ということで、「Web3」と名付けられました。Web2.0では中央集権的なプラットフォームが力を持ち、ユーザーデータの管理やコンテンツの流通を支配していました。Web3は非中央集権的なシステムを構築することで、ユーザーにデータの所有権とコントロールを取り戻し、より自由で透明性の高いインターネットを実現することを目指しています。

　Web3は暗号資産、NFT、DAOなど、さまざまな技術や概念を含んでいます。これらの技術は金融、ゲーム、アート、サプライチェーンなど幅広い分野で応用され、社会に大きな変革をもたらす可能性を秘めています。

　Web3を構成するビジネスとして、以下の9つが確認されました。
① 暗号資産のマーケットプレイス（取引所）
② 暗号資産のマイニング
③ Web3関連のPaaS
④ Web3関連のオンラインサービス
⑤ ブロックチェーン・暗号資産を利用した決済サービス
⑥ ブロックチェーン・暗号資産関連のソフトウェア（新しい暗号資産そのものを含む）
⑦ Web3関連サービス
⑧ 企業向けWeb3関連業務アプリケーション
⑨ 金融機関向けWeb3関連業務アプリケーション

第4章　データで読み解くテクノロジー分野ごとの動向と見通し

表54は、Web3分野の事業内容の分類と上場、未上場、買収事例の区分別企業数を示したものです。

### 表54 Web3分野の事業内容の分類と上場、未上場、買収事例の区分別企業数

単位：企業数

| ビジネスモデル | カテゴリ1 | カテゴリ2 | 世界 上場 | 世界 未上場 | 世界 買収 | 日本 上場 | 日本 未上場 | 日本 買収 |
|---|---|---|---|---|---|---|---|---|
| マーケットプレイス | 暗号資産取引／販売所 | | 2 | 15 | | 1 | 5 | 7 |
| | 分散型取引所（DEX） | | | 1 | | | | |
| | DEX アグリゲーター | | | 1 | | | | |
| | NFT マーケットプレイス | | | 3 | 1 | | | 4 |
| マイニング | 暗号資産マイニング | | 13 | | | | | |
| PaaS | マイニング用ホスティング、運用管理 | | 3 | | | | | |
| | Web3 アプリケーション開発 | | | 4 | | | | |
| | | DApp 開発ツール | | | | | 1 | |
| | | Web3 ゲーム開発ツール | | 2 | | | | |
| | | 暗号通貨取引所開発ツール | | 1 | | | | |
| オンラインサービス | ファイナンスサービス | 暗号資産の上場投資信託（ETP）の運用 | 1 | 1 | | | | |
| | | 連邦公認暗号通貨銀行 | | 1 | | | | |
| | | プリペイド型日本円連動ステーブルコイン | | | | | 1 | |
| | | DeFi ウォレット | | 1 | | | | |
| | | 暗号資産による融資 | | | | | | 1 |
| | その他 | 暗号通貨データ分析サービス | | 1 | | | | |
| | | NFT ドメインの発行 | | 1 | | | | |
| | | 暗号資産での買い物、CtoC 取引 | | | | | 1 | |
| | | ファンコミュニティ | | | | | 1 | |
| | | 暗号資産ポイントアプリ | | | | | 3 | 2 |
| | | Web3 関連転職 / 求人サイト | | | | | | 1 |
| Component | マイニング用チップ（ASIC） | | 1 | | | | 1 | |
| Payment（決済） | 分散型台帳決済システム | | | 1 | | | | 1 |
| | 暗号資産を利用した決済サービス | | | 3 | | | 1 | |
| | CBDC(中央銀行デジタル通貨)決済 | | | | | | 1 | |
| Software | 暗号資産の開発 | | | 6 | | | | |
| | 暗号資産関連技術の開発 | | | 17 | | | 3 | 1 |
| Servive | ブロックチェーンゲーム開発 | | | 4 | | | 2 | |
| | 暗号資産取引所システム開発 | | | | | | 1 | |
| | Web3 関連システム開発 | | | | | | | |
| | NFT コンテンツ制作 | | | 1 | 1 | | | |
| | ブロックチェーン関連事業立ち上げ支援 | | | | | | | 1 |
| | ベンチャーキャピタル | | | 1 | | | | |
| 業務管理アプリケーション SaaS_Horizontal | 暗号資産運用管理 | 業務用暗号資産ウォレット | | | | | 1 | |
| | | 暗号資産のデータ分析 | | 1 | | | | |
| | | Web3 セキュリティ／監査 | | 1 | | | | |
| | | 暗号通貨リスク管理 | | 2 | | | | |
| | | 暗号通貨セキュリティ管理 | | | 3 | | | |
| | NFT マーケティングツール | | | | | | 1 | |
| | ブロックチェーン利用の HER/PHR 活用、管理 | | | | | | | 1 |
| 業務管理アプリケーション SaaS_vertical | 金融機関向け暗号資産カストディ業務運用管理 | | | 6 | | | 1 | |
| | 金融機関向け暗号資産資産取引システム | | | | | | | |
| | 機関投資家向け暗号資産取引システム | | | 2 | 2 | | | |
| | 合計 | | 20 | 77 | 7 | 1 | 24 | 20 |

（出所）各種資料を元に作成

287

Web3で中心となってきたのは、暗号資産のマーケットプレイス（取引所）、暗号資産のマイニング、ブロックチェーン、暗号資産関連のソフトウェア（新しい暗号資産そのものを含む）の3つです。

①**暗号資産のマーケットプレイス（取引所）**
　暗号資産の売買を行うためのプラットフォームです。株式市場における証券取引所のような役割を果たします。
- ①-1　世界では、上場企業2社、未上場企業20社、買収事例は1社です。
- ①-2　日本では、上場企業1社、未上場企業5社、買収事例は11社です。
- ①-3　世界各国の広がりでは、上場企業で1カ国（米国）、未上場企業で9カ国（米国、オーストラリア、インド、ブラジル、シンガポール、メキシコ、セーシェル、マルタ、ケイマン諸島）、買収事例で1カ国（英国）です。

　代表企業例としては、Coinbase（米国）、Bybit（シンガポール）Binance（マルタ）、BitBank、BitFlyer（日本）などがあります。

②**暗号資産のマイニング**
　暗号資産のマイニングを専門に行う事業のことを指しています。マイニングを行うには、高性能なコンピュータと大量の電力が必要となります。そのため、マイニング事業者は、これらのリソースを効率的に運用し、収益を最大化するためのノウハウを持っています。
- ②-1　マイニング事業のノウハウ
- ②-1-1　マイニングマシンの運用
　　大量のマイニングマシンを効率的に運用するための技術や知識が必要です。

②-1-2　電力調達
　マイニングには大量の電力を必要とするため、安価な電力を安定的に調達することが重要です。

②-1-3　冷却システム
　マイニングマシンは発熱するため、効率的な冷却システムが必要です。

②-1-4　マイニングプールの運営
　複数のマイナーが協力してマイニングを行うマイニングプールを運営することで、収益を安定化させることができます。

②-2　世界では、上場企業13社です。暗号資産のマイニングで、これほど多くの企業が上場していることは驚きです。
②-3　世界各国の広がりとしては、4カ国(米国8、英国2、カナダ2、中国)です。

　代表企業例としては、Marathon Digital、Core Scientific、TeraWulf（米国）、Riot Blockchain（カナダ）、Iris Energy（オーストラリア）などがあります。

### ③ブロックチェーン、暗号資産関連のソフトウェア
　Web3の基盤を支える重要な要素です。ブロックチェーンは、データの改ざんが困難な分散型台帳技術であり、暗号資産の取引記録やスマートコントラクト（ブロックチェーン上で自動的に動作するプログラム）の実行などに利用されます。
　ブロックチェーン、暗号資産関連のソフトウェアとは、ブロックチェーン周辺・関連ソフトウェア、暗号資産そのものの開発を指します。
　③-1　世界では、未上場企業23社です。
　③-2　日本では、未上場企業3社、買収事例は1社です。

③-3　世界各国の広がりとしては、未上場企業で 10 カ国（米国 10、英国 2、カナダ 3、ドイツ、ルクセンブルグ、イスラエル 2、インド、セーシェル、マルタ、ケイマン諸島）です。

代表企業例としては、Optimism、Boba Network（米国）、5ire（英国）、Celestia（ルクセンブルグ）などがあります。

買収事例では、大手 EC 企業（eBay）、Web3 関連企業（Coinbase、Ripple、Circle、Gemini、Yoga Lab）などが買い手となっています。
　日本でも大手金融サービス企業（SBI、マネックス、フィスコ）を中心に、さまざまな業種の企業が買い手となっています。

日本は、まだ技術的基盤が固まっていない Web3 分野において、今後、ブロックチェーンや暗号資産関連のソフトウェアをどれだけ成長させていけるかが注目されます。日本は Web3 分野において、世界に後れを取っていると言われています。政府は Web3 を国家戦略として位置付け、技術開発や人材育成を支援しています。日本のベンチャーもブロックチェーンや暗号資産関連のソフトウェア開発に積極的に取り組むことで、Web3 の成長に貢献し国際競争力を強化していく必要があるでしょう。

現在 Web3 技術は、暗号資産、ゲーム、オンラインコンテンツ、決済の用途に利用されています。今後、業務アプリケーション分野にどのように利用されていくかがポイントとなるでしょう。

Web3 はまだ初期段階の技術ですがその可能性は非常に大きく、社会に大きな変革をもたらす可能性を秘めています。Web3 技術の進化と普及によりインターネットはより分散化され、ユーザー中心の、そして透明性の高いものになっていくと考えられます。

## 4-18

# VR/AR

　VR/ARとは、VR（Virtual Reality：バーチャルリアリティ）、AR（Augmented Reality：拡張現実）を実現するための技術です。New Area Technology（新しい技術分野）の一分野です。

　VR/ARは、近年注目を集めている技術です。VRは、コンピュータグラフィックスなどを用いて、仮想的な世界を現実のように体験できる技術です。ARは、現実世界にコンピュータグラフィックスで生成した仮想的な情報を重ね合わせる技術です。

　VR/ARは、ゲームやエンターテインメント分野だけでなく、教育、医療、製造、建築など、幅広い分野で活用が期待されています。

　VR/ARを構成するビジネスとして、以下の7つが確認されました。
① **VR/ARを実現するためのデバイス**
② **VR/ARを実現するためのハードウェア**
③ **VR/ARのオンラインサービス**
④ **VR/AR関連ソフトウェア**
⑤ **VR/AR関連サービス**
⑥ **VR/ARを実装した設備**
⑦ **VR/AR関連の業務アプリケーション**

　①VR/ARを実現するためのデバイス、②VR/ARを実現するためのハードウェアについて代表的なものをいくつかを紹介します。

### ①VRヘッドセット
　頭部に装着するディスプレイデバイスで、仮想現実の世界を体験できます。高度なセンサーやディスプレイ技術により、没入感の高いVR体験を提供します。

（例）Meta Quest 2、Valve Index、HTC Vive Pro 2

② AR グラス

　メガネ型のウェアラブルデバイスで、現実世界にデジタル情報を重ねて表示します。ハンズフリーで情報にアクセスできるため、作業効率向上やナビゲーション、エンターテイメントなど、幅広い用途で活用が期待されています。

（例）Microsoft HoloLens、Google Glass Enterprise Edition 2

③ 3D モーショントラッキング

　人や物の動きを三次元空間で追跡する技術。VR/AR コンテンツにおける、より自然でリアルなインタラクションを実現します。カメラ、センサー、AI などを組み合わせたさまざまな方式があります。

④ 筋変位センサー

　筋肉の動きを検出するセンサー。VR/AR コンテンツにおいて、ユーザーの身体動作をより正確に反映したインタラクションを可能にします。グローブやスーツなどに装着して使用されます。

⑤ XR ディスプレイ技術

　VR、AR、MR（Mixed Reality：複合現実）などの技術を包括的に扱う XR（Extended Reality: 拡張現実）に対応したディスプレイ技術。現実世界と仮想世界をシームレスに融合させる、より自然で没入感のある XR 体験を実現します。

（例）光学透過型ディスプレイ、空間光変調器など

　③ VR/AR のオンラインサービスについて、代表的なサービスであるメタバースについて紹介します。

①メタバース

　インターネット上に構築された仮想空間で人々がアバターを介して交流したり、さまざまな活動を行ったりすることができます。大きく分けて、以下の4つの利用方法で構成されています。

①-1　イベント

　リアルなイベントと同様にメタバース上でもコンサート、展示会、カンファレンスなど、さまざまなイベントが開催されます。時間や場所の制約がなく、世界中の人々が参加できることが特徴です。
　（例）バーチャルアーティストのコンサート、企業の新製品発表会

①-2　コミュニティ

　趣味や関心が共通する人々が集まり、交流する場です。メタバース上では、現実世界よりも気軽に、さまざまなコミュニティに参加することができます。

①-3　ゲーム

　メタバースはゲームと親和性が高く、多くのゲームがメタバース上で展開されています。ユーザーはアバターを操作して、他のユーザーと協力したり競い合ったりすることができます。

①-4　デジタルワークプレイス

　メタバース上に構築された仮想オフィスです。ユーザーはアバターを介して他のユーザーとコミュニケーションを取ったり、共同作業を行ったりすることができます。時間や場所の制約がなく、柔軟な働き方が可能になります。

　表55は、VR/AR分野の事業内容の分類と上場企業数、未上場企業数、買収事例数を示したものです。

**表55** VR/AR 分野の事業内容の分類と上場、未上場、買収事例の区分別企業数

単位：企業数

| ビジネスモデル | カテゴリ1 | カテゴリ2 | 世界 上場 | 世界 未上場 | 世界 買収 | 日本 上場 | 日本 未上場 | 日本 買収 |
|---|---|---|---|---|---|---|---|---|
| Device | AR グラス | | 1 | 2 | | | | |
| | VR ヘッドセット | | | | 1 | | 1 | |
| | 3D モーショントラッキング | | 1 | | | | | |
| | 脳信号を読み取るリストバンド | | | | 1 | | | |
| | 筋変位センサー | | | | | | 1 | |
| Hardware | AR/VR 用ディスプレイ | | | 1 | | | | |
| | XR ディスプレイ技術 | | | 1 | | | | |
| 業務管理アプリケーション SaaS_Horizontal | 企業向け VR/AR ソフトウェア | VR/AR ソフトウェア | 1 | | | | | |
| | | 3D コンテンツ制作ツール | 1 | | | | 1 | |
| | | XR コンテンツ制作ツール | | | | | 1 | |
| | | 3D コンテンツ配信運用 | | | | | 1 | |
| | | メタバース制作運用管理 | 1 | | | 1 | | |
| | | ゲーム開発用メタバース空間 | | 1 | | | | |
| | | VR コンテンツ開発 | | 1 | | | | |
| Equipment Onlineservice | | バーチャルイベント運用管理 | | | | | 1 | 1 |
| | | マルチアングル映像配信 | | | | | 1 | |
| Equipment Onlineservice | 次世代型 VR テーマパーク | | | | | | 1 | |
| | メタバース | イベント | | | | | 1 | |
| | | コミュニティ | | 1 | | | | |
| | | ゲーム | | 3 | | | | |
| | | デジタルワークプレイス | | | | | 1 | |
| | VR ゲーム | 位置情報 VR ゲーム | | 1 | | | | |
| | V ライバー／Vtuber 事務所 | | | 2 | 1 | | 1 | 4 |
| | VR/AR のコンテンツ配信アプリ | | | | | | 1 | 1 |
| | デジタル ID ウォレット（メタバース） | | | | | | 1 | |
| | バーチャル体験 | バーチャルユーチューバー | | | | | 1 | |
| | | ヴァーチャルメイクアップ | 1 | | | | | |
| | | バーチャルトラベル | | | | | 1 | |
| | | AR を用いたテクノスポーツ | | | | | 1 | |
| | | バーチャル理科実験 | | 1 | | | | |
| Software | 人工知覚技術研究開発（Visual SLAM） | | | | | 1 | | |
| | BCI（Brain Computor Interface） | | | 1 | | | | |
| Service | ゲーム開発 | VR ゲーム開発 | | | | | 1 | |
| | | RPG ゲーム開発 | | | | | 1 | |
| | コンテンツ制作 | 3D コンテンツ制作 | 1 | | | | | |
| | | 3D Volumetric Video | | | | | | |
| | | 3D アバター | | | | | 1 | |
| | | デジタルフィギュア | | | | | 1 | |
| | | ヴァーチャルヒューマン | | | | | 1 | |
| | | VR/AR コンテンツ制作 | | | 1 | | 2 | 1 |
| | | 合計 | 7 | 12 | 5 | 4 | 22 | 7 |

（出所）各種資料を元に作成

　世界では、上場企業7社、未上場企業12社、買収事例は5社です。日本では、上場企業4社、未上場企業22社、買収事例は7社です。

　代表企業例としては、Roblox、Niantic、Rec Room、Magic Leap（米国）、Improbable（英国）、Rokid（中国）などがあります。

294

世界各国の広がりを見ると、上場企業で3カ国（米国5、デンマーク、台湾）、未上場企業で5カ国（米国8、英国、デンマーク、フィンランド、中国）、買収事例で1カ国（米国5）です。

　買収事例では、大手インターネットサービス企業（Meta、Google）、大手不動産サービス企業（CoStar）などが買い手となっています。MetaはVR/AR事業を中核としているため、今後もM&Aを継続的に推進していくでしょう。日本でも、さまざまな業種の企業が買い手となっています。

　VR/ARは、現在も技術的発展を続けている段階にあると考えられます。日本では、VR/ARを活用したオンラインサービスの成長やVR/AR関連の業務アプリケーションをどれだけ伸ばしていけるかが注目されています。

## 4-19

# AI

　AIとは、Artificial Intelligence（人工知能）の略で、AIを利用した技術やサービスのことです。New Area Technology（新しい技術分野）の一分野です。

　AIを構成するビジネスとして、以下の9つが確認されました。
① **AI関連の基礎技術**
② **AI関連のPaaS**
③ **量子コンピュータ**
④ **AI関連半導体**
⑤ **コンシューマー用／産業用ロボット**
⑥ **AI関連オンラインサービス**
⑦ **AI関連デバイス**
⑧ **AI関連業務アプリケーション（ホリゾンタル／バーチカル）**

　表56および表57は、AI分野の事業内容の分類と上場企業数、未上場企業数、買収事例数を示したものです。

　AI関連の基礎技術は、現在多くの資金が流入している注目分野です。基礎技術は、大きく2つに分類できます。

　1つ目は、学習方法による分類です。

①**機械学習（Machine Learning）**
　機械学習はコンピュータがデータからパターンやルールを自動的に学習し、それをもとに予測や判断を行う技術です。人間が明示的にプログラムを書かなくても大量のデータを分析することで、例えば画像認識や

### 表56 AI 分野の事業内容の分類と上場、未上場、買収事例の区分別企業数

単位：企業数

| ビジネスモデル | カテゴリ1 | カテゴリ2 | カテゴリ3 | 世界 上場 | 世界 未上場 | 世界 買収 | 日本 上場 | 日本 未上場 | 日本 買収 |
|---|---|---|---|---|---|---|---|---|---|
| 基礎技術/API 提供 | 自然言語処理（NLP） | 大規模言語モデル（LLM） | | | 12 | 2 | | | 1 |
| | | 小型 LLM、エッジ対応 LLM | | | 1 | | | | |
| | | 翻訳エンジン | | | 1 | | | | |
| | | 自然言語処理（NLP） | | | | | | | 2 |
| | 画像認識（IR） | | | | | | | | 1 |
| | 音声認識（VR） | | | | | | | | 1 |
| | コンピューター操作 AI モデル | | | | 1 | | | | |
| PaaS | GPU リソースサービス | | | 1 | 2 | | 1 | 2 | 2 |
| | AI 運用環境 | ML/DL 運用管理 | ML 運用管理 | | 2 | | | | |
| | | | DL 運用管理 | | | | | 1 | |
| | | | ML 運用の分散/並列処理フレームワーク | | 1 | | | | |
| | | | LLM 評価/トレーニング | | 1 | | | | |
| | | AI データマネジメント | AI データマネジメント | | | | | 1 | |
| | | | AI データ開発 | | 1 | | | | |
| | | | AI アノテーション | | | | | 1 | |
| | AI 開発環境 | マルチモーダル AI 開発環境 | | | 1 | | | | |
| | | 完全自律型 AI ソフトウェア開発 | | | 1 | | | | |
| | | アプリケーション開発 | LLM アプリケーション開発 | | 1 | | | | |
| | | | オープンソース LLM アプリ開発 | | 1 | | | | |
| | | | 機械学習（ML）アプリケーション開発 | | 1 | | | | |
| | | | 企業向けアプリケーション開発 | 1 | | | | | |
| | | 量子コンピューターソフト開発ツール | | | 1 | | | | |
| Hardware | 量子コンピューター | イオントラップ量子コンピューター | | 1 | 2 | | | | |
| | | NMR 量子コンピューター | | | 1 | | | | |
| | | 光量子コンピューター | | | 1 | | | | |
| | | 超伝導量子コンピューター | | 2 | 3 | | | | |
| Component | AI 処理用半導体 | GPU | | 1 | 1 | | | | |
| | | CPU | | | 2 | 1 | | | |
| | | IPU | | | 1 | 1 | | | |
| | | LPU | | | 1 | | | | |
| | | RDU | | | 1 | | | | |
| | | IC チップ | | | | | | | |
| | | ML、DL 用チップ | | | 4 | 1 | | | |
| | | ウェハースケールエンジン（大型半導体） | | | 1 | | | | |
| | | 光プロセッサ | | | 1 | | | | |
| | | NPU（脳型 AI 半導体） | | 1 | | | | | |
| Robotics | 産業用ロボット | 産業用ロボット（工場、配送、監視等） | | 3 | 2 | | | 5 | 2 |
| | コンシューマー用ロボット | ヒューマノイドロボット | | | 1 | | | 1 | |
| | | インテリジェントロボット | | | 2 | | | 3 | |
| | | 配膳ロボット | | | 1 | | | | |
| | | 配送ロボット | | 1 | | | | | 1 |
| | | 点検ロボット | | | | | 1 | 1 | |
| | | 搬送ロボット | | | | | 1 | 1 | |
| | | ピッキングアシストロボット | | | | | | 1 | |
| | | 調理ロボット | | | | | | 2 | |
| | | 監視、警備ロボット | | | | | | 1 | |
| | 産業用ロボット運用アプリケーション | | | 1 | | 1 | | 2 | 2 |
| オンラインサービス | 音楽認識検索アプリ | | | 1 | | | | | |
| | AI モデル制作 | | | | | | | 1 | |
| | AI 技術者・データ分析人材検索サービス | | | | | | | 1 | |
| | AI エージェント英会話学習 | | | | | | | 1 | |
| デバイス | ウェアラブルデバイス（AI 搭載） | | | | 1 | | | | |
| 合計 | | | | 14 | 54 | 6 | 3 | 25 | 12 |

（出所）各種資料を元に作成

**表57** AI分野の事業内容の分類と上場、未上場、買収事例の区分別企業数 2

単位：企業数

| ビジネスモデル | カテゴリ1 | カテゴリ2 | カテゴリ3 | 世界 上場 | 世界 未上場 | 世界 買収 | 日本 上場 | 日本 未上場 | 日本 買収 |
|---|---|---|---|---|---|---|---|---|---|
| 業務アプリケーション SaaS_Horizontal | データ作成提供サービス | LLMトレーニングデータ | | 1 | | | | | |
| | AI生成ツール | マルチモーダル生成AI | | | 1 | | | | |
| | | AI音声合成 | | | 1 | | 1 | 1 | |
| | | AI画像生成 | | | 1 | | | | |
| | | AIデザインツール | | | 1 | | | | |
| | | AI文章生成（ライティング） | | | 2 | | | | 1 |
| | | AIコード生成 | | | 1 | | | | |
| | | AI動画生成 | | | 3 | | | 1 | |
| | | | 映画制作ツール | | 1 | | | | |
| | AI言語認識ツール | AI翻訳 | | | | | 1 | 1 | |
| | | テキスト解析ツール | | | | | | 1 | |
| | | 音声読み上げ | | | | | | 1 | |
| | | AIメールアシスタント | | | | | | 1 | |
| | AI音声認識ツール | 音声認識／解析 | | | 1 | 1 | 2 | 1 | |
| | | 文字起こしツール | | | 1 | | 1 | | |
| | | 音声翻訳ツール | | | | | | 1 | |
| | AIコミュニケーション | チャットボット | | 1 | 6 | | | 1 | 5 |
| | | 音声会話コミュニケーション | | | 3 | | | 2 | |
| | | AIアバター接客サービス | | | | | | 3 | 1 |
| | AIデータ解析、管理ツール | AI予測分析 | 予測分析 | | 4 | | 1 | 2 | |
| | | | 意思決定支援ツール | 3 | 1 | | | 1 | |
| | | AI分析ツール | BI、分析ツール | | 1 | | 3 | 1 | 1 |
| | | | ビッグデータ分析 | 1 | 2 | | | | |
| | | | ビジネスプロセスマイニング | | 1 | | | | |
| | | | リアルタイムリスク認知 | | 1 | | 1 | | |
| | | | データ検索ツール | | 1 | | | | |
| | AI画像認識、認証 | 顔認識、認証システム | | 2 | 7 | | 3 | 2 | |
| | | 画像認識システム | | | 1 | | 1 | 1 | |
| | | OCRサービス | | | | | 1 | 2 | |
| | AI動画認識 | カメラ監視システム | | | | | | 4 | |
| | AI言語認識／画像認識 | コンテンツ監視 | | 1 | | | | | |
| | エッジAIシステム | （カメラ、センサー、通信） | | 1 | | | | | |
| | AI臭気判定システム | | | | | | | 1 | |
| | AI脳波計測システム | | | | | | | 1 | |
| | 企業向け生成AI活用 | 企業向け生成AI活用ツール | | | | | 2 | | |
| | | 企業向け生成AIアプリケーション | | | 2 | | 1 | 1 | |
| | 生成AI/LLMルーター | | | | 1 | | | | |
| 業務アプリケーション SaaS_Vertical | 航空産業向けAIパイロット | | | | 1 | | | | |
| | AIによる軍事運用システム | | | | 1 | | | | |
| | 小型船舶向け自律航行運用管理 | | | | | | | 1 | |
| | | | 合計 | 10 | 45 | 2 | 19 | 33 | 9 |

（出所）各種資料を元に作成

音声翻訳、需要予測などのタスクをこなせるようになります。主に「教師あり学習」「教師なし学習」「強化学習」の3つのタイプがあり、AIの基盤技術として広く活用されています。

「教師あり学習」
　正解データ（入力とそれに対応する出力）が与えられた状態で学習する手法です。例えば、犬と猫の写真に「犬」「猫」というラベルをつけて教え、画像から動物を予測するモデルを作ります

「教師なし学習」
　正解データがない場合に、データ自体の構造やパターンを見つけ出す手法です。例えば、顧客データをグループ分け（クラスタリング）して、似た特徴を持つ集団を自動で分類します。

「強化学習」
　エージェントが試行錯誤しながら報酬を最大化する行動を学ぶ手法です。例えば、ゲームで勝つために最適な戦略を、報酬（得点）をもとに自分で発見していきます。

②深層学習（Deep Learning）
　人工ニューラルネットワークを用いた機械学習の一種で、人間の脳の神経回路を模倣したモデルを用いて、複雑なデータから特徴を抽出することができます。

　2つ目は、認識、処理できる対象による分類です。

①自然言語処理（NLP＝Natural Language Processing）
　人間が使う言葉をコンピュータに理解させる技術です。機械翻訳、文章要約、チャットボットなど、さまざまなアプリケーションに利用されています。

②画像認識（IR＝Image Recognition）
　画像に写っているものをコンピュータに認識させる技術です。顔認識、物体検出、画像検索など、さまざまな用途に利用されています。

③音声認識（VR＝Voice Recognition）

人間の音声をコンピュータに認識させる技術です。音声入力、音声検索、音声翻訳など、さまざまなアプリケーションに利用されています。

AI関連の基礎技術は、AI技術の根幹をなすものであり、AIの発展を支える重要な要素です。自然言語処理、画像認識、音声認識などの技術は、すでにさまざまな分野で応用されています。

AI関連の基礎技術に関連する大量データを学習させ、そのパターン認識を基に、新たなデータを作成する技術を生成AIと言います。すでに生成AIは、多くの種類のサービスがでてきています。代表的なサービスは以下の2つです。

①大規模言語モデル（LLM＝Large Language Model）

自然言語処理（NLP）を基に、大量の言語データを学習させたモデルです。ChatGPTを筆頭に、多くの大規模言語モデル（LLM）が開発競争を続けています。

②マルチモーダルAI

複数の種類のデータ（例えば、画像、音声、テキストなど）を組み合わせて学習するAIです。例えば、画像とテキストを組み合わせることで、画像の内容を説明する文章を生成したり、逆に文章から画像を生成したりすることができます。

AI関連の基礎技術は、世界では未上場企業15社、買収事例は2社です。日本では、買収事例は5社です。世界各国の広がりを見ると、未上場企業で6カ国（米国5、フランス、ドイツ、カナダ、イスラエル、中国6）、買収事例で1カ国（米国）です。

代表企業例としては、Open AI、Databrics、Anthropic、Palantir（米

国)、Celonise（ドイツ）、CloudWalk Technology（中国）などがあります。

AI関連のPaaSは、基礎技術の発展とともに、AIの運用と開発環境を提供することでAIの成長を下支えしています。具体的事例としては、下記の6つが確認されました。

**①機械学習（ML）、ディープラーニング（DL）運用ツール**
学習済みモデルのデプロイ、監視、再学習などを効率的に行うためのツール群です。モデルの性能を維持し、継続的な改善をサポートします。

**②機械学習（ML）、ディープラーニング（DL）アプリケーション作成ツール**
機械学習・深層学習モデルを組み込んだアプリケーションを開発するためのツールです。GUIベースのものや、特定のフレームワークに特化したものなどがあります。

**③AI関連ソフトウェア開発環境**
AI関連のソフトウェア開発に必要なツール群（SDK、ライブラリ、APIなど）です。さまざまなAIモデルの開発や、既存モデルの活用を支援します。

**④AIデータマネジメント**
AIモデル開発・運用に必要なデータ収集、加工、管理、ガバナンス機能をクラウド上で提供し、データ基盤構築・管理の効率化、シームレスなAI開発・運用を支援するサービスです。

**⑤生成AI開発環境**
画像生成、文章生成、音楽生成など、生成AIモデルの開発に特化した環境です。大規模なデータセットや、学習済みモデルなどが提供されます。

#### ⑥生成 AI 評価、トレーニング

生成 AI モデルの性能を評価し、改善するためのツールやサービスです。生成されたコンテンツの品質評価や、モデルの再学習などが含まれます。

#### ⑦クラウドベース GPU リソースサービス

AI モデルの学習や推論処理に必要な GPU リソースを、クラウド上で利用できるサービスです。大規模な計算処理を効率的に行うことができます。

世界では、上場企業 3 社、未上場企業 12 社です。日本では、上場企業 1 社、未上場企業 12 社、買収事例は 2 社です。世界各国の広がりを見ると、上場企業で 2 カ国（米国 2、ドイツ）、未上場企業で 2 カ国（米国 11、中国）です。

量子コンピュータには、光量子コンピュータ、イオントラップ型量子コンピュータ、超電導型量子コンピュータ、NMR 型量子コンピュータの 4 種類があります。量子コンピュータが今後実用化されれば、AI 運用における処理速度を飛躍的に高める可能性があります。また、量子コンピュータの消費電力も冷却装置の改善ができれば、それほど大きくはならないようです。

従来のコンピュータは、電流によってビット（0 か 1）を生み出していました。量子コンピュータでは、量子ビットをそれぞれの以下の方法で利用して計算を実施します。

#### ①イオントラップ量子コンピュータ

（仕組み）イオン（原子）を電磁場で捕獲し、レーザー光で量子状態を操作します。
（特徴）量子ビットの安定性が高い。忠実度の高い量子演算が可能。ス

ケーラビリティ（大規模化）が課題。
（主な開発企業）IonQ、Alpine Quantum Technologies、IBM

② NMR量子コンピュータ
（仕組み）核磁気共鳴（NMR）現象を利用し、原子核のスピンを量子ビットとして操作します。
（特徴）比較的単純な構造で実現可能。量子ビット数が少ないため、大規模な計算には不向き。研究開発段階の域を出ていない。
（主な開発企業）SpinQ Technology

③光量子コンピュータ
（仕組み）光子（光の粒子）の偏光や位相を量子ビットとして利用し、光回路で量子演算を行います。
（特徴）高速な量子演算が可能。量子ビットのコヒーレンス時間（量子状態を維持できる時間）が短い。大規模化に向けた技術開発が進められている。
（主な開発企業）Xanadu、PsiQuantum

④超伝導量子コンピュータ
（仕組み）超伝導現象を利用し、微小な電気回路を量子ビットとして操作します。
（特徴）量子ビットの集積度が高い。比較的安定した量子状態を実現可能。IBMやGoogleなどが開発を積極的に進めている。
（主な開発企業）Rigetti Computing、D-Wave Systems、IBM、Google、Intel

　これらの量子コンピュータはそれぞれ異なる特徴を持ち、開発競争が繰り広げられています。実用化に向けて、大規模化や「誤り訂正技術」などの課題克服が急務となっています。

世界では、上場企業4社、未上場企業8社です。世界各国の広がりを見ると、上場企業で1カ国（米国4）、未上場企業で3カ国（米国5、中国2、フィンランド）です。

AI処理用半導体についても、AIの基礎技術の高まりに合わせて、さらに処理速度の向上が求められています。世界では、さまざまなAI処理用半導体をベンチャーが開発しており、成長しています。以下、代表的なAI処理用半導体について解説していきます。

① **GPU（Graphics Processing Unit）** ＊第3章で説明あり
（概要）元々は画像処理に特化したプロセッサでしたが、並列処理能力が高く、AIのディープラーニング処理に適しているため、広く利用されています。
（特徴）並列処理に優れている、汎用性が高い。
（例）NVIDIA Tesla、AMD Radeon

② **CPU（Central Processing Unit）** ＊第3章で説明あり
（概要）コンピュータの中核となるプロセッサで、さまざまな処理を行います。AI処理にも利用できますが、GPUに比べて並列処理能力は劣ります。
（特徴）汎用性が高い、逐次処理が得意。
（例）Intel Core、AMD Ryzen

③ **IPU（Intelligence Processing Unit）**
（概要）AI処理に特化したプロセッサで、特に推論処理に優れています。
（特徴）高い並列処理能力、低消費電力。
（例）Graphcore IPU

④ **LPU（Light Processing Unit）**
（概要）光を用いた演算を行うプロセッサで、高速なAI処理が期待さ

れています。
　（特徴）高速な演算が可能、低消費電力。
　（例）Lightmatter LPU

⑤ RDU（Reconfigurable Dataflow Unit）
　（概要）柔軟に回路構成を変更できるプロセッサで、さまざまな種類のAI処理に対応できます。
　（特徴）高い柔軟性、高い電力効率。
　（例）Sambanova Systems RDU

⑥ ICチップ（Integrated Circuit chip）
　（概要）複数の回路を1つのチップに集積したもので、さまざまな機能を実現できます。AI処理に特化したICチップも開発されています。
　（特徴）小型化、低コスト。
　（例）ASIC（Application Specific Integrated Circuit）

⑦ ML、DL用チップ
　（概要）機械学習（ML）やディープラーニング（DL）の処理に特化したチップです。GPUよりもさらに高い性能を発揮します。
　（特徴）高速な演算、高い電力効率。

⑧ ウェハースケールエンジン（WSE：Wafer Scale Engine）
　（概要）ウェハ全体を1つのチップとして使用する大規模な半導体です。並列処理能力が非常に高く、大規模なAIモデルの学習に適しています。
　（特徴）非常に高い並列処理能力、大規模なAIモデルの学習に最適。
　（例）Cerebras WSE

⑨光プロセッサ
（概要）光を用いた演算を行うプロセッサです。電気信号を用いるプロセッサよりも高速な処理が期待されています。
（特徴）高速な演算が可能、低消費電力。

⑩ NPU（Neural Processing Unit：脳型 AI 半導体）
（概要）脳の神経回路を模倣した構造を持つプロセッサです。人間の脳に近い処理方式で AI 処理を行うことができます。
（特徴）高い認識能力、低消費電力

　これらの AI 関連半導体は、それぞれの特徴を生かして、さまざまな AI アプリケーションで利用されています。

　世界では、上場企業 3 社、未上場企業 12 社、買収事例は 3 社です。世界各国の広がりを見ると、上場企業で 2 カ国（米国 2、オーストラリア）、未上場企業で 3 カ国（米国 10、英国、カナダ、中国 4）、買収事例で 2 カ国（米国 2、イスラエル）です。

　コンシューマー用、産業用ロボットも基礎技術や PaaS による運用、開発環境によって大きく成長しました。

　コンシューマー用ロボットは近年 AI 技術の実装により、高度なコミュニケーション能力を持つようになりました。例えば音声認識や自然言語処理技術を用いることで、人間と自然な会話を行うことができるロボットが登場しています。また画像認識技術を用いることで、人間の表情や感情を認識し、それに合わせた対応をすることができるロボットも開発されています。

　産業用ロボットは工場用ロボット、倉庫用ロボット、配送ロボット、監視ロボットなど多くの用途に広がっています。さらに AI の基礎技術

の発展によって自動化の範囲が拡大し、複雑な作業や、状況に応じて柔軟に対応できる作業を行うことができるようになっています。例えばAIを搭載したロボットは、部品の組み立て、製品の検査、ピッキング作業、飲食店での配膳、倉庫での搬送など従来は人間が行っていた作業を自動化することができます。

世界では、上場企業 5 社、未上場企業 6 社です。日本では、上場企業 2 社、未上場企業 17 社、買収事例は 5 社です。世界各国の広がりを見ると、上場企業で 2 カ国（米国、シンガポール）、未上場企業で 3 カ国（米国、ドイツ、中国 4）です。

AI 関連業務アプリケーションも、基礎技術や PaaS による運用／開発環境によって、大きく成長しました。AI 基礎技術を応用した業務アプリケーションが、多数開発されています。以下に主に代表的な業務アプリケーションを紹介します。

### コンテンツ制作・編集系

#### ① AI 音声合成
テキストデータを高品質な音声に変換する技術です。さまざまな声質や言語に対応し、ナレーションや音声コンテンツ制作に活用されます。

#### ② AI 画像生成
テキストによる指示や簡単なスケッチに基づいて、さまざまな画像を生成する技術です。広告やデザイン分野で活用されています。

#### ③ AI デザインツール
AI の支援により、デザインの効率化やクオリティ向上を図るツールです。レイアウト提案や素材提案などに活用できます。

④ AI 文章生成（ライティング）

　テキストデータに基づいて、記事やレポートなどの文章を生成する技術です。コンテンツ作成の効率化に貢献します。

⑤ AI コード生成

　自然言語による指示に基づいて、プログラムコードを生成する技術です。プログラミングの効率化に貢献します。

⑥ AI 動画生成

　テキストや画像を基に、動画コンテンツを生成する技術です。動画制作の効率化に貢献します。

### コミュニケーション・翻訳系

① AI 翻訳

　テキストや音声を異なる言語に翻訳する技術です。ビジネスや旅行など、さまざまなシーンで活用されています。

②テキスト解析ツール

　テキストデータの内容を分析し、キーワード抽出や感情分析などを行うツールです。マーケティングや顧客分析に活用されています。

③音声読み上げ

　テキストデータを音声に変換して読み上げるツールです。視覚障碍者支援や音声コンテンツ制作に活用されています。

④ AI メールアシスタント

　メール作成を支援するツールです。文法チェックや返信文案の提案などを行います。

⑤音声認識／解析

音声をテキストデータに変換したり、音声の内容を分析したりする技術です。議事録作成や音声アシスタントに活用されています。

⑥文字起こしツール

音声データをテキストデータに変換するツールです。会議やインタビューの記録作成に活用されています。

⑦音声翻訳ツール

音声を異なる言語に翻訳するツールです。旅行やビジネスシーンで活用されています。

⑧チャットボット

ユーザーからの質問に自動で回答するシステムです。カスタマーサポートや社内問い合わせ対応に活用されています。

⑨音声会話コミュニケーション

AIとの音声による対話を行う技術です。音声アシスタントやスマートスピーカーに活用されています。

⑩ AIアバター接客サービス

AIアバターが顧客対応を行うサービスです。店舗やオンラインでの接客業務に活用されています。

### 認識、監視系

①顔認識、認証システム

画像データから人物の顔を認識し、認証を行うシステムです。セキュリティシステムや入退室管理に活用されています。

②画像認識システム
　画像データの内容を認識するシステムです。物体検出や画像分類に活用されています。

③OCRサービス
　紙の書類や画像データから文字情報を読み取るサービスです。データ入力作業の効率化に貢献します。

④カメラ監視システム
　カメラ映像やセンサーデータをAIで解析し、異常事態を検知するシステムです。防犯カメラシステムなどに活用されています。

⑤コンテンツ監視
　通信データやシステムデータをAIで解析し、不適切なコンテンツや異常行動を検知するシステムです。

### 企業向け生成AI関連ツール

①企業向け生成AI活用ツール
　企業が生成AIを業務に活用するためのツールです。文章作成やデータ分析など、さまざまな用途に対応します。

②企業向け生成AIアプリケーション
　企業が生成AIを活用した特定の業務を行うためのアプリケーションです。例えば、顧客対応やマーケティング業務に特化したものが開発されています。

　世界では、上場企業10社、未上場企業45社、買収事例は2社です。日本では、上場企業19社、未上場企業33社、買収事例は9社です。世界各国の広がりを見ると、上場企業で5カ国（米国30、オーストラリア、UAE、台湾、中国4）、未上場企業で8カ国（米国30、英国4、ドイツ

2、カナダ2、中国3、シンガポール、インド2、ブラジル)、買収事例で1カ国(米国2)です。

買収事例では、大手インターネットサービス企業(Google、Microsoft)、大手AI関連ベンチャー(Databricks)、大手半導体メーカー(Intel、Qualcomm)、大手ハードウェア企業(HP)が買い手となっています。多くの資金が流入する分野ですが、今後M&Aの数も多くなってくると考えられます。日本でも、多くの業界の企業がM&Aを活発化させています。

今後はAI関連技術が、Horizontal SaaS(ホリゾンタルSaaS)やVertical SaaS(バーチカルSaaS)の既存業務アプリケーションにどのように活用されるかが注目されます。この分野には、SalesforceやMicrosoftを筆頭に大手SaaS企業が投資しています。今後、どのようなブレイクスルーが出てくるのか期待されます。

AIは今後ますます社会に浸透し、さまざまな分野でイノベーションを起こしていくと予想されます。AI技術の進化と普及により私たちの生活はより便利で豊かになり、社会全体の生産性向上にも大きく貢献することが期待されます。

# 4-20

# Space tech

　Space techとは、Space（宇宙）とTechnology（技術）を組み合わせた造語で、宇宙開発、宇宙探査、宇宙利用に関する技術やビジネス、サービスなどを含む幅広い分野を指します。New Area Technology（新しい技術分野）の一分野です。

　Space techを構成するビジネスとして、4つが確認されました。

### ①宇宙関連機械、設備
　人工衛星、ロケット、宇宙ステーション、探査機など、宇宙空間で利用される機械や設備のことです。

### ②宇宙関連機械、設備用の機材
　推進システム、通信システム、観測機器、生命維持装置など、宇宙関連機械、設備の構成要素となる機材。

### ③宇宙関連サービス
　衛星データ分析、宇宙旅行、宇宙ごみ（debris）除去、軌道上サービスなど、宇宙空間や宇宙関連技術を利用したサービス。

### ④宇宙関連業務アプリケーション
　衛星運用管理システム、宇宙データ分析ソフトウェア、宇宙debris監視システムなど、宇宙関連業務を支援するためのアプリケーション。

　表58は、Space tech分野の事業内容の分類と上場企業数、未上場企業数、買収事例数を示したものです。

第4章 データで読み解くテクノロジー分野ごとの動向と見通し

**表58** Space tech 分野の事業内容の分類と上場、未上場、買収事例の区分別企業数

単位：企業数

| ビジネスモデル | カテゴリ1 | カテゴリ2 | 世界 上場 | 世界 未上場 | 世界 買収 | 日本 上場 | 日本 未上場 | 日本 買収 |
|---|---|---|---|---|---|---|---|---|
| Equipment | 宇宙飛行機 | 宇宙飛行機 |  |  |  |  | 1 |  |
|  |  | 宇宙ステーション |  | 1 |  |  |  |  |
|  |  | 宇宙船 | 1 | 2 | 1 |  |  |  |
|  |  | ロケット | 1 | 3 |  |  | 4 |  |
|  | 人工衛星 | 小型人工衛星開発 | 2 | 1 |  | 1 | 2 |  |
|  | 宇宙関連機械 | 宇宙作業用ロボット |  | 1 |  |  | 2 |  |
|  |  | 宇宙実験機器 |  |  |  |  | 1 |  |
| Component | 小型衛星用エンジン（水燃料） |  |  |  |  |  | 1 |  |
| Service | 宇宙輸送サービス | 宇宙旅行サービス | 1 | 2 |  |  |  |  |
|  |  | 宇宙輸送サービス |  |  |  |  | 1 |  |
|  | 衛星関連サービス | 衛星画像提供 | 1 |  |  |  |  |  |
|  |  | 衛星ブロードバンド通信 | 1 |  | 1 |  |  |  |
|  |  | 衛星打上げサービス |  |  |  |  | 1 |  |
|  |  | 衛星間光通信ネットワーク |  |  |  |  | 1 |  |
|  | スペースデブリ除去 |  |  |  |  |  | 1 |  |
|  | 人工流れ星サービス |  |  |  |  |  | 1 |  |
|  | 衛星データを活用した土地評価サービス |  |  |  |  |  | 1 |  |
|  | 宇宙からの物体回収サービス |  |  |  |  |  | 1 |  |
| 業務管理アプリケーション SaaS_Horizontal | 衛星データ提供／解析 |  | 3 | 1 |  | 1 |  |  |
|  | 高精度測位ソリューション（GPS） |  |  | 1 |  |  | 1 |  |
|  | 衛生運用管理 | 衛星通信システム |  |  |  |  | 1 |  |
|  |  | 合計 | 11 | 12 | 3 | 3 | 19 | 0 |

（出所）各種資料を元に作成

　Space tech は近年民間企業の参入により、急速に発展しています。人工衛星の打ち上げコストの低下や宇宙旅行の商業化など、宇宙ビジネスへの期待が高まっています。

　世界で上場企業11社、未上場企業12社、買収事例は3社です。日本では、上場企業3社、未上場企業19社です。世界各国の広がりでは、上場企業で2カ国（米国10、イスラエル）、未上場企業で2カ国（米国9、中国3）、買収事例で1カ国（米国3）です。

　代表企業例としては、AST Space tech Mobile、Rocket Lab、Space X、Sierra Space tech（米国）、GalaxySpace tech（中国）、iSpace tech、アストロスケール（日本）などがあります。

　世界の買収事例では、大手通信衛星会社（Eutelsat）、大手インター

ネットサービス企業（Google）、バイアウトファンドなどが買い手となっています。

　現状日本は世界と比べても多様な機械、設備やサービスを展開しており、全体として網羅性が高くなっています。具体的には人工衛星の開発・製造、ロケットの打ち上げ、衛星データの分析、宇宙ごみ（debris）除去などさまざまな分野で日本の企業が活躍しています。米国に遅れを取ることなく、今後のさらなる発展が望まれます。

　Space tech 市場は今後ますます拡大し、宇宙開発は政府主導から民間主導へと移行していくと予想されます。宇宙旅行の一般化、宇宙資源の利用、宇宙デブリ（debris）問題の解決などさまざまな課題に挑戦することで、人類の活動領域は宇宙へと広がっていくと考えられます。

# 4-21

# New Transport

　New Transportとは、従来の輸送手段や航空機に加え、新たな技術革新によって生まれた、より効率的で持続可能な輸送手段を含みます。New Area Technology（新しい技術分野）の一分野です。

　New Transportを構成するビジネスとして、以下の3つが確認されました。

**①航空機、輸送機**
　旅客機、貨物機、ドローン、eVTOL（電動垂直離着陸機）、自律走行車など、人や物を輸送するための新たな航空機や輸送機のことです。

**②航空機、輸送関連サービス**
　ドローン配送サービス、エアタクシーサービスなど、航空機や輸送機を用いた新たなサービスのことです。

**③航空機、輸送関連業務アプリケーション**
　航空機、輸送機の運航管理システム、予約システムなど、航空機／輸送関連業務を支援するためのアプリケーションのことです。

　ドローンは、無人航空機のことで、物流、農業、インフラ点検など、さまざまな分野で活用が期待されています。特に物流分野ではドローン配送の実用化に向けた取り組みが進んでおり、今後物流業界に大きな変革をもたらす可能性があります。

　表59は、New Transport分野の事業内容の分類と上場企業数、未上場企業数、買収事例数を示したものです。

**表59** New Transport 分野の事業内容の分類と上場、未上場、買収事例の区分別企業数

単位：企業数

| ビジネスモデル | カテゴリ1 | カテゴリ2 | 世界 上場 | 世界 未上場 | 世界 買収 | 日本 上場 | 日本 未上場 | 日本 買収 |
|---|---|---|---|---|---|---|---|---|
| New Transport | 無人機（ドローン） | 民生用ドローン |  | 1 |  |  |  |  |
|  |  | 産業用ドローン |  |  |  | 2 | 4 |  |
|  | エアタクシー |  |  | 1 |  |  |  |  |
|  | 新型航空機 | 新型航空機 |  |  |  |  | 1 |  |
|  |  | 超音速旅客機 |  | 1 |  |  |  |  |
|  | 空飛ぶクルマ（eVTOL） |  |  |  |  |  | 2 |  |
|  | 小型ドップラーライダー |  |  |  |  |  | 1 |  |
|  | 特定小型原動機付自転車 |  |  |  |  |  | 1 |  |
|  | 世界最小電動モビリティ |  |  |  |  |  | 1 |  |
| Service | 会員制捜索ヘリサービス |  |  |  |  |  | 1 |  |
| 業務管理アプリケーション | 無人機（ドローン）業務運用管理 |  |  |  |  | 1 | 3 |  |
| 合計 |  |  | 0 | 3 | 0 | 3 | 14 | 0 |

（出所）各種資料を元に作成

　New Transport は、世界では未上場企業3社です。日本では、上場企業2社、未上場企業14社です。世界各国の広がりでは、未上場企業で3カ国（米国、ドイツ、中国）です。

　代表企業例としては、Volocopter（米国）、DJI Innovations（中国）、iACSL、ブルーイノベーション（日本）などがあります。

　日本は世界と比較しても、ドローン関連のベンチャーを多く輩出しています。例えばドローン本体の開発・製造を行う企業、ドローンを用いたサービスを提供する企業、ドローン関連のソフトウェアを開発する企業などさまざまな分野で日本の企業が活躍しています。今後の成長が期待されます。

## 4-22

# 「テクノロジー分野ごとの独自調査」のまとめ

　これまで、テクノロジー分野ごとの具体的ビジネスと世界および日本の上場企業数、未上場企業数、被買収企業数を確認してきました。

　表60は、世界および日本のテクノロジー各分野の上場企業数、未上場企業数、被買収企業数を示したもので、これまでの各分野の集計をサマリーしたものです。

　世界ではこれまでSaaS分野を中心に、多くのベンチャーが資金調達を実施し、上場企業を多数輩出し、ユニコーン（時価総額10億ドル以上のベンチャー）を生み出してきました。また、被買収企業数も増加しています。これにより、IPO（新規株式公開）とM&A（買収）という2大Exitが機能し、ベンチャー投資資金が順調に循環してきたといえます。表60における世界と日本の企業数の格差は、上場会社で約2.4倍、未上場会社で約1.7倍、買収事例で約1.3倍となっています。ただ、世界の各カテゴリの選出基準が高いので、実際の企業数の格差はもっと開くものと考えられます（特に、未上場会社と被買収会社）。

　表61は、世界および日本のテクノロジー各分野の上場企業の時価総額の平均および上場時時価総額の平均、未上場会社の時価総額の平均、被買収企業の時価総額の平均を示したものです。

　これを見ると、世界と日本の各時価総額全体の差は、上場企業の時価総額が約56倍、上場時（IPO）時価総額が約29倍、未上場会社の時価総額が約46倍、買収事例の時価総額が約62倍となっています。世界のベンチャーの資金調達と日本のベンチャーの資金調達の格差が約50倍でしたので、資金調達の大小が時価総額に影響していることが考えられ

**表60** テクノロジー各分野の上場企業数、未上場企業数、被買収企業数(世界、日本)

単位:企業数

|  | 世界 |  |  | 日本 |  |  |
|---|---|---|---|---|---|---|
|  | 上場会社 | 未上場会社 | 買収 | 上場会社 | 未上場会社 | 買収 |
| Horizontal SaaS | | | | | | |
| Fin tech | 101 | 165 | 42 | 26 | 64 | 35 |
| EC | 120 | 119 | 36 | 47 | 54 | 56 |
| Enterprize tech | 62 | 81 | 45 | 52 | 39 | 38 |
| Retail tech | 13 | 28 | 7 | 11 | 18 | 12 |
| Legal tech | 7 | 7 | 3 | 3 | 12 | 2 |
| HR Tech | 14 | 47 | 33 | 9 | 29 | 12 |
| ED tech | 21 | 41 | 17 | 14 | 23 | 13 |
| Cloud system | 32 | 60 | 26 | 17 | 15 | 8 |
| Security | 38 | 64 | 36 | 9 | 11 | 4 |
| STT | 408 | 612 | 245 | 188 | 265 | 180 |
| Vertical SaaS | | | | | | |
| Digital Health | 50 | 77 | 21 | 18 | 53 | 23 |
| Prop tech | 26 | 35 | 8 | 16 | 25 | 11 |
| Con tech | 8 | 16 | 7 | 4 | 36 | 2 |
| Logi tech | 12 | 58 | 9 | 4 | 27 | 1 |
| Auto tech | 23 | 44 | 7 | 4 | 15 | 2 |
| Agri tech | 0 | 14 | 3 | 0 | 29 | 2 |
| STT | 119 | 244 | 55 | 46 | 185 | 41 |
| New Areas Technorogy | | | | | | |
| Clean tech | 77 | 50 | 16 | 11 | 56 | 3 |
| Web3 | 20 | 77 | 7 | 1 | 24 | 20 |
| VR/AR | 7 | 12 | 5 | 4 | 22 | 7 |
| AI | 24 | 99 | 8 | 22 | 58 | 21 |
| Space tech | 11 | 12 | 3 | 3 | 19 | 0 |
| New Transport | 0 | 3 | 0 | 3 | 14 | 0 |
| STT | 139 | 253 | 39 | 44 | 193 | 51 |
| TTL | 666 | 1109 | 339 | 278 | 643 | 272 |

(出所)独自調査により作成

ます。日本でも関連する法規制を整備し、機関投資家を呼び込んでベンチャー投資資金をさらに拡充し、格差を埋めていくことが望まれます。

　未上場会社の時価総額を上場時時価総額と買収事例の時価総額が上

**表61** テクノロジー各分野の上場企業の時価総額の平均および上場時時価総額の平均、未上場会社の時価総額の平均、被買収企業の時価総額平均（世界、日本）

単位：十億円

| | 世界 上場会社 | 世界 IPO | 世界 未上場会社 | 世界 買収 | 日本 上場会社 | 日本 IPO | 日本 未上場会社 | 日本 買収 |
|---|---|---|---|---|---|---|---|---|
| **Horizontal SaaS** | | | | | | | | |
| Fin tech | 786 | 666 | 620 | 959 | 87 | 22 | 26 | 34 |
| EC | 1,734 | 1,134 | 522 | 376 | 47 | 18 | 11 | 30 |
| Enterprize tech | 734 | 340 | 403 | 578 | 20 | 19 | 6 | 5 |
| Retail tech | 1,392 | 459 | 319 | 293 | 14 | 6 | 10 | 2 |
| Legal tech | 448 | 318 | 422 | 64 | 32 | 7 | 11 | 3 |
| HR Tech | 2,790 | 1,185 | 451 | 360 | 79 | 50 | 13 | 3 |
| ED tech | 184 | 246 | 482 | 117 | 14 | 6 | 9 | 1 |
| Cloud system | 1,056 | 502 | 384 | 1,033 | 50 | 12 | 14 | 16 |
| Security | 1,627 | 321 | 380 | 606 | 17 | 9 | 3 | 6 |
| AVG | 1,195 | 575 | 443 | 487 | 40 | 17 | 11 | 11 |
| **Vertical SaaS** | | | | | | | | |
| Digital Health | 349 | 361 | 425 | 701 | 73 | 13 | 11 | 4 |
| Prop tech | 677 | 437 | 315 | 177 | 15 | 12 | 2 | 2 |
| Con tech | 1,458 | 665 | 228 | 168 | 14 | 48 | 8 | - |
| Logi tech | 732 | 470 | 399 | 608 | 9 | 6 | 12 | - |
| Auto tech | 4,537 | 1,173 | 789 | 157 | 21 | 11 | 22 | 3 |
| Agri tech | - | - | 238 | 93 | - | - | 4 | - |
| AVG | 1,551 | 621 | 399 | 317 | 26 | 18 | 10 | 3 |
| **New Areas Technorogy** | | | | | | | | |
| Clean tech | 1,119 | 261 | 325 | 256 | 35 | 19 | 17 | |
| Web3 | 373 | 535 | 708 | 30 | - | - | 39 | 2 |
| VR/AR | 664 | 1,028 | 245 | 210 | 85 | 31 | 11 | 5 |
| AI | 16,805 | 587 | 599 | 578 | 24 | 13 | 14 | 4 |
| Space tech | 121 | 257 | 2,975 | 471 | 104 | 43 | 9 | - |
| New Transport | - | - | 894 | - | 8 | 15 | 11 | - |
| AVG | 3,817 | 534 | 958 | 309 | 51 | 24 | 17 | 3 |
| T-AVG | 2,187 | 577 | 600 | 371 | 39 | 20 | 13 | 6 |

（出所）独自調査により作成

回っている、かつ、上場時時価総額を上場会社の時価総額が上回っている場合は、未上場からの二大 Exit 環境（IPO と M&A）が良好な上、上場した企業も上場後も成長が続いている理想的な状態です。この条件

に該当するのは、世界では Fin tech、Cloud System、Logi tech、日本では EC となっています。

各時価総額水準が高い分野の、高時価総額企業の影響について、確認していきます。

① Retail tech の上場会社時価総額（世界）の平均の高さは、Shopify の時価総額 $93B が影響しています。

② HR tech の上場会社時価総額（世界）の平均の高さは、ADP の時価総額 $100B と」Workday の時価総額 $63B が影響しています。

③ Cloud Syatem の上場会社時価総額（世界）の平均の高さは、Snowflake の時価総額 $53B と MongoDB の時価総額 $32B と Cloudflare の時価総額 $29B が影響しています。

④ Security の上場会社時価総額（世界）の平均の高さは、Palo Alto Networks の時価総額 $102B と Crowdstrike の時価総額 $71B が影響しています。

⑤ Con tech の上場会社時価総額（世界）の平均の高さは、Autodesk の時価総額 $52B が影響しています。

⑥ Auto tech の上場会社時価総額（世界）の平均の高さは、Tesla の時価総額 $643B が影響しています。

⑦ AI の上場会社時価総額（世界）の平均の高さは、NVIDIA の時価総額 $2,582B が影響しています。

⑧ Space tech の未上場会社時価総額（世界）の平均の高さは、Space X の時価総額 $180B が影響しています。

このように、上場後成長し巨大化した企業がいくつかのテクノロジー分野でみられ、テクノロジー分野の時価総額を押し上げています。それにしても、NVIDIA の時価総額は非常に突出していることがわかります。

日本ではベンチャーの未上場→ IPO →上場後の成長については、一部を除き、順調に実現している分野が多いようです。一方で、被買収企業の

時価総額の水準が全体的に低い水準にあります。米国ではBuyoutファンドのようなブリッジファンドが、業績の悪化したベンチャー再生や各テクノロジー分野の再編を担い、M&A活性化に貢献しています。日本でもこのようなブリッジファンドが多くでて、M&Aが活性化することが今後期待されます。

# 終章

## 各テクノロジー分野への ベンチャー進出を どのように捉えるか

これまでさまざまな観点からテクノロジー企業の資金調達動向や、その具体的なビジネスの展開について分析してきました。2010年代初頭から急速に普及したSaaSビジネスは、一部の分野を除き、サービスの多様化と市場の成熟が進んでいます。言い換えれば、グローバル市場において競争が激化している状況です。このような環境下で、ベンチャーはどのように戦略を立て、進出分野を選択すべきでしょうか。

　以下、5つのポイントを挙げさせていただきます。検討の参考にしていただければと思います。

**①米国企業が優位性を確立し、寡占状態となっているテクノロジー分野**
　SecurityやCloud Systemに代表されるこの分野では、新規参入のハードルが極めて高くなっています。その主な理由は、米国市場において「ベンチャーの創業→成長→Exit」という資金循環の仕組みが確立されており、技術の専門化や市場の成長が継続的に促進されているためです。一方、日本市場では同分野におけるビジネスの多様化や市場の成長力が限定的な状況にとどまっています。また、米国のベンチャーの多くが、グローバル展開を実践しています。そして日本や欧州地域をはじめとする各地域で、SIerによるSecurityやCloud Systemの導入支援サービスが成長しています。

　このような市場環境下での事業展開においては、以下2つの視点が特に重要となります。

　①-1　米国企業の日本市場における展開や状況の徹底分析
　　　・参入形態と事業戦略の把握
　　　・現地パートナーとの協業形態の調査

　①-2　ニッチ市場での差別化戦略の立案と実行
　　　・技術動向を踏まえた独自サービスの開発

・他サービスとの連携を踏まえた独自ポジションの確立

　①-2が具現化されれば日本市場での生き残りの可能性が高まり、確固たる地位が確立され評価は高くなります。また、IPOやM&AなどのExitのチャンスも大きく広がるでしょう。M&Aを米国企業から提案される可能性もあります。

**②先進国市場で競争が激化しているテクノロジー分野**
　Enterprise tech、HR techに代表されるこの分野では、先進国市場における競争が一段と激化しています。このような競争環境下で成功を収めるためには、以下の2つの戦略的アプローチが重要となります。

　②-1　ニッチ市場での差別化戦略
　　　　・技術動向を踏まえた独自サービスの開発
　　　　・地域（日本）特有の商習慣や規制対応
　　　　・他サービスとの連携を踏まえた独自ポジションの確立

　②-2　新興国市場への戦略的展開
　　　　・現地ニーズに適合したサービスの開発
　　　　・地域パートナーとの効果的な協業

　新興国市場への展開では、特にこれからさらなる経済発展が予想される東南アジア地域に加え、インド、アフリカ、南米などへの展開が期待されます。日本市場の規制や規模の制約を補う形で、グローバルな視点が求められます。

**③グローバルで競争が激化しているテクノロジー分野**
　Fin tech、EC、ED techに代表されるこの分野では、世界規模で競争が加速しています。これらの分野は、以下のような特徴を持っています。

③-1　市場の特徴
　　　　・国境を越えた競争の常態化
　　　　・大手テック企業による積極的な投資
　　　　・プラットフォーム化による市場の寡占化
　　　　・地域ごとの規制対応の必要性

　このような競争環境下で成功を収めるためには、以下の2つの戦略的アプローチが重要となります。

③-2　市場細分化による差別化
　　　　・特定顧客層への特化（先進国市場では細分化が加速）
　　　　・地域特有のニーズへの対応
　　　　・技術動向を踏まえた独自サービスの開発

③-3　地域密着型の展開
　　　　・現地の商習慣や文化への適合
　　　　・地域特有の規制対応
　　　　・現地企業とのアライアンス構築

**④今後の成長機会が残るテクノロジー分野**
　Clean tech、Digital health、Con tech、Agri tech に代表されるこの分野には、まだ大きな成長機会が残されています。Clean tech、Digital health は、地球環境問題や医療課題という社会的要請を背景に、巨大な潜在市場を有しています。Con tech、Agri tech は世界と比べて日本企業が技術的優位性と多様な事業展開を実現している分野であり、グローバル市場での成功が期待できます。

　このような市場環境下で成功を収めるためには、以下の視点が重要となります。

④-1　市場分析、事業企画
　　　・市場における技術動向の把握
　　　・市場における未展開ビジネス、ニーズの把握
　　　・技術動向を踏まえた独自サービスの開発

　代表例に挙げた Clean tech、Digital health、Con tech、Agri tech は、いずれも日本の社会課題（エネルギー問題、医療福祉問題、建築業の不振、食料自給率など）の解決を実現するために、さらなる成長が求められる重要な分野です。これからの動向が注目されます。

## ⑤次世代を担う革新的テクノロジー分野
　AI、Web3、VR/AR の分野では、基盤技術の発展と先駆的なサービスの展開が急速に進んでいます。しかし、これらの技術を実務に応用した業務アプリケーションは、実務での採用率がまだ低く黎明期にあるといえます。これは、技術の成熟度や業務アプリケーションの企画、設計の難易度の高さが制約となっているためです。

　一方で、この状況はこれらの技術を活用した業務アプリケーションの設計においてブルーオーシャンともいえる機会を生み出しています。競争がまだ激化しておらず、未開拓のニーズが豊富にあることから、企業や開発者にとって起業の余地が大きく残されています。たとえば AI を活用した業界特化型のデータ分析ツール、Web3 に基づく分散型業務管理システム、VR/AR を用いた現場作業支援アプリなどは、実務でのニーズが高まりつつあるものの、十分に供給されていない領域です。このタイミングで参入すれば、先駆者利益を得られる可能性も高いでしょう。

　こういった分野においては、技術の動向を継続的に確認し、製品・サービスの企画を常にブラッシュアップし、事業参入のタイミングを測ることが肝要です。この黎明期を捉え、革新的な業務アプリケーション

を設計することで、新たな市場を開拓し、競争優位性を確立するチャンスが広がっています。ただし、技術の標準化が未成熟なため、リスク管理も重要となります。

　また今後、五感センサーがさらに技術的成長を実現してくると考えられます。これを利用したビジネスにも大きな可能性があるでしょう。五感センサーは視覚、聴覚、触覚、味覚、嗅覚といった人間の五感を感知し、デジタルデータに変換する技術です。これらのセンサーは、VR/AR、ロボット、自動運転、ヘルスケアなどさまざまな分野で活用が期待されています。特に脳波センサーは人間の脳活動を計測することで、感情や思考を分析したり、Brain-Computer Interface（BCI）技術へ応用されることが期待されています。

# おわりに
## 資金調達の際に留意すべきポイント（本書のまとめ）

　本書では、以下の5つの内容について詳しく解説してきました。

1．ベンチャー、スタートアップの定義と資金調達方法
2．ベンチャーキャピタルとは
3．世界および日本でのベンチャーの資金調達動向
4．世界および日本における環境要因（インフラ）、技術的要因、サービスの変遷
5．テクノロジー各分野における具体的なビジネスの内容と上場企業、未上場企業、買収事例の数

　これらの情報を通じて、読者の皆様に資金調達に関する理解を深めていただけたものと考えています。ここからは、これまで述べてきた資金調達における重要なポイントを改めて整理します。スタートアップの起業や資金調達をご検討の方は、以下のポイントを今一度ご確認ください。

**①世界および日本における資金調達動向の継続的モニタリング**
　ベンチャーの資金調達動向は、世界および日本の経済状況に影響を受けます。さらに、各分野の資金調達動向も随時変化しています。資金調達額が多い時期と少ない時期では、資金調達の難易度が相当変わってきます。ベンチャーの経営者はこのような資金調達動向をチェックして、自分の計画するビジネスにどのような影響があるのかを俯瞰的に理解することが重要です。そして資金調達のタイミングを見極めることで、成功確率を高められます。

②環境的要素（インフラ）技術的要素の進化の動向の継続的モニタリング

　ベンチャーが成功するためには環境的要素（インフラ）や技術的要素の進化に対応し、適切な戦略を立てることが必要です。そのためには、継続的なモニタリングと分析が欠かせません。また、技術の進化が競合他社にどのような影響を与えるかを考慮し、自社の強みを最大限に活かす戦略を立てることも重要です。これにより技術的な進化をビジネスチャンスに変え、持続可能な成長を実現することができます。

③計画するビジネスの業界環境、競合企業や類似企業を徹底的に調査する

　計画するビジネスの業界環境、競合企業や類似企業を徹底的に調査することは重要です。調査範囲は世界および日本となります。競合企業や類似企業の調査内容については、ビジネスモデルやビジネスの進行状況（売上、KPI等）、ファイナンスの進行状況（時価総額、資金調達額、出資者等）、マネジメントチームの構成と内容など多岐に渡ります。最近では世界および日本において、各種データベースや調査ツールが充実してきていますので、これらを活用することが重要です。さらに調査を補完するために、業界関係者から話を聞くなどの積み重ねが重要です。最近ではSNSが発達しているので、こういったツールを駆使してキーパーソンにアプローチすることも重要になっています。

　上記の3点は、ベンチャーを起業したり、資金調達を実施予定の方には当然なされるべき基本の情報整理項目です。なぜなら、資金調達を交渉するベンチャーキャピタルは日常的にこのような基本情報整理項目をアップデートしているからです。さらにベンチャーキャピタルの出資者（LP）も、基本情報整理項目を前提に運用を随時調整していると考えられます。出資者（LP）の要望は、その時々のベンチャーキャピタルの運用に影響を与えます。ベンチャーキャピタルと交渉上同じ土俵に立つためには、同水準の基本情報がないと対等な交渉をしにくいことをご理解ください。

### ④ベンチャーキャピタルについての理解

　ベンチャーキャピタルについて理解することは重要です。ベンチャーキャピタルは全体のファンド運用で、ネット運用倍率3倍を目指しているケースが多く、出資者（LP）から非常に高い期待とプレッシャーを受け続けています。さらに個別の投資案件では、シード段階では100倍に迫るパフォーマンスを要求してくることを理解すべきです。また、投資案件の半分近くがマネーロストしてしまうというリスクを抱えていることを理解すべきです。資金調達を計画するベンチャー側はこの現実を理解していないために、交渉がうまくいかなかったり、悪い結果が出た時に落胆が大きかったりします。交渉相手の置かれる状況を正しく理解できれば、事業計画の合意形成や条件交渉において、効果的なコミュニケーションの取れる確率が高まります。

### ⑤投資を受けようとするベンチャーキャピタルについての調査

　資金調達を計画するベンチャーは投資を検討するベンチャーキャピタルについて、できる限りの調査を実施すべきです。ベンチャーキャピタルによって運用方針はさまざまであり、この運用方針はベンチャーの経営に少なからず影響しますので、確認が必要です。さらにこれまでの運用実績、ファンドの組成状況、運用状況によって、ベンチャーキャピタルの運用方針に調整が加えられる可能性があることを理解すべきです。ベンチャーキャピタルと交渉する際には、相手の情報を確実に把握した上で、交渉に活かすことが重要です。

　ベンチャーキャピタルの運用方針だけでなく、その投資分野、過去の成功事例や失敗事例、さらにどの業界や技術分野に強みを持っているかも調査すると良いでしょう。これにより、自社のビジョンや目標に最も合致するベンチャーキャピタルを見つけることができ、資金調達後の協力関係も円滑になります。こうした情報をもとに交渉時には相手の期待に応えつつ、自社の価値を最大限に伝える戦略を立てることが求められます。

## ⑥投資を受けようとするベンチャーキャピタリストについての調査

　資金調達を計画するベンチャーは投資を検討するベンチャーキャピタリストについて、できる限りの調査を実施すべきです。ベンチャーキャピタルから投資を受ける際、その成否は担当するベンチャーキャピタリスト個人の能力に大きく影響を受けます。さらに、投資を受けた後のサポートも、ベンチャーキャピタリスト個人の能力によって大きく変わり、次回の資金調達や事業の進展に影響します。そのため、ベンチャーキャピタリストの属人的ネットワーク、投資実績、運用方法（投資先へのハンズオンの仕方）について事前に調査することが重要です。特にキャピタリストの能力を決める属人的ネットワークについては、事前に直接ヒアリングするか、関係者にインタビューするなどして重点的に調査しましょう。聞いたときに客観的に答えられないキャピタリストは、そもそもネットワークが強くない可能性があります。属人的ネットワークが強いキャピタリストは、個人のネットワークを開示し、それを有効に活用しようという傾向が高いです。出資を受けた際には、キャピタリストとは長い期間接触し、共同で経営を行っていく間柄になります。ですので、事前調査をしっかり行い、面談して相性などを見極めて、悔いのない選択をしましょう。

　以上、ベンチャーで起業する方や資金調達を計画する方に向け、基本的な情報整理項目やベンチャーキャピタルおよびベンチャーキャピタリストの調査の重要性について6点挙げて再度説明させていただきました。ご確認いただき、参考にしていただければ幸いです。これらの知識をもとに、効果的な資金調達と事業の成功を目指してください。

　今般は、ベンチャーで資金調達を計画する際の基礎知識をまとめました。今後、さまざまな手段を通じて、今回の独自調査の詳細な分析や事業計画の作成方法等の情報を発信していく予定です。こちらもご興味があればご確認いただければと思います。

## おわりに　資金調達の際に留意すべきポイント（本書のまとめ）

　未来の日本経済は、ベンチャーの活力によってより良いものになっていくと信じています。本書が少しでも、ベンチャービジネス関係者の方々や将来ベンチャーに関わる方のお役に立てれば幸いです。

　今後もベンチャーの成長支援、資金調達支援、ベンチャーエコシステム構築など、微力ながら日本のベンチャービジネスの発展に貢献していきたいと考えています。

　最後にベンチャーで起業する方や資金調達を計画する方の成功を心より祈念し、本書を終了させていただきます。ここまで本書を読み進めていただき、本当にありがとうございました。

【著者紹介】

黒田 達郎　Kuroda Tatsuo

1970年生まれ 慶應義塾大学大学院経営管理研究科修士課程修了。

1999年日本オラクル株式会社入社。事業開発部および社長室にて、子会社設立、JV設立、VB投資、新規事業立上げ、事業提携等の業務に携わる。

2004年株式会社サイバーエージェント入社。社長室および投資事業グループにて、M&A、Fund組成、JV設立、VB投資、事業提携等の業務に携わる。

2006年株式会社シーエー・モバイル（サイバーエージェント子会社）入社。投資事業推進室長として、VB投資、事業提携を展開した。

2011年株式会社クロダアンドパートナーズを設立し、代表取締役に就任。ベンチャーの事業計画作成支援、資金調達支援、事業開発支援を展開している。

社外取締役、監査役の実績も多数。

2017年4月より2022年8月まで、SBI大学大学院（MBA）講師。

株式会社Manegetech監査役。

エクイティファイナンスを成功に導くための知識武装

## ベンチャー・スタートアップ資金調達の教科書

2025年5月10日　初版第1刷発行

著　者──黒田達郎
　　　　　Ⓒ 2025 Kuroda Tatsuo
発行者──張　士洛
発行所──日本能率協会マネジメントセンター
〒103-6009 東京都中央区日本橋2-7-1　東京日本橋タワー
TEL 03(6362)4339(編集)／03(6362)4558(販売)
FAX 03(3272)8127(編集・販売)
https://www.jmam.co.jp/

装　　丁────── Izumiya (岩泉卓屋)
本文組版────── 株式会社森の印刷屋
印　刷　所────── 広研印刷株式会社
製　本　所────── ナショナル製本協同組合

本書の内容の一部または全部を無断で複写複製(コピー)することは、法律で認められた場合を除き、著作者および出版者の権利の侵害となりますので、あらかじめ小社あて許諾を求めてください。

ISBN 978-4-8005-9323-8　C2034
落丁・乱丁はおとりかえします。
PRINTED IN JAPAN

### JMAMの本

## 図解・ビジネスモデルで学ぶスタートアップ

池森裕毅 監修

A5版並製／176頁

多様なビジネスモデル（分野：IT・エネルギー・教育・金融・観光など）を、スタートアップに興味がある、あるいは自分自身がスタートアップを興そうと考える若い読者層向けに、図解や図版を多用に用いて、要点が簡潔にわかるように解説。スタートアップのビジネスモデルを学び、大きく成長していくために必要な要素やスタートアップ企業で活躍できるのはどのような人材なのかを理解できる1冊。

## 100話で心折れるスタートアップ

えい 著
佐々木真 執筆

四六版並製／256頁

大学の起業サークルから始まった、ウサギさんがCEOのスタートアップ企業「ウサコア」。VCの出資を受けてスタートを切るが、スタートアップの「あるあるな問題」をことごとくたどっていき、ウサギさんの心（耳）は徐々に折れていく……。創業メンバーの退職、資本政策、バーンレート、ピボット、海外展開、モメンタム、投資家、大手企業の参入、採用……など、起業家の多くが経験する問題をマンガのストーリーで追体験できる！　何もできず倒れる会社も多い中、同じ轍を踏まず起業の成功率を上げるために、知っておくべきことが詰まった一冊。

**日本能率協会マネジメントセンター**